CUANDO UN SER QUERIDO SUFRE UNA ENFERMEDAD MENTAL

CUANDO UN SER QUERIDO SUFRE UNA ENFERMEDAD MENTAL

Un manual para familiares, amigos y cuidadores

NUEVA EDICIÓN EN ESPAÑOL, REVISADA Y AUMENTADA

REBECCA WOOLIS, MA, MFT

Traducción por la Prof. Dora Carlisky Pozzi
Comité directivo de NAMI West Houston

Prólogo de Agnes Hatfield, Ph.D., ex presidenta de NAMI

iUniverse, Inc.
New York   Bloomington

The information, ideas, and suggestions in this book are not intended as a substitute for professional advice. Before following any suggestions contained in this book, you should consult your personal physician or mental health professional. Neither the author nor the publisher shall be liable or responsible for any loss or damage allegedly arising as a consequence of your use or application of any information or suggestions in this book.

This book may be ordered by contacting:

iUniverse
1663 Liberty Drive
Bloomington, IN 47403
www.iuniverse.com
1-800-Authors (1-800-288-4677)

Or through the author's website: www.rebeccawoolis.com

Este libro se puede obtener de

iUniverse
1663 Liberty Drive
Bloomington, IN 47403
por teléfono: 1-800-288-4677,
por el Internet: www.iuniverse.com

o a través del sitio de Internet de la autora: www.rebeccawoolis.com

ISBN: 978-1-4502-1945-7 (sc)
ISBN: 978-1-4502-1946-4 (ebook)

Printed in the United States of America
iUniverse rev. date: 05/12/2010

Rebecca Woolis dedica esta edición
a la querida memoria de
Sol Woolis y Malvina Woolis
y a Sarah Elizabeth Adams
y Cameron Jeffrey Adams

Dora C. Pozzi dedica la traducción
a la memoria de su querida hija Ana

ÍNDICE

Guías Rápidas de Referencia

Agradecimientos

Tengo una deuda de gratitud con muchas personas por sus contribuciones a las clases que enseñé y a los grupos de apoyo que dirigí, todo lo cual ha culminado en lo que ofrezco en este libro. Agradezco especialmente a Chris Amenson, Ph.D., por su generosidad con el material que él compiló para sus clases, así como por las notas de sus conferencias y los conocimientos y la orientación que me brindó cuando comencé el Programa de Grupos de Apoyo. Gran parte de esos materiales están basados en el trabajo del Dr. Paul Liberman y del Centro de investigación clínica sobre esquizofrenia y rehabilitación psiquiátrica *(Clinical Research Center for Schizophrenia and Psychiatric Rehabilitation)* de UCLA, que él dirige conjuntamente con otros pioneros en el campo de educación de las familias: el Dr. Ian Fallon; Jeffrey Boyd, Ph.D; y Agnes Hatfield, Ph.D—entre otros. La 2a edición también incluye información proveniente de Xavier Amador, Ph.D., Mary Ellen Copeland, M.S. y Terence Gorski.

He apreciado el aliento y el apoyo que recibí en Buckelew Houses, bajo la hábil dirección de su Director Ejecutivo, Jay Zlotnick, quien, juntamente con el comité directivo, demostró visión al permitirme desarrollar un programa para familias antes de que ello se pusiera de moda.

Le agradezco a Rex Dickens la generosidad con que me brindó su tiempo y los materiales que había compilado para hermanos/as y para hijos adultos de personas con enfermedades mentales. Ello me ayudó a tener siempre en cuenta esa perspectiva.

Debo agradecer a Jeanette Gurevitch que me haya empujado suavemente, cuando lo necesitaba, para alentarme a realizar el projecto de publicar mi trabajo. Muchos amigos la recordarán siempre con afecto.

Aprecio la ayuda de Peter Beren para convertir mis materiales embriónicos en una propuesta apta para ser presentada a una editorial.

Aidan Kelly me mostró la magnífica tarea que puede llevar a cabo un editor profesional trabajando con un manuscrito, y se lo agradezco.

Estoy profundamente agradecida a todas las familias con las cuales he trabajado en el área de la bahía de San Francisco, quienes me permitieron compartir sus vidas y su sufrimiento y me enseñaron lo que debía enseñar y escribir para otras personas. Stephanie Draper será siempre recordada por su aliento y su trabajo incansable en favor de las familias y las personas que tienen que lidiar con enfermedades mentales.

Para las adiciones a la edición de 2003, conté con la ayuda de Bonita Houses Inc., una excelente agencia que hace trabajo pionero, ofreciendo tratamiento y servicios a personas con condiciones concurrentes. Durante los cuatro años en que dirigí el programa residencial de tratamiento allí, obtuve extensa experiencia personal y aprendí mucho sobre los consumidores que luchan con un diagnóstico doble y sobre sus familiares. Tengo una deuda especial de gratitud con el Dr. Floyd Brown, Director Médico de Bonita Houses, uno de los psiquiatras más sabios y una de las personas más agradables con quienes tuve la buena fortuna de trabajar. Le debo muchas horas de consulta invaluable sobre los pacientes y las listas de medicamentos en esta edición. Agradezco a Rick Crispino, Director Ejecutivo, y a Terry Rubin-Ortiz, LCSW, Director Clínico, por su apoyo, su sabiduría y sus conocimientos.

Las evaluaciones de Jay Mahler y su perspectiva sobre el movimiento de consumidores me fueron sumamente útiles. Su experiencia personal y los muchos años de dedicación al campo han resultado en una contribución significativa al bienestar de muchos consumidores.

Doy gracias también a mis queridos amigos y familiares Jan Wiener, William Woolis, Evelyn Gross y Chela Blitt por su constante afecto, apoyo y aliento en la tarea de revisar mi trabajo original. A Jan Wiener le agradezco también su valiosa ayuda editorial.

La traducción al español de este libro no existiría si no fuera por los incansables esfuerzos de la Profesora Dora Carlisky Pozzi, quien observó la necesidad de hacer esta información accesible a los hispano-hablantes y perseveró en llevar a cabo la tarea a pesar de muchas dificultades. Tradujo cuidadosamente el texto de mi libro y contribuyó algunas sugerencias editoriales. Ha sido un placer trabajar con ella; aprecio mucho su voluntad, su paciencia, sus conocimientos y su empatía.

Prólogo

Hace poco más de dos décadas se comenzó a prestar atención al papel que juegan las familias en la vida de sus familiares con enfermedades mentales. Las familias se encontraban en una situación tremendamente difícil, pues debían ser cuidadores primarios de sus seres queridos con serias enfermedades mentales, a pesar de comprender poco o nada de esos trastornos y no saber cómo enfrentarlos. El enorme fardo que pesaba sobre estas familias finalmente se reveló mediante numerosas encuestas y relatos en primera persona que mostraban que, para que el cuidado comunitario de esos pacientes sobreviviera, era necesario dar asistencia adecuada a los familiares que servían de cuidadores.

El contexto social en que se encontraban estas familias comenzó a cambiar: la idea tradicional de que las familias eran agentes etiológicos en las enfermedades de sus miembros se fue disipando, pues no había evidencia que la probara; los avances en neuropsiquiatría cambiaron rápidamente nuestro concepto de lo que son las enfermedades mentales, y las voces del movimiento familiar organizado insistían en su derecho a definir las necesidades de las familias.

Inicialmente los proveedores respondían a las familias ofreciéndoles las tradicionales terapias individuales y terapias de familia, en las cuales tenían experiencia. Pero hubo estudios que demostraron que estas terapias no tenían vasta aceptación por parte de sus clientes. Los familiares se resistían a ser definidos como pacientes que necesitaban tratamiento o terapia. Ellos creían que su problema consistía en que necesitaban comprender las enfermedades mentales y sus tratamientos; necesitaban también enterarse de los recursos existentes en la comunidad y aprender las destrezas necesarias para enfrentar y manejar esas enfermedades en el hogar. Lo que pedían era instrucción y entrenamiento que los preparara para su nueva carrera como cuidadores familiares.

Siguieron casi dos décadas durante las cuales una serie de proveedores y educadores desarrollaron los materiales más útiles y los métodos más eficientes para ofrecer a las familias el conocimiento y las destrezas que requieren. Este libro escrito por Rebecca Woolis es la culminación de dos décadas de reflexión sobre la mejor manera de ayudar a las familias.

Los familiares que lean este libro encontrarán respuestas a sus preguntas más perentorias con comprensión, sentido práctico y autoridad. Les ofrece una descripción minuciosa y fidedigna de las enfermedades mentales mayores y los tratamientos más recientes, así como sugerencias útiles para manejar las enfermedades mentales en el hogar. Los familiares aprenderán a responder a sus propias emociones intensas y a resolver los problemas más eficientemente. En este libro Rebecca Woolis habla a las familias con una voz llena de empatía y comprensión de las experiencias que viven las familias. Gracias a la claridad de la información y las frecuentes Guías Rápidas de Referencia, este volumen, fácil de usar, merece ser muy bien recibido.

Agnes B. Hatfield, Ph,D., 1992

Prefacio de la autora

El propósito de este libro es ofrecer un manual práctico para los familiares y amigos de quienes sufren una enfermedad mental. Ya se trate de un adolescente o un adulto, de alguien que viva en su casa, en un hospital, en un ambiente protegido, o en la calle, toda la familia puede beneficiarse si aprende a comprender a esa persona y a reconocer la mejor manera de tratarla en la vida cotidiana.

Durante siglos nuestra cultura ha intentado comprender el fenómeno que llamamos enfermedad mental. Artistas, filósofos, teólogos, y más recientemente, psiquiatras y psicólogos han presentado una variedad de imágenes de individuos considerados "locos" o "irracionales". Las experiencias de quienes sufren enfermedades mentales son muy diferentes de las nuestras. A menudo no pueden distinguir entre sus propias fantasías y la realidad. Sus percepciones del mundo están muy distorsionadas, y sus estados de ánimo pueden pasar dramáticamente de un extremo al extremo opuesto, en un movimiento pendular.

A veces los síntomas duran breves períodos, como resultado de una crisis vital, espiritual, o una crisis de identidad. En estos casos, cuando se resuelve la crisis, el estado patológico cesa. Hay síntomas que pueden ocurrir, también, como reacción a un suceso traumático, o a la ingestión de una droga que altera la mente o las emociones. Hoy en día, sin embargo, cuando los síntomas persisten durante largos períodos, dando lugar a severa discapacidad, consideramos que son causados por dos grupos de condiciones psiquiátricas, *esquizofrenia* y *desórdenes afectivos mayores*. Estas son las dos formas más serias de enfermedades mentales.

Los trastornos mentales ocurren en todo el mundo, en todas las culturas y en todos los países, y no están condicionados por tradición, raza, religión, status económico, por el modo como se cría a los niños, o por la orientación política. En diferentes sociedades se trata de manera diversa a quienes sufren una enfermedad mental. Algunas culturas los ven como elegidos que están cerca de los dioses, otras los consideran malos, enfermos o perversos. Más que ninguna otra variable, es ésta la que determina la calidad de vida de quienes tienen una enfermedad mental y de aquellos que viven en su entorno inmediato.

En nuestra propia cultura, las imágenes de la locura son variadísimas. Hay visiones románticas de la enfermedad mental. Por otro lado, hay quienes sostienen que la locura es una adaptación racional a un mundo que es irracional, o bien dicen que nuestra sociedad está loca, que nuestro estilo de vida enloquece a la gente. Puede haber algo de verdad en estas ideas, pero no tienen en cuenta el sufrimiento muy real que experimentan día tras día quienes tienen una enfermedad mental, ni consideran el dolor de sus familiares y sus amigos.

Peor que glorificar la enfermedad mental es excluir como parias a quienes la sufren. Esta falta de comprensión y de compasión a menudo exacerba los síntomas de la enfermedad y perpetúa el sufrimiento.

Nuestra sociedad carece de un enfoque claro y saludable para tratar a quienes sufren trastornos mentales. La tragedia que esto implica es que, aunque sabemos cómo crear entornos donde estas personas pueden prosperar al máximo que lo permita la naturaleza de su afección, no hemos optado en nuestra cultura por aplicar esos conocimientos de manera consistente y duradera. Parte del problema surge de que nos faltan los fondos necesarios para traducir nuestro caudal de conocimiento, investigación y experiencia en programas y servicios accesibles a todos aquellos que los necesiten.

En los Estados Unidos hay una infinidad de mitos y falsos conceptos sobre quienes sufren enfermedades mentales. La televisión, las revistas, los periódicos y los libros han convencido al público general de que todos aquellos que sufren un trastorno mental (los "enfermos mentales") son asesinos psicóticos o genios con doble personalidad. Me parece muy triste y me indigna que quienes tienen enfermedades mentales sean tan mal comprendidos y se los represente tan erróneamente. Muchos de aquellos con quienes he trabajado, gente que tiene esquizofrenia o desórdenes afectivos mayores, están entre las personas más llenas de amor y simpatía que he llegado a conocer. Su deseo más ferviente es convertirse en miembros productivos de la sociedad, y poder pensar y actuar como lo hacen casi todos los demás.

Cuando un ser querido sufre una enfermedad mental corrige los falsos conceptos más comunes sobre los trastornos mentales y presenta en lenguaje simple y cotidiano la información que necesitamos para comprender el mundo en que viven quienes los padecen, y para sentirnos mejor si estamos a su alrededor. Ofrece a familiares y amigos las herramientas necesarias para manejar una cantidad de conductas y síntomas que resultan extraños y amenazantes si no los conocemos. La meta última de este libro es disminuir la pena y el sufrimiento que crean en los enfermos y en quienes están cerca de ellos estas enfermedades, capaces de producir trágica discapacitación.

HISTORIA PERSONAL

Nací en el año 1947 en el Bronx, en Nueva York. Me gradué en la carrera de psicología en el City College of New York, en 1969. Mi primer trabajo en el campo de los trastornos mentales también tuvo lugar en la ciudad de Nueva York, en el Proyecto para niños y adolescentes del Roosevelt Hospital. La enseñanza y la experiencia que recibí allí gracias a mi supervisora y mentora, Barbara Goodman, PhD, una psicóloga cuyos extensos conocimientos en el campo estaban asociados con una actitud realista y accesible, dejaron en mí una impresión indeleble.

En 1970 me trasladé a California, donde obtuve una maestría en psicología clínica en la John F. Kennedy University, en 1973. Mientras cumplía mi interinato en ese programa tuve la primera experiencia con enfermos con problemas mentales serios. En 1976 comencé a trabajar full-time con pacientes como ésos y desde entonces he continuado esta práctica, con diversas responsabilidades. En 1978 recibí certificación como Terapeuta de Matrimonio y Familia (M.F.T.), y durante varios años participé en el programa residencial de tratamiento intensivo de Buckelew Houses. Luego fui directora de ese programa, durante cinco años. En 1982, viendo la manifiesta necesidad de las familias de tener más contacto con los profesionales de la salud mental, de recibir más apoyo y más información, inicié un Programa de Apoyo Familiar en esa institución. A partir de ese momento he dirigido o he participado en diversos programas y servicios relacionados con la medicina de la conducta. Estos incluyen una unidad para adolescentes con adicción, servicios para la administración de casos individuales, un programa residencial para personas con condiciones concurrentes (enfermedad mental seria y adicción), un programa de residencias asistidas, un hospital psiquiátrico para internación de pacientes, etc. En muchos de estos programas, establecí o multipliqué los grupos de educación y apoyo para familias. Desde 1980 también he mantenido una práctica profesional privada en Berkeley, California, tratando a gran variedad de clientes individuales y a familias. Además he ofrecido entrenamiento para familias y profesionales en los Estados Unidos y en Canadá.

Desde que comencé a trabajar en este campo, los modos de ver y tratar a los familiares de enfermos mentales han cambiado radicalmente. Antes de los años ochenta, a menudo se consideraba a las familias directamente responsables por la esquizofrenia o el desorden afectivo de uno de sus miembros. Era muy común la noción de que la enfermedad había resultado de una interacción familiar incorrecta y que por lo tanto el tratamiento más efectivo era la terapia verbal.

Actualmente, el concepto predominante en círculos médicos es que estas enfermedades tienen un significativo componente fisiológico. El caos y la perturbación en el grupo familiar resultan del hecho de que un miembro de la familia está discapacitado como consecuencia de una enfermedad que la familia no puede comprender, y que presenta síntomas que son extraños, confusos, impredecibles, a veces amenazantes.

Un estudio realizado en 1979 por Agnes Hatfield, conocida educadora y madre de un hijo con trastornos mentales, presentó la conclusión de que lo que las familias realmente quieren y necesitan es muy diferente de lo que los profesionales en salud mental suponen que ellos quieren y necesitan. Las familias necesitan información sobre las enfermedades, consejos específicos para hacer frente a la conducta de su ser querido, y el apoyo y la empatía que resultan de la interacción con otras personas que encaran experiencias similares. En mi trabajo con cientos de familias diversas en las que hay un miembro con una enfermedad mental, he visto que cuando se ofrecen estas cosas a los familiares, sus vidas mejoran notablemente y quedan inmensamente agradecidos.

A lo largo de muchos años de enseñar clases y monitorear grupos de apoyo educacionales, invariablemente me emocionan las respuestas de familiares que expresan que lo que han aprendido ha tenido un impacto significativo en sus vidas y en las de otros miembros de sus familias. Entre las respuestas típicas se encuentran las siguientes: "Después del diagnóstico, se debería requerir por ley una educación de la familia tal como ésta"; "La clase fue particularmente valiosa pues me ayudó a mantener distancia, ser paciente, comprensivo, y dispuesto a seguir sirviendo de apoyo cuando ya no me parecía posible"; "Ojalá esto hubiera sido accesible hace años".

Gran parte del material que contiene este libro fue desarrollado por mí en clases que enseñé a diversos grupos en circunstancias también diversas.

CÓMO USAR ESTE LIBRO

Este libro, leído en su totalidad, sirve de curso introductorio que imparte conocimientos sobre enfermedades mentales serias y la manera de manejarlas. Los dos primeros capítulos proveen la información básica necesaria para entender la esquizofrenia y los desórdenes afectivos mayores, así como los tratamientos corrientes y el importante concepto de recuperación de las enfermedades mentales. El resto del libro enfoca las estrategias para manejar la interacción cotidiana con personas que tienen un trastorno mental.

El Capítulo 3 incluye una presentación a grandes rasgos de las normas generales y las técnicas básicas que se requieren para lograr éxito en la interacción y la comunicación con quienes sufren un trastorno mental.

El Capítulo 4 explica cómo manejar los síntomas psicóticos básicos (alucinaciones, ideas delirantes, lenguaje desorganizado y conductas extrañas). Esto es lo que más desean saber las familias y los amigos de los pacientes. ("¿Qué digo cuando atiendo el teléfono y la operadora me dice que hay un llamado a cobro revertido de Jesucristo? Yo sé que es mi hijo y me enojo y siento vergüenza".) También hablamos de cómo reaccionar ante la ira y el estrés de una persona enferma, cómo minimizar las recaídas psicóticas y cómo tratar dificultades aún mayores, como la violencia, los pensamientos y actos suicidas.

El Capítulo 5 se concentra en un problema que se encuentra en la gran mayoría de personas que sufren trastornos psiquiátricos mayores, a saber, cómo comprender y responder al abuso de sustancias y las condiciones concurrentes que se suelen denominar diagnósticos dobles.

El propósito central del Capítulo 6 es ayudar a las familias a elaborar los sentimientos inevitables que experimentan como resultado de tener un familiar discapacitado por una enfermedad mental. Sea que usted se sienta avergonzado por la conducta de una madre enferma, o resentido porque la familia dedica atención exclusiva a un hermano o hermana enfermos, o, si es padre o madre, esté abrumado por la culpa al verse impotente para aliviar el sufrimiento de un hijo o una hija, descubrirá en este capítulo que sus sentimientos no son únicos. Es importantísimo que los familiares y amigos vivan sus propias vidas lo mejor que puedan a pesar de las cargas que los abruman.

Hallar un equilibrio entre las necesidades de alguien que está enfermo y las necesidades de los restantes miembros de la familia es el reto que explora el Capítulo 7. Allí se describen, por un lado, maneras de lograr que el tiempo que usted pasa con su familiar enfermo sea lo más agradable posible, y por otro lado técnicas para resolver problemas de la familia. Se discute también la difícil decisión de si el familiar enfermo puede vivir con el resto de la familia.

El Capitulo 8 ofrece un panorama conciso del sistema de salud mental: describe a los profesionales y las agencias que trabajan con enfermos con trastornos mentales. Ofrece consejos sobre la mejor manera de entenderse con los profesionales y las agencias y cooperar con ellos.

El Capítulo 9 considera temas externos, de orden práctico, como por ejemplo qué decir a nuestros amigos o colegas sobre la enfermedad de nuestro familiar. Da información sobre el manejo de cuestiones financieras que involucran a los enfermos mentales, y también sobre cómo encontrarles vivienda y trabajo—si están en condiciones para ello. Se refiere igualmente a la ignorancia, el prejuicio, y los estigmas que usted va a encontrar constantemente.

Las Guías Rápidas de este libro ponen a su disposición los métodos necesarios para encarar situaciones específicas en el momento en que surjan. Recomiendo leer el libro en su totalidad y luego usar esas Guías como herramienta de ayuda en la interacción cotidiana con el ser querido que sufre un trastorno mental.

Introducción a la segunda edición

En los años transcurridos desde la primera edición de este libro, muchas cosas han cambiado en el campo de la salud mental. Los cambios más notables suscitan optimismo, pues el público general ha ido adquiriendo paulatinamente una mayor comprensión de lo que es una enfermedad mental. Estos cambios fueron ilustrados de manera indiscutible cuando, en 2002, *A Beautiful Mind* obtuvo el premio de la Academia a la mejor película. Por primera vez una persona con esquizofrenia era protagonista de una película que lo retrataba con empatía. Numerosas medicaciones nuevas ayudan a decenas de miles de individuos con enfermedades mentales a mejorar la calidad de su vida.

La posibilidad de recuperarse de las enfermedades mentales es uno de los conceptos más positivos y más fascinantes que se han desarrollado en los últimos diez años. Proviene principalmente de personas que han aprendido a vivir vidas productivas a pesar de sufrir trastornos psiquiátricos serios. Los consumidores de servicios de salud mental se han vuelto más activos y organizados, y han dado pasos importantes para adquirir influencia y mejorar el sistema de salud mental. Han recomendado una modificación en el vocabulario que se usa para describir a quienes tienen una enfermedad mental seria. Muchos prefieren el término "consumidor" para referirse a alguien que usa los servicios de salud mental. Otros quieren llamarlo "ex paciente", "sobreviviente", "cliente" o "individuo". Las palabras que se deben evitar son aquéllas en que la enfermedad mental *define* a la persona, como por ejemplo "un esquizofrénico", "un paciente o enfermo mental", porque son términos deshumanizantes. Es fundamental ver a las personas, ante todo y sobre todo, como seres humanos que tienen cualidades, metas, sentimientos y habilidades, y que merecen, como todos los demás, ser tratados con respeto y dignidad.

Por otra parte, las estadísticas muestran un aumento en el porcentaje de personas con serios trastornos mentales que también tienen problemas serios de adicción a las drogas o el alcohol. Las investigaciones señalan que por lo menos el cincuenta a setenta y cinco por ciento de personas con una enfermedad mental seria tienen problemas concurrentes de adicción. Para las familias, los amigos y los cuidadores de estas personas es sumamente doloroso y complicado hacer frente a estas situaciones. Brillan por su ausencia los materiales que podrían asistir a familiares y amigos de quienes tienen desórdenes psiquiátricos mayores y adicciones concurrentes.

Muchos de los participantes en programas para la adicción también sufren trastornos mentales concurrentes o trastornos de estrés postraumático. Si estos problemas no reciben atención, para esas personas es extraordinariamente difícil mantenerse sobrios cuando dejan los programas. Lamentablemente, los sistemas de salud mental y de cura de la adicción aun no se han integrado plenamente. Se bota a los usuarios de un sistema al otro como pelotas de ping-pong, a pesar de que la investigación demuestra cada vez más que el tratamiento simultáneo de ambos problemas es el más efectivo. Aunque existen, en el territorio de los Estados Unidos, varios excelentes programas y servicios para los diagnósticos dobles, representan sólo una fracción de lo que se necesita.

Los familiares, amigos y cuidadores necesitan muchísima información cuando la persona de que se ocupan tiene lo que se denomina actualmente "condiciones concurrentes", o sea el diagnóstico doble de un trastorno psiquiátrico mayor más una adicción. Los cuidadores necesitan aprender todo lo que se refiere a las adicciones mismas, y además la compleja interacción de la adicción con los síntomas de los trastornos psiquiátricos mayores y con los medicamentos psiquiátricos.

El mundo de las enfermedades mentales

Para sentir compasión por quienes tienen trastornos mentales, debemos comprender que sus síntomas y experiencias están, en su mayor parte, más allá de su control. Las ideas y los sentimientos pueden provocar en ellos reacciones que son ilógicas e impredecibles. Estas experiencias los aterrorizan a ellos tanto cuanto nos aterrorizan a nosotros sus acciones.

La vida de quienes sufren trastornos mentales se torna mucho más difícil por el hecho de que la mayoría de la gente no comprende esas enfermedades. Temen a quienes las sufren, los evitan, se burlan de ellos. El enajenamiento, el aislamiento, y la depresión que sienten como resultado de estas actitudes se convierten en síntomas secundarios de la enfermedad y aumentan sus sufrimientos.

ESQUIZOFRENIA

La esquizofrenia es un desorden mental, en el sentido de que sus síntomas principales tienen que ver con una perturbación de los pensamientos y percepciones. En una persona que sufre de esquizofrenia, cuando se presentan los síntomas, la capacidad de pensar (y por tanto de hablar) de manera consistente, clara, organizada, lógica y realista se ve seriamente disminuida.

Según la opinión corriente en círculos médicos, lo que llamamos esquizofrenia es probablemente un grupo de trastornos más bien que un trastorno único, específico. Así como hay muchas clases diversas de cáncer, aparentemente hay muchas clases diversas de esquizofrenia. Tienen algunos síntomas comunes, responden de manera similar a ciertos tratamientos, con procesos y resultados predecibles en cierta medida, pero hay, con todo, muchas diferencias.

Técnicamente, para recibir un diagnóstico de esquizofrenia una persona debe reunir tres criterios: ser psicótico por lo menos durante seis meses *y además* exhibir un nivel de funcionamiento en progresivo deterioro *y además* no tener ningún otro factor orgánico o uso de sustancias que pueda ser una causa mayor de sus problemas. Se considera psicótica a una persona que tenga una de las experiencias internas que se describen a continuación. Cuando el nivel de funcionamiento se deteriora, la persona no está en condiciones de mantener el nivel de trabajo, vida social, o cuidado de sí mismo que tenía anteriormente. (Debemos recordar que todo depende del grado de deterioro; la situación tiene que ser extrema para justificar este diagnóstico.)

A menudo se piensa, erróneamente, que psicosis significa lo mismo que enfermedad mental. Sin duda, la psicosis es un síntoma primario en pacientes con esquizofrenia o con un desorden afectivo mayor. Otras condiciones orgánicas—como la enfermedad de Alzheimer, la esclerosis múltiple, senilidad, o grados avanzados de alcoholismo—pueden producir también psicosis. Cualquiera puede experimentar una psicosis inducida por sustancias si toma determinadas drogas, o una *psicosis reactiva breve* como consecuencia del trauma de una situación muy horrible o de la privación de sueño durante muchos días. También ocurren síntomas psicóticos si se estimulan con electrodos ciertas partes del cerebro.

Una persona psicótica experimenta uno o más de los siguientes síntomas básicos: alucinaciones, ideas delirantes y lenguaje incoherente. Dado que estos síntomas pueden ser un elemento recurrente en las vidas de la mayoría de quienes sufren esquizofrenia y desórdenes afectivos mayores, es importante entenderlos correctamente.

Alucinaciones

Una *alucinación* es una experiencia sensorial no causada por una realidad externa. El foco de una alucinación puede ser cualquiera de los cinco sentidos—vista, oído, olfato, gusto o tacto. Una persona puede oír voces que no existen, puede ver objetos que no están presentes, sentir olores cuando no hay ningún olor, o sentir cosas como insectos que le suben por los brazos, cuando no hay nada que lo esté tocando. Lo más importante que se debe comprender en cuanto a las alucinaciones es que para la persona que las tiene, son tan reales como lo son para usted las palabras en esta página.

El tipo más común de alucinaciones que experimentan quienes tienen esquizofrenia es auditivo: oyen voces. Con el tiempo las voces suelen volverse insultantes y denigrantes para la persona enferma. Las voces pueden decirle que haga cosas inapropiadas o peligrosas. A veces las voces son cómicas y hacen que la persona enferma sonría o rompa en carcajadas en momentos que a los demás les resultan inapropiados.

Quienes sufren alucinaciones a menudo se sienten confundidos y asustados. Hay personas que aprenden a reconocer que estas experiencias son diferentes de la realidad que comparten con otros. Entonces comprenden que están experimentando un síntoma de su enfermedad y que deben tratar de impedir que influya en sus acciones. Otros, lamentablemente, nunca llegan a esta clase de comprensión. Creen que lo que oyen o ven es verdadero y real. La vida les resulta mucho más difícil porque deben encontrar una manera de integrar lo que les dicen las voces con otras experiencias, a menudo contradictorias. Por ejemplo, una voz puede decirle a un hijo que su padre está tratando de envenenarlo. Es difícil reconciliar esta información con las frecuentes interacciones afectuosas entre padre e hijo.

Ideas delirantes

Estas son ideas falsas que una persona cree como si fueran realidades. Muchos de los que sufren de esquizofrenia creen que las personas que ven por televisión les hablan directamente a ellos. Quienes tienen estas ideas falsas creen en cosas que para nosotros es obvio que no son reales. Típicamente, quienes sufren de esquizofrenia paranoide creen que otras personas están tratando de dañarlos. Otros conciben ideas ilusorias con temas religiosos. Pueden estar convencidos de que son Jesucristo, o que deben llevar a cabo ciertas acciones, quizás extrañas, porque Dios así lo ordena.

Una de las verdades más importantes que debemos saber sobre quienes albergan tales ideas delirantes es que no van a cambiar su fe en ellas si les decimos que son falsas. Es como si alguien le insistiera a usted que usted no es quien cree ser sino otra persona diferente, con la esperanza de convencerlo.

Lenguaje incoherente

El lenguaje puede ser incoherente de varias maneras. Una persona puede "perder el rumbo", saltando de un tema a otro. Las respuestas que da pueden relacionarse sólo vagamente con las preguntas, pueden no relacionarse en absoluto con ellas, o pueden ser casi incomprensibles. El lenguaje incoherente refleja un pensamiento muy perturbado e impide una comunicación eficaz con los demás. Es mucho más extremo que lo que puede ocurrirnos a muchos de nosotros en el curso de una discusión acalorada o una situación que nos perturba o nos provoca estrés.

Por ejemplo, una mujer psicótica puede tratar de convencerlo a usted de que el modo como está construido el puente de Brooklyn ofrece una prueba definitiva de que los demócratas deberían gobernar los Estados Unidos. Puede explicarle con gran detalle cómo se construyó el puente y cuáles son los principios políticos en que creen los demócratas. Luego puede explicarle cómo se siente feliz por estar triste y cansada. Aunque cada una de sus frases sea gramaticalmente correcta, el discurso total no tiene ningún   sentido. Esto puede aumentar la confusión de sus familiares cuando, una hora más tarde, la misma mujer prepara el almuerzo eficazmente y mantiene una conversación coherente al respecto.

Sentimientos fuera de lugar

Este síntoma, muy común en la esquizofrenia, se nota cuando las emociones que muestra una persona no corresponden al contenido de su lenguaje. Por ejemplo, una mujer ríe cuando habla de la muerte de un ser querido, o se siente desengañada porque su equipo favorito ha ganado. Además, se nota que las emociones de la gente que tiene sentimientos fuera de lugar cambian sin razón aparente. En un momento determinado pueden reír, y en seguida se ponen a llorar, mientras su interlocutor no puede comprender qué es lo que resultaba tan gracioso en el primer momento. Una persona que se comporta de esta manera es *lábil*.

Lo más desconcertante de estos síntomas es que generalmente no están presentes todo el tiempo. Típicamente, van y vienen de hora en hora y de día en día; a veces pasan semanas, y hasta meses, en que no se manifiestan en quienes sufren de serios trastornos mentales.

Síntomas negativos de la esquizofrenia

Aunque las alucinaciones, las ideas delirantes y el lenguaje incoherente no tienen nada de positivo en el sentido corriente de la palabra, se los denomina "síntomas positivos" porque son experiencias adicionales que tienen las personas con esquizofrenia, en comparación con las personas que no sufren esquizofrenia. Los "síntomas negativos" son ciertas experiencias comunes que están ausentes. Pueden incluir la falta de motivación, la apatía, falta de energía, falta de interés o incapacidad de sentir satisfacción por las actividades, o una falta de reacción emocional que también se conoce como "afecto insulso". Los síntomas negativos de la esquizofrenia a veces se parecen a una depresión de leve a moderada.

DESÓRDENES AFECTIVOS MAYORES

En los desórdenes afectivos mayores, los síntomas principales tienen que ver con *estados de ánimo* perturbados. Ello ocurre si el estado de ánimo es demasiado positivo (maníaco) o demasiado negativo (depresivo), o si se dan alternativamente. Los dos desórdenes afectivos mayores más comunes son el *trastorno bipolar* (que se solía llamar *maníaco-depresivo*) y el *trastorno depresivo mayor*. En el trastorno bipolar los pacientes experimentan en algunos momentos episodios en que se sienten maníacos y en otros momentos episodios en que se sienten deprimidos. Quienes sufren un trastorno depresivo mayor solamente tienen períodos de extrema depresión. En ambos trastornos la gente pasa por períodos en que sus estados de ánimo son relativamente normales. Hay variantes enormes de una persona a otra con respecto a la longitud y la frecuencia de los episodios. Con el tiempo, sin embargo, cada individuo desarrolla una secuencia más o menos regular.

Muchos de nosotros conocemos personas a quienes consideramos temperamentales. Pero esto no significa que sufran un trastorno afectivo. El diagnóstico de uno de los trastornos afectivos serios a que nos estamos refiriendo se justifica solamente si los estados de ánimo son extremos. La depresión debe ser tan severa como para perturbar seriamente los hábitos de alimentación o sueño, o una persona debe estar tan carente de energía o interés que casi no puede hacer nada. En estos casos abundan los sentimientos de baja autoestima, desesperanza, y una impotencia total. Las personas con depresión severa pueden tener gran dificultad para concentrarse y para tomar decisiones. Pueden sentirse tan mal que consideran el suicidio.

La depresión también puede alcanzar un nivel psicótico cuando los sentimientos conducen a pensar ideas delirantes. Por ejemplo, una mujer deprimida, creyéndose responsable por un terremoto reciente, se convence de que debería ser condenada a muerte.

Quienes están en un estado maníaco tienen estados de ánimo tan intensos que a menudo actúan de modo totalmente inapropriado. Hablan en un estilo muy rápido y muy intenso, con ideas que saltan de un tema a otro. Tienden a dormir poco, y sus hábitos alimenticios pueden sufrir cambios considerables. A menudo gastan enormes sumas de dinero (que tal vez no tienen) o regalan mucho de lo que poseen. Se distraen fácilmente, y su pensamiento puede estar tan perturbado, durante ciertos períodos, como el de una persona con esquizofrenia. Pueden albergar ideas grandiosas, pensar que son sobrehumanos o que tienen poderes sobrenaturales, lo cual los lleva a entregarse a actividades peligrosas o placenteras, como hacer compras sin control o tener relaciones sexuales con tanto exceso que las consecuencias para sí mismos o para su pareja suelen ser muy negativas.

OTROS DIAGNÓSTICOS

El manual oficial de diagnóstico y clasificación de la American Psychiatric Association se conoce con el título *Diagnostic and Statistical Manual of Mental Disorders* (Manual diagnóstico y estadístico de los trastornos mentales). El número en el título representa cada nueva revisión, de manera que la cuarta edición revisada se llama D.S.M.IV. Quien lo lee puede pensar que todos aquellos que sufren una enfermedad mental seria corresponden a una categoría claramente definida. Lamentablemente, la vida no tiene líneas divisorias tan claras. Hay muchas personas que tienen algunos síntomas de esquizofrenia y/o algunos síntomas de un trastorno afectivo serio, y sin embargo no responden a los criterios establecidos para ninguna de las dos enfermedades. Estos pacientes pueden ser candidatos para un diagnóstico de trastorno equizoafectivo, trastorno esquizofreniforme, trastorno fronterizo de la personalidad con rasgos psicóticos, o algún otro de una serie de diagnósticos más generales.

En última instancia, la consideración fundamental es cuál tratamiento o medicación debe probarse primero. Esto sería todavía más importante si las medicaciones y tratamientos que existen fueran totalmente eficaces, pero no lo son. Baste decir que si su ser querido ha recibido varios diagnósticos diferentes, usted no debe sorprenderse ni alarmarse, porque:

• Los síntomas que los pacientes exhiben y experimentan pueden cambiar con el tiempo.

• Un médico que no ha conocido al paciente durante un período prolongado puede basar su diagnóstico exclusivamente en lo que ve o en la historia que tiene a su disposición.

• Los médicos no son perfectamente consistentes al diagnosticar, especialmente a aquellos pacientes que exhiben una variedad de síntomas.

• Estar bajo la influencia de drogas ilegales o alcohol puede interferir e imposibilitar un diagnóstico correcto.

• Algunos médicos tienen preferencias por un diagnóstico particular. En algunos países se da una tendencia que favorece ciertos diagnósticos. Por ejemplo, en Inglaterra los diagnósticos de trastorno maníaco-depresivo son más comunes, en tanto que en los Estados Unidos son más comunes los diagnósticos de esquizofrenia.

EXPERIENCIA SUBJETIVA DE LAS ENFERMEDADES MENTALES

Hasta aquí he descrito los síntomas de las enfermedades mentales mayores—esquizofrenia y desórdenes afectivos mayores—tal como se le presentan a un médico que las ve desde afuera. También es necesario que comprendamos cómo siente los síntomas una persona que está pasando por estas extrañas y a veces aterrorizadoras experiencias. Solamente si usted comprende cuál es la experiencia que sufre una persona con un trastorno mental, podrá aprender a relacionarse con esa persona y a hacer que su interacción con ella sea más satisfactoria.

Miedo y confusión

El miedo domina la existencia de la mayor parte de las personas que sufren una enfermedad mental, pues viven en perpetuo temor de que se desencadene un nuevo episodio. También los aterran muchas cosas que nos parecen ilógicas o irracionales. El miedo que sienten cobra mucho sentido cuando consideramos cuán irracionales e impredecibles son sus mundos internos. De pronto oyen voces extrañas que les dicen cosas absurdas. Pueden sentirse contentos en un momento, y en el siguiente ponerse a llorar por razones que no pueden explicar. A menudo las ideas se les agolpan en la cabeza y los sentimientos cambian de las maneras más alarmantes e inesperadas. Imagínese cómo se sentiría usted si estuviera escuchando la radio mientras la televisión está prendida, con una banda de diez músicos tocando en el fondo. O bien imagínese que está experimentando oleadas de tristeza por un ser querido que ha muerto recientemente y sin solución de continuidad oye a alguien a quien no puede ver y que le cuenta el chiste más gracioso que ha escuchado en muchos años.

Quienes tienen síntomas activos de esquizofrenia y quienes están en estado maníaco, se encuentran sobreestimulados, de manera más o menos constante, por su propio caos y confusión internos. Algunas personas con esquizofrenia reaccionan a estos estímulos retirándose a un lugar donde pueden estar en calma. Se sienten todavía más confusos y abrumados cuando se encuentran con otra gente, especialmente en grupos numerosos. Otras personas con esquizofrenia tratan de ahogar el ruido y la conmoción que sienten internamente, tocando música muy fuerte o yendo a lugares llenos de gente y energía.

Las personas que tienen esquizofrenia activa dicen que sienten gran parte de sus vidas como si fueran un sueño—y hay que entender esto literalmente. Cuando pensamos en los sueños que tenemos a la noche, podemos tener un atisbo de lo que es el mundo de ellos. Allí las cosas ocurren sin la progresión lógica que es normal. Cuando soñamos, podemos estar nadando pacíficamente en un lago, y súbitamente estamos en la calle y nos persigue un elefante. Tiempo, lugar, y hasta nuestra propia identidad pueden cambiar sin preaviso.

Este caos interno hace que sea difícil para las personas con trastornos mentales prestar atención a lo que les pedimos, y les impide contestar las preguntas más simples, por ejemplo "¿Cómo te encuentras hoy?" Sean estas experiencias ocasionales, como lo son para algunas personas con esquizofrenia, o frecuentes, como lo son para otros, ellos experimentan la vida de una manera diferente de todos los demás. El mundo que casi todos nosotros habitamos es simple, comparado con el de ellos: no hay hadas, no hay sentimientos, visiones, o ideas absolutamente impredecibles que tenemos que enfrentar. Sólo la vida de todos los días: trabajo, familia, amigos, momentos buenos y malos—todo lo cual tiene de alguna manera un sentido fundamental. Muchas personas con esquizofrenia rara vez tienen experiencias semejantes.

Todo este temor y este caos contribuyen a la limitada habilidad que tienen quienes sufren trastornos mentales para concentrarse, aprender, resolver problemas y recordar. Asimismo, contribuyen a la obvia preocupación que tienen por cosas que otros no comprenden o no notan; los vuelven incapaces de conducirse de manera socialmente aceptable, y tuercen su pensamiento. El temor y el caos pueden explicar también la tendencia que tienen muchos de los que sufren una enfermedad mental a ser sumamente impulsivos. Si bien esta lista fundamental de problemas sería más que suficiente para cualquiera, no representa más que el principio de la serie mucho más larga de problemas para quienes sufren una enfermedad mental.

Confusión sobre los límites de la identidad personal

Muchas personas con un trastorno mental severo también experimentan un síntoma que los profesionales llaman confusión sobre los límites de la identidad personal. Resulta en una profunda confusión en que no pueden percibir dónde terminan ellos y dónde comienzan los demás. A menudo sin darse cuenta, no saben en absoluto a quién pertenecen ciertas ideas y sentimientos. Por ejemplo, si su hijo con esquizofrenia está enojado por lo que acaba de escuchar por radio y usted entra a su habitación, él puede pensar que usted está enojado/a. Si su hija con esquizofrenia se siente mal por no poder trabajar, puede gritarle a usted por acusarla de ser incompetente. Puede sentirse triste y preguntarle a usted por qué está triste. Si usted expresa algo que ella acaba de pensar, puede acusarle a usted de robarle sus ideas.

El sentimiento de estar fuera de control

Una idea falsa, y muy común, relacionada con esto, que tienen los individuos con esquizofrenia, es que sus mentes están siendo controladas por alguien o algo que está fuera de ellos mismos. Puede tratarse de la televisión o la radio, seres espaciales, el FBI, un ex amigo, un doctor, un medicamento, etcétera. Pueden sentir que cualquiera de ellos les está poniendo ideas en la cabeza (inserción de ideas) o quitándole sus ideas (robo de ideas) o irradiando sus ideas (difusión de ideas).

Esto tiene sentido si consideramos cuán limitado control sobre sus pensamientos tienen las personas con esquizofrenia. Cualquiera de nosotros cuyos pensamientos se agolparan y cambiaran sin ton ni son, y que no estuviera en condiciones de interrumpir o al menos moderar el paso de este proceso, sentiría probablemente que las cosas están fuera de su control y empezaría a preguntarse quién o qué está creando tal confusión.

La tendencia a atribuir sentido especial a lo que ocurre

Quienes sufren una enfermedad mental pueden tener tal confusión en sus ideas que usted nunca puede predecir cómo van a interpretar lo que usted dice o lo que hace. Ciertas palabras y ciertas acciones pueden tener un significado especial para ellos. Igualmente, pueden sentirse forzados a llevar a cabo ciertos rituales para sentirse seguros.

La primera impresión es que estas conductas son extrañas y absurdas. Sin embargo, tienen algún sentido si consideramos que los seres humanos necesitamos orden y lógica. Como hay muy poco orden y muy poca lógica en las vidas de quienes sufren una enfermedad mental, ellos elaboran métodos nuevos y peculiares para dar sentido a sus experiencias, que nunca pueden predecir.

Ideas de referencia

Quienes tienen una enfermedad mental seria frecuentemente experimentan un síntoma llamado *ideas falsas de referencia*—el sentimiento de que mucho de lo que ocurre está relacionado de alguna manera con ellos. Sienten que muchas acciones que ejecutan otras personas, desde rascarse la cabeza hasta vender sus casas, las hacen por algo que la persona enferma ha hecho o ha dicho. O bien piensan que un gesto dado es una señal secreta que tiene el propósito de controlar lo que ellos harán o dirán.

A menudo estas experiencias se interpretan como egocentrismo o como grandiosidad de la persona enferma. Estas ideas falsas de referencia no pueden ser corregidas ni controladas fácilmente por la persona enferma ni por su cuidador si no toma su medicación o si la medicación no tiene el efecto deseado. Lo más que se puede hacer es tratar de que la persona aprenda, con el tiempo, a reconocer esas ideas como uno de sus síntomas, que no siempre reflejan la realidad de las cosas. Hay quienes nunca pueden realizar este aprendizaje.

Asociaciones tangenciales

Las personas que sufren una enfermedad mental a menudo asocian una idea o una palabra con otras que sólo tienen una vaga conexión con la primera. En términos clínicos, hacen *asociaciones tangenciales*. Por ejemplo, una joven con esquizofrenia puede comenzar por decir que alguien le ha *contado* una historia, y de ahí pasar a un pago al *contado* que hizo en el *mercado*, para terminar con una observación sobre el *mercado* de valores. Es difícil, y a veces imposible, seguir las conexiones que hacen quienes sufren un trastorno mental cuando hablan, piensan, o escriben. Por este motivo la comunicación con ellos plantea un gran reto.

Hipersensibilidad a las críticas

Por razones que nadie comprende del todo, a menudo es más fácil para las personas que sufren una enfermedad mental seria recordar los comentarios negativos que los positivos. Esto quiere decir que, por ejemplo, si usted le menciona a su hijo con un trastorno mental algo que hizo bien y algo que no hizo tan bien al limpiar su habitación ayer, probablemente se acordará sólo de lo que hizo mal. Esto tiene ramificaciones importantes, con respecto a ofrecer alabanza y crítica a quienes tienen trastornos mentales (véase el capítulo 3).

Desesperación y falta de energía

Quienes sufren de depresión severa se sienten muy mal. No tienen energía. No les interesa hacer nada. Están como inmovilizados. A menudo no pueden levantarse de la cama, alimentarse o vestirse. Pagar una cuenta les parece una tarea abrumadora. Frecuentemente no recuerdan momentos en que se han sentido mejor y no tienen la esperanza de que se sentirán mejor en el futuro. La vida parece sin sentido. Se sienten totalmente incapaces de hacer nada que les haga sentirse mejor. Además, muchos creen que debe haber alguna razón por la cual se sienten tan mal—que deben haber hecho algo para merecer tal castigo.

Capacidad para la autoconciencia

Los síntomas y las características personales que exhiben quienes tienen una enfermedad mental varían muchísimo. Esto también se aplica a la capacidad que tienen estas personas para cobrar conciencia de su enfermedad y su propia conducta. A algunos se les puede enseñar que tienen una enfermedad y que necesitan tomar medicación y participar en un tratamiento; son capaces de aprender a reconocer sus síntomas y distinguir cuándo los síntomas mejoran o empeoran.

Otros no parecen estar en condiciones de aprender nada de esto; la vida les resulta mucho más difícil. No pueden sacar beneficio de sus propias experiencias, por penosas que sean. Por ejemplo, el hecho de que su madre haya terminado dos veces en la cárcel o en un hospital después de salir corriendo a la calle desnuda cuando era víctima de alguna idea delirante (creyendo, tal vez, que

Dios quería que ella actuara así) es posible que no le impida que lo haga una tercera y hasta una cuarta vez. En el capítulo 3 se considera cómo actuar de la manera más eficiente con personas que no tienen conciencia de su enfermedad.

Es importante comprender y reconocer todos los síntomas que se describen más arriba, porque es fácil interpretarlos erróneamente como manipulación o falta de cooperación. Lo que hace tan difícil vivir con las enfermedades mentales es que los síntomas van y vienen sin razón aparente. Estas enfermedades son cíclicas por naturaleza, y los ciclos pueden ser más prolongados y más severos para algunas personas que para otras. Un paciente puede estar bien durante cierto tiempo (y sus familiares pueden sentirse más optimistas), y luego los síntomas vuelven (haciendo que todos se sientan abrumados o enfurecidos).

Tenemos que aprender a gozar de los buenos momentos, y pasar los malos ratos lo mejor posible. No ayuda en absoluto que nos enojemos con la persona enferma o nos sintamos desilusionados porque no ha podido evitar una recaída, ya que nosotros, con todos nuestros conocimientos médicos, no hemos podido evitarla. Por el contrario, debemos dirigir nuestra ira y nuestro desengaño contra la enfermedad. Ello requiere tiempo, educación y experiencia.

SÍNTOMAS SECUNDARIOS DE LAS ENFERMEDADES MENTALES

Hasta aquí nos hemos concentrado en los síntomas primarios de la esquizofrenia y de los desórdenes afectivos mayores—es decir, los síntomas que son resultado directo de tener esas enfermedades. Hay también síntomas secundarios. Para usar una analogía, si nos rompemos un brazo, el síntoma primario es que no podemos moverlo. Síntomas secundarios son que no podemos ir a trabajar y sentimos enojo y depresión porque nuestra vida será menos productiva y menos interesante hasta que se cure el brazo.

En este país padecer una enfermedad mental provoca serios síntomas secundarios. Hace mucho que se vienen llevando a cabo campañas para educar al público sobre el cáncer, el SIDA y la adicción al alcohol y las drogas. En cambio, sólo recientemente se han iniciado tales campañas para la esquizofrenia y los desórdenes afectivos. De hecho, la mayoría de la gente aun no entiende las enfermedades mentales, y como resultado de ello, muchos tienen miedo a quienes sufren un trastorno mental, o los consideran "raros". Por una razón u otra, no quieren tener nada que ver con ellos. Así quienes sufren un trastorno mental no sólo están discapacitados a consecuencia de sus síntomas, sino que además están aislados y son rechazados por los demás. Por lo tanto tal vez se sienten enajenados, vacíos, solos, rechazados y deprimidos. Pueden sentir creciente ira y amargura—y tienen buenas razones para ello, pues la vida les resulta más limitada y más difícil. Muchos de los sueños y esperanzas de su infancia tal vez nunca lleguen a realizarse.

No es difícil comprender que muchas personas que sufren trastornos mentales terminan perdiendo toda esperanza, sintiéndose traicionados o engañados. Una desafortunada consecuencia de estos sentimientos es que muchos terminan quitándose la vida. Quienes sufren un trastorno mental no son más violentos que otras personas, y sin embargo es más probable que se suiciden. Cerca del diez por ciento de quienes sufren de esquizofrenia y de un trastorno bipolar serio ponen fin a su propia vida. Algunos lo hacen en medio de un episodio psicótico, tal vez sin creer que realmente van a morir. Muchos se matan por el dolor de vivir una vida tan vacía, aislada y limitada que sienten que no vale la pena seguir viviéndola.

CAUSAS DE LAS ENFERMEDADES MENTALES

Una vez que usted ha llegado a entender lo que son las enfermedades mentales mayores, probablemente se va a preguntar cuáles son sus causas y a quiénes es probable que afecten. Lamentablemente, las respuestas a estas preguntas fundamentales todavía están rodeadas de muchos mitos y malentendidos.

Hasta hace relativamente poco, los métodos disponibles para estudiar el cerebro eran bastante limitados, pues consistían básicamente en llevar a cabo autopsias de los cerebros de quienes hubiesen donado sus cuerpos para la investigación. La limitación obvia de esta técnica es que es muy difícil estudiar el funcionamiento de un cerebro muerto.

Los métodos sofisticados que se han creado recientemente han aumentado en proporción geométrica nuestra comprensión del funcionamiento del cerebro. Los escaneos de resonancia magnética (MRI) proveen información extraordinariamente detallada sobre la estructura del cerebro. Muestran las anormalidades físicas en el cerebro e indican la presencia de tumores. Los avances en la tecnología digital y radiológica hacen que las imágenes de resonancia magnética sean mucho más informativas que los rayos X y los escaneos tomográficos que se usaban anteriormente.

Asimismo se han revolucionado los métodos para estudiar el funcionamiento del cerebro gracias al desarrollo de técnicas que miden el metabolismo de la glucosa y el oxígeno en el cerebro. Combinando esta información con la tomografía por emisión de positrones (*positron emission tomography* en inglés, abreviado como PET en inglés y en español), se pueden generar imágenes tridimensionales del cerebro mientras desarrolla actividades variadas. Se pueden observar claras diferencias entre el funcionamiento de los cerebros de personas llamadas normales, comparado con el funcionamiento de aquellos que sufren esquizofrenia o el mal de Alzheimer. Si bien todo esto es interesantísimo y admirable, deja aun sin respuesta muchas preguntas sobre las causas de las enfermedades mentales y la manera de prevenirlas o curarlas.

Por otro lado, los geneticistas han hecho enormes contribuciones al caudal actual de conocimientos sobre las enfermedades mentales. Han identificado cromosomas claves y marcadores genéticos en individuos con trastornos bipolares; pueden trazarlos en sus árboles genealógicos. Pero a partir de esta información no se puede ni determinar si una persona tiene una enfermedad antes de que presente síntomas, ni desarrollar un método para prevenir o curar las enfermedades.

En última instancia, aun considerando estas técnicas, que han avanzado prodigiosamente, y el caudal relativamente grande de conocimientos que poseemos ahora, lo que no sabemos sobre las enfermedades mentales es muchísimo más que lo que sabemos. Si bien la tecnología que se ha desarrollado en las últimas décadas ha dado lugar a numerosos y extraordinarios avances, el camino por recorrer todavía es largo: nadie sabe exactamente qué es lo que causa las enfermedades mentales, cómo curarlas, o cómo predecir en quiénes se van a manifestar. En consecuencia, lo único que nos queda es hacer ciertas deducciones sobre las causas, los tratamientos y el curso de las enfermedades, deducciones que se basan en la observación de los enfermos y sus historias familiares.

Algunos profesionales aun no están convencidos, pero la mayoría actualmente piensan que la herencia es el factor más importante para determinar quién es un candidato probable para desarrollar esquizofrenia o trastornos afectivos mayores. Hay pruebas contundentes del papel de la herencia: el Dr. E. Fulley Torrey, en su libro *Surviving Schizophrenia,* 2006, presenta estadísticas convincentes, como también lo hacen otros libros básicos sobre la esquizofrenia. La probabilidad de que usted tenga esquizofrenia depende de cuántos y cuáles de sus familiares la tienen o la han tenido.

- Si ninguna persona de su familia ha tenido nunca esquizofrenia, la probabilidad de que usted la tenga es de 1 por ciento. (Esta es la proporción en que aparentemente se manifiesta la esquizofrenia en la población en general.)
- Si un familiar en segundo grado (primo o prima, abuelo o abuela, etc.) la tiene, su probabilidad es del 2 por ciento.
- Si tiene esquizofrenia un familiar de primer grado (padre, madre, hermano o hermana) la probabilidad para usted sube a cerca del 10 por ciento.
- Si la tienen ambos padres, la probabilidad aumenta hasta cerca del 40 por ciento.

- Si usted tiene un mellizo o melliza con esquizofrenia, sus chances llegan al 50 por ciento.

- Si son varios los familiares con esquizofrenia, sume los respectivos porcentajes para obtener una estimación aproximada. Por ejemplo, si su padre (10%) y un primo (2%) la tienen, su probabilidad de enfermarse de esquizofrenia es de cerca del 12 por ciento.

Frecuentemente se han considerado el medio ambiente y la crianza como causas de los trastornos mentales. Las estadísticas arriba mencionadas también pueden interpretarse como evidencia de esta conexión, pero hay datos adicionales, surgidos de otros estudios, que han demostrado que la herencia es el factor principal. Estos estudios involucraban seguir las historias de hijos cuyos padres biológicos tenían esquizofrenia y que fueron adoptados por personas que no tenían esquizofrenia. Se comparó el número de quienes eventualmente tuvieron esquizofrenia con otro grupo de hijos adoptivos, cuyos padres biológicos no la habían tenido pero que fueron adoptados por personas con esquizofrenia. Los resultados estadísticos favorecen la biología, no el medio ambiente: el 10 por ciento de los hijos de esquizofrénicos (padre o madre) contrajeron la enfermedad a pesar de haber sido criados por padres normales; en cambio sólo el 1 por ciento de los hijos de padres normales, criados por padres con esquizofrenia, contrajeron la enfermedad.

Los estudios realizados sobre mellizos idénticos ofrecen nueva evidencia de que son los factores biológicos más bien que el medio ambiente los que determinan la probabilidad de que una persona desarrolle una enfermedad mental seria. Se estudiaron mellizos idénticos que fueron adoptados y criados separadamente. Una vez más, el 50 por ciento de quienes tenían un mellizo con esquizofrenia también desarrollaron la enfermedad.

Hay menos desacuerdo con respecto a la causa de los trastornos afectivos mayores. Ya hace décadas que los especialistas en salud mental están de acuerdo en que la causa primaria de los trastornos afectivos es fisiológica. Esta unanimidad sirve en cierta medida de consuelo a las familias de quienes tienen trastornos afectivos.

En contraste con esto, los familiares de esquizofrénicos han sido altamente perjudicados, y han sido víctimas de verdaderos insultos por parte de profesionales que creen que es la conducta de la familia, no un factor fisiológico, lo que causa esta enfermedad. A menudo se escuchan las historias de familias que han consultado a un psiquiatra con la esperanza de encontrar respuestas, comprensión y alivio del dolor y el sufrimiento que experimentan ellos y su ser querido. En cambio, se encuentran con doctores que o bien les dicen abruptamente que ellos tienen la culpa de la situación de su familiar, o bien se niegan a hablar con ellos. Los familiares salen de estas entrevistas más abrumados, confusos y llenos de culpa de lo que estaban.

Se están llevando a cabo extensas investigaciones. Los científicos exploran los desequilibros químicos en el cerebro, el funcionamiento de los neurotrasmisores, los efectos de las enfermedades virales (especialmente durante el segundo trimestre del embarazo), el caudal circulatorio que llega al cerebro y el agrandamiento de ciertos ventrículos, así como la atrofia de partes del cerebro en las personas con esquizofrenia.

Hay también abundante evidencia sobre *lo que no causa* enfermedades mentales. Muchas familias creen que la mezcla de drogas y alcohol ha enfermado a su ser querido. Aunque es cierto que el abuso de estas sustancias no ayuda a las personas que tienen una enfermedad mental, no hay ninguna indicación de que puedan causar la enfermedad. Hay millones de personas que abusan de las drogas y el alcohol, y que sin embargo nunca muestran ningún síntoma de esquizofrenia ni de trastornos afectivos mayores. Es probable que quienes comienzan a experimentar síntomas de enfermedad mental recurran a las drogas ilegales o el alcohol como refugio, cuando se sienten mal o sienten pánico. Ello puede confundir y complicar aun más el cuadro, puesto que algunas drogas, como la fenciclidina (abreviatura: PCP), pueden causar lesiones cerebrales y síntomas similares a los de la esquizofrenia y el trastorno bipolar.

Igualmente, no hay evidencia firme que indique que la mala crianza, el mal régimen alimenticio, la falta de ejercicio o la deficiencia vitamínica causen enfermedades mentales. Sin duda es deseable que todos vivan una vida sana, se abstengan del abuso de drogas, coman y duerman bien y hagan ejercicio, pero muchas personas que hacen solamente algunas de estas cosas o ninguna de ellas jamás desarrollan un trastorno mental. Por otro lado, cuando alguien sufre los síntomas de una enfermedad mental seria, hacer ejercicio, mantener la higiene personal y comer bien pueden resultarle metas excesivas; llevar a cabo cualquier parte de cualquiera de estas tareas puede estar más allá de sus posibilidades. Las ideas delirantes o las alucinaciones pueden también afectar lo que esta persona haga o lo que coma.

ESTRÉS

Al considerar las causas de los trastornos mentales es importante tener en cuenta el estrés. El estrés no causa estas enfermedades. Sin embargo, parece incrementar la severidad de los síntomas en las personas con predisposición para esos desórdenes. Hay mucha gente que puede estar bajo estrés extraordinariamente intenso y que sin embargo nunca desarrolla una enfermedad mental. Pero si usted tiene predisposición, probablemente será más susceptible de estrés. Éste puede ser un factor que determine cuándo los síntomas mejoran o empeoran.

Por tanto es importante que las familias y los amigos de quienes tienen una enfermedad mental adquieran información tanto sobre las enfermedades como sobre los efectos que tiene el estrés sobre los síntomas. Las familias no causan y no pueden curar las enfermedades, pero *pueden* modificar significativamente el nivel de estrés en la vida de su ser querido. Así es que las familias y los amigos pueden desempeñar un papel importante, ayudando a disminuir la severidad de los síntomas y minimizando las ocasiones en que los síntomas de sus seres queridos empeoran hasta el punto de que se los debe hospitalizar.

Hay que subrayar que estrés es cualquier cosa que pueda hacer que una persona se sienta ansiosa o perturbada. Algo que la mayoría de nosotros experimentaría como un hecho totalmente insignificante, como contestar el teléfono o ir a un restaurante, puede ser motivo de estrés para una persona con un trastorno mental. Debemos aprender qué es lo que una persona determinada que tiene un trastorno mental experimenta como estresante y tenemos que encontrar maneras de reducir el estrés. Esto no significa, no obstante, que al proceder así podamos eliminar todos los síntomas o recaídas, del mismo modo que no podemos curar a alguien que tiene gripe haciéndole tomar líquidos y descansar, pero podemos ayudar a que la gripe sea menos severa.

MITOS SOBRE LAS ENFERMEDADES MENTALES

Antes de pasar al capítulo siguiente, donde se examinan los tratamientos para las enfermedades mentales, quiero resumir ocho mitos comunes sobre los trastornos mentales, y aclarar cuál es la realidad que ocultan.

MITO: *Los trastornos mentales son muy raros y muy poco frecuentes.*
REALIDAD: Ni la esquizofrenia ni los desórdenes afectivos son nuevos o poco frecuentes. La esquizofrenia afecta al 1 por ciento de la población mundial, sin relación alguna con métodos de crianza, religión, status socioeconómico, etnicidad, sistema político, o cualquier otra variable. Hay países donde la incidencia puede ser algo mayor (por ejemplo, los países escandinavos e Irlanda occidental), mientras en otros la proporción es algo menor (por ejemplo, África en la región tropical), por razones que nadie puede explicar totalmente. En los Estados Unidos hay cerca de 2 millones y medio de personas con esquizofrenia, y muchos más que sufren desórdenes afectivos mayores.

MITO: *Hay terapias que curan los trastornos mentales mayores.*
REALIDAD: En la actualidad no hay remedio que se conozca para la esquizofrenia o los desórdenes afectivos mayores. Algunas

personas aseguran que son capaces de curar grupos selectos de enfermos mentales, pero sus técnicas no pueden ser duplicadas por otros ni aplicadas a un grupo de enfermos mentales de control seleccionado al azar. Lo que sí podemos hacer es reducir la severidad de los síntomas en muchas personas, y mejorar la calidad de vida tanto para ellos como para sus cuidadores.

MITO: *Tener esquizofrenia significa tener personalidades múltiples.*
REALIDAD: Tener esquizofrenia no significa tener personalidades múltiples. Esto último es una condición psiquiátrica especial, y muy diferente, que se conoce como *trastorno disociativo de la personalidad*. Ocurre como consecuencia de repetidos traumas en la infancia. La gente que tiene este desorden (que se solía llamar trastorno de doble personalidad) pasa de una personalidad a otra que difiere dramáticamente de la primera. Por ejemplo, una mecanógrafa tímida, mal adaptada socialmente, puede convertirse periódicamente en una mujer extrovertida y seductiva que se lo pasa yendo a fiestas. Una persona con este trastorno puede usar nombres diferentes para cada personalidad. Los filmes *Los tres rostros de Eva* y *Sibila* ilustran este desorden.

MITO: *Los enfermos mentales son violentos.*
REALIDAD: Las personas con enfermedades mentales generalmente no son violentas, ni son asesinos psicóticos, como frecuentemente los describen los medios. La incidencia de episodios violentos entre quienes tienen trastornos mentales no es mayor que la incidencia en la población en general. Este mito, muy común, ha perjudicado enormemente a los individuos con esquizofrenia, muchos de los cuales son muy retraídos y callados.

MITO: *La enfermedad mental es contagiosa.*
REALIDAD: La enfermedad mental no se contagia. Usted no se va a enfermar si pasa tiempo con alguien que la tenga o si bebe del mismo vaso. Usted puede sentirse confuso después de estar con alguien que no puede pensar ni hablar con claridad. Sin embargo,

cuando usted se separa de esa persona y pasa algún tiempo con un adulto que piensa claramente, su confusión desaparece. Es como pasar tiempo con un niño: aunque usted empiece a ver y experimentar el mundo a través de los ojos del niño, luego no continúa siendo un niño.

MITO: *Los enfermos mentales son malos o perversos.*
REALIDAD: Quienes tienen una enfermedad mental no son malas personas. El hecho de que algunos individuos sufren estos trastornos no significa que ellos o sus familias hayan hecho algo malo o sean malas personas. Tener una enfermedad de esa clase generalmente significa tener mala suerte, como lo es haber nacido con diabetes, con propensión a las enfermedades coronarias o al cáncer. No hay ningún motivo para sentir vergüenza si algunas de estas enfermedades se trasmiten en su familia. Pero muchas familias con un ser querido que tiene una enfermedad mental sienten mucha vergüenza.

MITO: *Los enfermos mentales son moralmente débiles.*
REALIDAD: Tener una enfermedad mental no es un signo de flaqueza. Quienes sufren un trastorno mental no pueden interrumpir sus síntomas por fuerza de voluntad, como tampoco alguien que sufre de sordera puede oír mejor por fuerza de voluntad.

MITO: *Quienes tienen enfermedades mentales son genios creativos.*
REALIDAD: Hay el mismo porcentaje de personas de inteligencia normal entre quienes tienen una enfermedad mental y entre aquellos que no la tienen. Lo mismo se aplica a las habilidades artísticas, creativas y mecánicas y a cualquier otra destreza o talento.

Las enfermedades mentales: tratamientos y recuperación

Si bien no hay una cura para las enfermedades mentales serias, hay diversas formas de tratamiento que pueden ofrecer alivio significativo. Algunas personas tienen la suerte de que estos tratamientos mejoren muchos de sus síntomas y les permitan vivir vidas relativamente normales. A otros, que no son tan afortunados, los tratamientos les ofrecen poco o ningún alivio. La única manera de determinar si un tratamiento va a ayudar a su ser querido es el método de ensayo y error, una ruta a menudo larga y dolorosa. No se sabe por qué a algunas personas les ayudan los tratamientos y a otras no. Nadie puede predecir a quién van a ayudar y a quién no. El éxito probablemente depende de diferencias fisiológicas individuales y del tipo de enfermedad que tiene cada persona.

TRATAMIENTO PRIMARIO: MEDICACIÓN

La forma más eficaz de tratamiento único para la mayoría de quienes sufren una enfermedad mental es la medicación. (Subrayo aquí el término *único* porque la forma más eficaz de tratamiento total es una combinación de medicación y algún tipo de programa de rehabilitación social o una situación familiar en que los miembros de la familia reciben instrucción y saben cómo aplicar técnicas específicas para tratar a la persona con una enfermedad mental.) No obstante, la medicación tiene muchos inconvenientes, y mucha gente tiene una opinión muy negativa al respecto. Si bien en algunos casos esa resistencia es comprensible, la medicación sigue siendo la mejor forma de tratamiento único disponible en este momento.

Cuán eficaz va a ser la medicación probablemente depende en parte del tipo de enfermedad de que se trate y de la seriedad de los síntomas. Hay quienes tienen una enfermedad tan severa que están totalmente discapacitados por los síntomas.

Los trastornos afectivos tienden a responder mejor a la medicación que la esquizofrenia, en parte porque son más leves. Así es que, si su familiar tiene depresión seria o trastorno bipolar, es más probable que la medicación le ayude significativamente.

Muchas personas con trastornos afectivos viven vidas plenas. Pueden trabajar, tienen familia y amigos, y actividades que disfrutan en su tiempo libre. Muchos de aquellos con quienes se relacionan nunca llegan a saber que ellos están tomando medicación o ni siquiera que sufren una enfermedad mental seria. En realidad, hay muchos atletas, actores, y hasta algunos políticos con coraje suficiente para admitir que luchan con desórdenes afectivos. Se cree que Abraham Lincoln y Vincent Van Gogh sufrían de depresión maníaca. Quienes han sido francos con respecto a su enfermedad, como Patti Duke y Carrie Fisher, han contribuido notablemente a hacer esta enfermedad un poco más respetable y aceptable para el público.

Tal cosa raramente ha ocurrido con quienes sufren de esquizofrenia. Dado que frecuentemente la enfermedad los discapacita más severamente, les resulta más difícil describir su situación y cambiar la actitud del público. Con todo, en los últimos años, hay quienes han producido libros y películas que describen su lucha con la esquizofrenia. Por ejemplo, Patricia Deegan, Ph.D. y Frederick J. Frese, Ph.D., han hecho conocer sus casos. Ambos fueron diagnosticados como esquizofrénicos. Ambos viven una vida plena y han tenido éxito en sus carreras.

Son psicólogos que inspiran elocuentemente al público sobre esta enfermedad y sobre el hecho de que es posible recuperarse de ella.

Hay diversos medicamentos disponibles en la actualidad para el tratamiento del desorden bipolar que resultan sumamente efectivos en el control de síntomas. Son el litio y varios remedios anticonvulsivos que se distribuyen con las marcas de Depakote, Neurontin y Tegretol. En una proporción aproximada del 80 por ciento de la gente con trastorno bipolar, estos medicamentos eliminan o minimizan los movimientos pendulares del estado de ánimo--los altibajos—a que son propensos quienes sufren esta enfermedad. Ahora bien, el otro 20 por ciento sufre este trastorno en formas muy severas y a ellos la medicación no les ayuda mucho o no les ayuda en absoluto. Sus vidas son tan difíciles como lo son las vidas de la mayoría de quienes tienen esquizofrenia. Estas personas pertenecen al grupo que padece lo que se llama enfermedad maníaco-depresiva seria o trastorno bipolar serio.

Otro tipo de medicación que se administra a menudo a quienes tienen desórdenes afectivos son los antidepresivos. Como lo indica su nombre, tienden a mejorar los estados de depresión. Cuando son efectivos, es decir cuando las personas son tan afortunadas que sus organismos responden a estos remedios de la mejor manera posible, quienes los toman se sienten menos deprimidos. A veces sienten que han vuelto a la normalidad.

Hay muchas y diversas clases de antidepresivos, producidos por muchas compañías diferentes; además, algunos medicamentos pueden estar a la venta con varias marcas diferentes. Esto resulta confuso para muchas personas con una enfermedad mental y para sus familiares. En el Apéndice trato de aclarar en parte esta información.

Las noticias no son tan buenas para quienes tienen esquizofrenia. Aunque el 80 por ciento responde a los remedios que existen para esta enfermedad, la respuesta frecuentemente no es tan positiva. Es decir, los medicamentos antipsicóticos no logran ayudar a estas personas tanto como los remedios que estabilizan los estados de ánimo ayudan a la mayoría de quienes sufren un trastorno bipolar.

Los medicamentos pueden reducir los síntomas psicóticos en parte o, a veces, totalmente. Por ejemplo, alguien que está atormentado por las voces que oye puede oirlas más débiles, con menos frecuencia, o no oirlas para nada. Un hombre con ideas delirantes puede dejar de creer que alguien está tratando de controlar su mente o que es Peter Rabbit. Algunos medicamentos tienen también un efecto sedativo, y así ayudan a calmar la agitación que a menudo sienten quienes tienen esquizofrenia. Algunas de las emociones irracionales y cambiantes descritas en el capítulo 1 pueden reducirse con estos medicamentos. Los antipsicóticos tradicionales, como Thorazine y Haldol, no mejoraban los síntomas de la esquizofrenia que se conocen como *síntomas negativos,* tales como la falta de respuesta emocional o verbal, falta de cuidado de la persona y falta de motivación. Hay remedios nuevos como Risperdal, Zyprexa, y Geodon, que ayudan en este sentido.

Existen muchas clases de medicamentos antipsicóticos para personas que exhiben síntomas tales como alucinaciones, ideas delirantes y confusión. También se suele llamar a los remedios antipsicóticos tranquilizantes mayores, neurolépticos, o fenotiazinas. La lista del Apéndice incluye las drogas antipsicóticas que se usan comúnmente. Los medicamentos más antiguos se llaman típicos o tradicionales y a los nuevos se los conoce como "atípicos".

Gracias a que la medicación reduce algunos de los síntomas primarios, los síntomas secundarios también pueden reducirse. Las personas pueden estar en condiciones de concentrarse mejor, tener más capacidad y sentir más ganas de comunicarse con otras personas y de participar en actividades de bajo estrés, ir a trabajar o a estudiar. También pueden sentirse más tranquilos si participan en otras formas de tratamiento como los programas de rehabilitación social o la psicoterapia.

Los remedios que se conocen como estabilizantes del ánimo, los antidepresivos y los antipsicóticos frecuentemente tienen efectos indeseables, llamados efectos secundarios. Pueden ir desde efectos leves, como un aumento de la sensibilidad al sol, hasta efectos tan serios y desagradables como severa tensión muscular, extrema inquietud, visión borrosa o el movimiento involuntario de ciertos músculos.

Para decidir si se debe usar un medicamento hay que poner en un platillo de la balanza los efectos positivos, y en el otro los efectos negativos. Aun para las personas con mayor claridad mental ésta puede ser una decisión difícil. Suele ser una decisión imposible para alguien que tiene esquizofrenia sin la ayuda de profesionales, amigos y familiares.

Afortunadamente hay también medicamentos que reducen algunos de los efectos secundarios desagradables. Si bien estos remedios no son siempre efectivos y hasta tienen, a su vez, algunos efectos secundarios desagradables, suelen ayudar. Para repetir, los enfermos y sus familiares deben enfrentar decisiones sumamente complicadas y necesitan pesar la mejoría que producen los medicamentos y las complicaciones que resultan de tomar varios remedios.

Las decisiones sobre la medicación son particularmente difíciles porque los efectos terapéuticos de los remedios a veces tardan más en manifestarse que los efectos secundarios. Tomemos como ejemplo a Tomás, un joven con esquizofrenia que cree que los rayos de la televisión lo están controlando. Su médico y sus familiares quieren que tome medicamentos. Para empezar, conseguir que una persona como Tomás pruebe la medicación sería de por sí un éxito mayúsculo. Será todavía más difícil convencerlo de que si tolera unas pocas semanas de boca seca y músculos tensos, va a empezar a pensar con más claridad. (No hay que olvidar que una persona como él puede creer que no hay ningún problema en su manera de pensar.) Nos imaginamos los problemas que pueden ocurrir si esa medicación no tiene el efecto deseado y se le recomienda a Tomás que pruebe otra. Esto significa pedirle que tolere otros efectos secundarios desagradables al menos por unos días antes de llegar a experimentar algún efecto terapeútico.

Prescribir medicación para pacientes con enfermedades mentales está lejos de ser una ciencia exacta, como quieren hacernos creer muchos psiquiatras. Frecuentemente es un proceso de ensayo y error; se comienza por probar Depakote para el desorden bipolar, y antipsicóticos atípicos para la esquizofrenia. Si no dan resultado, se puede probar el litio o los antipsicóticos tradicionales, o un antidepresivo cuando hay señales de depresión. Si ninguna de estas medicinas tiene efecto, hay otras, como Tegretol, que pueden dar cierto alivio.

Cómo conseguir que alguien tome remedios o se ponga en tratamiento

Los familiares y amigos frecuentemente tienen que lidiar con alguien que se niega a tomar remedios o a participar en algunas o todas las formas de tratamiento. Ver que un ser querido rechaza la ayuda que usted sabe va a reducir su sufrimiento puede producirle a usted tanto enojo como desesperación. El primer paso para manejar esta situación es tomar distancia y pensar por qué esa persona elige un camino tan irracional y evidentemente autodestructivo.

En la Guía Rápida de Referencia titulada "POR QUÉ SE RESISTEN A ACEPTAR LA ENFERMEDAD Y RECHAZAN LA MEDICACIÓN" resumo algunas razones posibles.

POR QUÉ SE RESISTEN A ACEPTAR QUE ESTÁN ENFERMOS Y RECHAZAN LA MEDICACIÓN

Las personas con un trastorno mental se resisten a aceptar que tienen una enfermedad porque:

1. Experimentan la negación—común como primera reacción a una mala noticia muy impactante, tal como la muerte de alguien o el diagnóstico de una enfermedad que produce seria discapacidad.
2. Sufren debido al estigma social que marca las enfermedades mentales. Las implicaciones para el futuro también son dolorosas e incluyen: (sigue)

- el duelo por la pérdida de sus sueños y de la habilidad de vivir una vida normal
- reducir su esperanza de lo que van a tener en la vida
- aceptar la necesidad de tratamiento a largo plazo

3. Experimentan un síntoma de la enfermedad, de varias maneras:
   - negación continua y masiva de problemas—un mecanismo primitivo de defensa para preservar el sentimiento frágil de autoestima que tienen algunas personas enfermas
   - ilusiones psicóticas, limitada capacidad de juicio, o del registro de realidad.
   - No tienen conciencia de sí mismos (la autoconciencia se define en la página 13)

Rechazan la medicación porque:

1. Los efectos secundarios son desagradables y perturbadores.
2. Puede significar admitir que tienen una enfermedad mental.
3. Pueden sentir que están siendo controlados por una fuerza externa.   Tomar las medicinas puede detonar problemas que estas personas tienen con respecto a la pérdida de poder y control en sus vidas.
4. Reducir los síntomas, y por tanto percibir la limitación de sus vidas, puede ser más penoso que perderse en la psicosis. Muchas personas que están en un episodio maníaco prefieren ese estado de alta energía al estado de menor energía que sienten cuando están medicados.

Ruego al lector que note que me concentro especialmente en dos temas: uno es nuestro entorno social, y el otro la enfermedad misma. Para muchas personas es dificilísimo aceptar que tienen una enfermedad mental en nuestra cultura, donde no hay ninguna simpatía por las enfermedades mentales. Pueden experimentar vergüenza y dolor, y su depresión puede incrementarse. Aceptar que uno tiene una enfermedad mental es un trago amargo. A veces significa reconocer que la vida va a ser diferente de las esperanzas que se hayan albergado. Algunas personas creen que si pueden sobrevivir sin tratamiento de ninguna clase, esto prueba que no son un *caso mental.*

Otras razones resultan más directamente de los síntomas de las enfermedades. Recuerde usted que muchos de los síntomas interfieren con la habilidad para pensar clara y lógicamente. Los individuos que sufren un trastorno mental serio pueden dar toda clase de explicaciones irracionales para no querer saber nada de doctores, hospitales, programas o medicamentos. Algunas de estas reacciones pueden contener un núcleo de verdad basado en malas experiencias que han tenido en institutos médicos.

Más abajo hay más detalles sobre la manera de ayudar a las personas que no tienen conciencia de su enfermedad. Quienes rechazan en absoluto la idea de medicación o tratamiento probablemente no se dejarán convencer por sus amigos o familiares. En la mayoría de los Estados Unidos, actualmente es ilegal forzar a un adulto a aceptar medicación o tratamiento contra su voluntad, a menos que se haya establecido que hay un peligro inminente de que se cause daño a sí mismo o a los demás.

En la Guía Rápida de Referencia titulada "CÓMO LOGRAR QUE UNA PERSONA ENFERMA ACEPTE EL TRATAMIENTO Y TOME LA MEDICACIÓN" resumo algunas de las maneras como usted puede ayudar a su familiar a alcanzar estos resultados.

CÓMO LOGRAR QUE UNA PERSONA ENFERMA ACEPTE EL TRATAMIENTO Y TOME LA MEDICACIÓN

Es útil dividir las metas mayores en pasos pequeños y hacer un plan realista en cuanto al tiempo. Generalmente el ritmo que resulte va a ser mucho más lento de lo que usted quisiera. Pueden pasar meses hasta alcanzar cada una de las metas. Por ejemplo, para asistir a un programa de día uno debe ser capaz de:

1. levantarse a tiempo
2. organizarse y prepararse para salir de la casa
3. usar medios de transporte
4. tolerar la interacción de un grupo y los contactos sociales   (sigue)

Hágale saber a su familiar que usted tiene la clara expectativa de que va a hacer progresos. Desarrolle un sistema de recompensas para cada paso que él o ella avance. Ofrezca reconocimiento y estímulo positivo, recompensas especiales o privilegios, y ayuda financiera adicional. Esto crea un entorno en el cual la persona se siente suficientemente segura para probar cosas nuevas. No rememore fracasos ni errores.

Refiérase a experiencias pasadas que puedan recordar a su familiar cuánto mejor era su vida cuando tomaba los medicamentos y estaba en tratamiento. Conecte problemas específicos o consecuencias negativas, tales como terminar en la cárcel o el hospital, con intentos previos, que no tuvieron éxito, de interrumpir la medicación o el tratamiento prematuramente.

Familiarícese usted con el sistema de salud mental así como con los programas y medicamentos para personas con enfermedades mentales. Esto le permitirá ser más tranquilizante y realista cuando su familiar esté dispuesto a participar en un programa de tratamiento o a tomar medicación.

Usted necesita enfrentar cualquier ambivalencia, duda, derrotismo, etc., que usted tenga sobre los tratamientos o la medicación. Probablemente de alguna manera usted mismo le comunica estas dudas a su familiar y tienen un impacto negativo sobre él o ella.

Recuerde que el camino que lleva al éxito es invariablemente una ruta larga y zigzagueante, con muchos altibajos. Hay que esperar que cada paso adelante pueda estar seguido por uno o dos pasos atrás.

No olvide que los beneficios de la medicación y el tratamiento pueden ofrecer eventualmente beneficios suficientes para que su familiar esté dispuesto a continuarlos.

Cuando tratamos de que alguien tome medicamentos o se ponga en tratamiento, debemos recordar que el resultado es más importante que las razones que sirven de fundamento. Algunas personas van a aceptar la medicación o el tratamiento por razones tan irracionales como las que tienen otros para rechazarlos. Es preferible no discutir con ellos. Si piensan que los remedios los van a convertir en atletas de primera, o que son simplemente pastillas para dormir, será una buena idea no proseguir la discusión. Confórmese con que tomen los medicamentos. Igualmente, algunas personas van a ver a un psiquiatra o asisten a un programa con el fin de ayudar a otros desafortunados o porque creen que están estudiando la profesión. Es preferible felicitarlos porque van, desearles buena suerte, y esperar que obtengan beneficios, en lugar de tratar de refutar la lógica de su razonamiento.

Que una persona enferma acepte ayuda puede parecerle a usted un paso fácil de tomar; en la mayoría de los casos no es así. Generalmente es necesario ayudar a esa persona a dividir el proceso en pasos pequeños y preparar un plan realista con respecto al tiempo. Recuerde que antes de que alguien tome medicación debe estar dispuesto a hablar con un médico (el único que puede recetarla). Este paso puede llevar meses o años.

Cómo hacer que cumplan más regularmente con la medicación

Algunas familias tienen que enfrentar un problema un tanto diferente: sus familiares pueden estar dispuestos a tomar remedios, pero no de manera consistente. Siguen algunas sugerencias que pueden hacer que una persona quiera tomar la medicación de manera más regular:

- *Escuche atentamente.* Es importante que las familias, y los médicos que recetan medicamentos, escuchen atentamente y respondan a las preocupaciones, los temores, o las reacciones desagradables que producen. La persona enferma necesita saber que la gente toma en serio sus preocupaciones. Por ejemplo, es importante reconocer y confirmar que los efectos secundarios pueden ser desagradables.
- *No trivialice los efectos desagradables.* Por el contrario, recuerde a la persona que los beneficios tienen más peso que las desventajas, y que hay cosas que se pueden hacer para reducir los efectos desagradables. Por ejemplo, la persona podría tomar más agua para combatir la boca seca, o usar bloqueador de sol para la excesiva sensibilidad a los rayos solares.

• *Ofrezca información.* Ayude a su familiar a aprender la mayor cantidad de información que pueda absorber sin perturbarse. Generalmente es útil para quienes sufren enfermedades mentales saber cuáles son los efectos positivos de la medicación, así como lo que ocurre cuando no toman medicación en absoluto o cuando la toman de manera irregular. Asimismo, se les debe hacer saber cuáles son todos los posibles efectos secundarios y cómo tratarlos.

• *Use el medicamento preferido.* Si, por un motivo racional o irracional, su familiar prefiere un remedio a otro, y son igualmente efectivos, anímelo a que se lo diga a su médico, quien, en el mejor de los mundos posibles, respetará esa preferencia.

• *Cree un sistema simple.* Ayude a su familiar a encontrar una manera simple de recordar que tiene que tomar su medicación. A veces las personas están tan confusas o distraídas que se olvidan. No rezongue; solamente ayúdele a recordar. Sea creativo. En colaboración con su familiar usted puede preparar un pequeño cartel, una caja de pastillas diarias, la rutina de tomar la medicación antes de las comidas—cualquier cosa que él o ella prefiera. Cualquier sistema que mejore el resultado es aceptable, con tal que su familiar sepa, diariamente, cuándo tomar los medicamentos y si los ha tomado o no.

• *Considere el uso de inyecciones.* Algunas medicaciones vienen en forma inyectable de efecto duradero. Los enfermos tienen que recibir una inyección solamente una o dos veces por mes y no tienen que pensar en la medicación el resto del tiempo. Este procedimiento puede facilitar para algunas personas el proceso de la medicación. Otros tienen miedo a las agujas y van a evitarlas como si fueran la peste.

• *Ofrezca apoyo pero sea firme.* Elogie profusamente a su familiar si está siendo responsable. Tomar medicación puede significar una diferencia tan grande en la vida de algunas personas que vale la pena que usted se ponga firme. Si otros métodos para lograr que tomen medicación en forma regular han fracasado, y su familiar está mucho mejor cuando la toma, usted puede seguir el ejemplo de algunas familias que lo ponen como condición para vivir con la familia o pasar tiempo con usted.

Es común que los familiares y amigos tengan que enfrentar repetidamente situaciones en que necesitan disminuir sus expectativas y aprender a tener paciencia. Tanto usted como su familiar van a pasarlo mucho mejor si usted encauza la atención a los pequeños pasos que se toman semana tras semana. Es mejor para todos no prestar atención solamente a las metas o posibilidades de largo alcance. Haga de esto su meta: que su familiar viva la mejor vida que puede, *hoy y mañana.*

Todos tenemos la esperanza de que algún día haya tratamientos que ofrezcan nuevas posibilidades a las personas con enfermedades mentales. Hasta entonces, lo mejor que podemos hacer es concentrarnos en el presente. Si su familiar enfermo le pregunta si usted cree que él o ella podrá hacer más el año próximo o dentro de cinco años, la mejor respuesta es la respuesta más honesta. No sabemos lo que traerá el futuro. Independientemente de lo que la historia parece sugerir como lo más probable, los científicos hacen descubrimientos todos los años. Usted no quiere estimular esperanzas que no son realistas, sin embargo tampoco quiere minar la esperanza con respecto al futuro. La mejor respuesta es decir que usted no sabe qué ocurrirá, que no sabe si su familiar podrá tener alguna vez una familia, un trabajo o un automóvil. Diga esto, y después ayúdele a volver a concentrarse en los pasos pequeños que puede dar hoy en dirección a lo que sean sus metas de largo alcance. Usted puede asegurar a estas personas que, dando pasos pequeños en dirección a sus metas, pueden tener en su vida más que lo que tienen ahora, y pueden sentirse más satisfechos de sí mismos de lo que lo están ahora.

CÓMO AYUDAR A QUIENES CREEN QUE NO TIENEN PROBLEMAS

¿Qué ayuda puede darle su sistema de apoyo a alguien con una enfermedad mental o con condiciones concurrentes? En gran medida esto depende de cuánta conciencia tiene una persona de sus trastornos. Algunos comprenden perfectamente que tienen un diagnóstico doble de problemas tanto psiquiátricos como de addición, en tanto otros no creen que tengan tales problemas, a pesar de toda la evidencia que los contradice.

Con quienes no pueden creer que tienen uno de estos problemas o ambos, no vale la pena entrar en discusiones interminables. Es imposible convencerlos: lo mejor que puede pasar es que la discusión no tenga ningún resultado; lo peor, que cree enorme desconfianza y cause gran daño a la relación que usted tiene con su familiar. No es necesario que usted esté de acuerdo con la opinión de él o ella. Es conveniente que usted le manifieste claramente que usted piensa que en efecto tiene estos problemas y que le haría bien buscar ayuda para ellos. Si la persona no está de acuerdo, es prudente respetar su opinión y tratar de ponerse de acuerdo en que no están de acuerdo. La mejor estrategia consiste en tratar de ayudar a la persona a lograr sus metas en la vida, manteniendo la mejor relación posible, tratando de asegurarse de que la seguridad y la conducta de la persona son lo mejor posibles.

Si sus seres queridos no aceptan que están enfermos o que tienen un problema de adicción, lo mejor que usted puede hacer es imitar las sugerencias que se dan en el capítulo cuatro para responder a ideas falsas o delirantes. Ellos tal vez tienen un interpretación delirante de sus síntomas. Por ejemplo, tal vez creen que no pueden trabajar o hacer otras cosas porque hay una conspiración que se lo impide.

La estrategia más efectiva consiste en escucharlos cuando expresan sus sentimientos, su sufrimiento y sus preocupaciones, sin entrar a discutir el material delirante. Explíqueles que usted entiende cómo se sienten, sin confirmar la interpretación que ellos dan al porqué. Muéstreles que usted siente empatía por las dificultades que experimentan, tales como no tener amigos o no tener trabajo. Trate de encontrar terreno común, especialmente con respecto a las metas que ellos tienen para su vida. Exprese la preocupación que usted comparte sobre el bienestar y la situación de su ser querido, y también el amor que lo une a usted y a la familia con él o ella. Lo mejor que puede hacer un miembro de la familia o un profesional para mejorar la calidad de vida de los consumidores es tratar de apoyarlos para que establezcan y alcancen las metas positivas que tengan para sí mismos.

Es importante que usted mantenga sus expectativas en un marco de realidad; su ser querido tal vez no pueda lograr todas sus metas. Puede necesitar ayuda para dividir estos ideales en pequeños pasos realistas que sean alcanzables. Asimismo, puede ser que necesite experimentar las consecuencias naturales de sus elecciones, tales como no poder encontrar trabajo, antes de estar dispuesto a considerar una consulta con un profesional o consejero. No insista incesantemente en el problema que usted cree que él o ella tienen o en lo que usted cree que deberían hacer. La falta de conciencia de que sufren un enfermedad mental es uno de los síntomas de las enfermedades mentales. Si éste es el caso de su ser querido, le recomiendo que lea el libro de Xavier Amador y Anna-Lisa Johanson (*No Estoy Enfermo! No Necesito Ayuda!*, Vida Press 2003). Ofrece una excelente presentación de la investigación y los consejos prácticos que se pueden dar para tratar el problema de falta de conciencia de la enfermedad (anosognosia).

Asimismo, quienes abusan de las drogas o el alcohol niegan y minimizan el alcance de este problema. Es buena idea decirle a la persona que usted cree que está bebiendo o usando drogas. Usted puede agregar que le preocupan las consecuencias negativas que esto puede tener, que usted no quiere verlos pasar por el sufrimiento de una nueva hospitalización o una condena policial. Es apropiado confrontarlos con más firmeza con respecto al abuso de sustancias.

Las familias deben poner límites a sus seres queridos cuando se encuentran en estado de adicción y se comportan de maneras inaceptables. Tienen que experimentar las consecuencias negativas de tales conductas. No conduce a ningún resultado de largo alcance mantener financieramente o ayudar a pagar fianza a alguien que miente y roba dinero o cosas para vender con el objeto de comprar drogas o alcohol.

Esto puede ser difícil con una persona que, en otros momentos, exhibe síntomas de una enfermedad mental seria. Cuando la enfermedad mental es más aguda, necesita más apoyo y más participación por parte de sus cuidadores. Las familias y los proveedores de tratamiento han luchado durante años con este dilema. Es un arte muy complejo y que requiere mucha destreza decidir cuándo hay que ser más inflexible para poner límites y rechazar pedidos de dinero o ayuda que serán usados para comprar drogas o alcohol, y cuándo ayudar a alguien que sufre una enfermedad mental y se beneficiaría recibiendo un poco más de apoyo.

Los proveedores de tratamiento tienen que ser expertos en ambos tipos de problemas e intervenciones, y tienen que saber qué táctica usar y cuándo usarla. Si las familias no están seguras de cuál problema es más dominante en un momento dado, es aconsejable que consulten con profesionales que tengan experiencia tanto en trastornos psiquiátricos como en trastornos de adicción. Suele ocurrir que un miembro de la familia está a favor de un método, la "línea dura" que se necesita para adicciones, mientras otro miembro de la familia prefiere una actitud más comprensiva y de más apoyo. Si todos comprenden que cada uno de estos métodos es adecuado en diferentes momentos, se pueden evitar las discusiones. Los profesionales que atienden a una persona frecuentemente están en desacuerdo precisamente en este respecto.

Con las personas que no reconocen que tienen un diagnóstico doble, muchos programas y servicios utilizan una estrategia que se conoce como "reducción del daño". Con este método, la meta es reducir los efectos negativos que experimenta una persona como resultado de usar, beber o sufrir un trastorno psiquiátrico sin tratamiento. Lo que esto significa es que el proveedor no se niega a trabajar con la persona y que no se limita a tratar de que la persona acepte que tiene un problema y que necesita ayuda. La meta, en este caso, es encontrar la manera de que la persona viva la mejor vida posible y minimice el daño al cual se expone. Esta estrategia es una alternativa a los programas para la adicción basados exclusivamente en la abstinencia o los servicios que requieren que los participantes de abstengan de usar drogas o alcohol. Sin duda, la abstinencia es la meta de largo plazo de una estrategia de reducción del daño, pero no es un requisito inmediato. Los elementos más importantes de esta estrategia se resumen en la Guía Rápida de Referencia titulada "CÓMO AYUDAR A QUIENES NO COMPRENDEN QUE TIENEN CONDICIONES CONCURRENTES".

CÓMO AYUDAR A QUIENES NO COMPRENDEN QUE TIENEN CONDICIONES CONCURRENTES

- Desarrolle una relación de confianza, escuche a las personas, muestre empatía, hágales saber que usted comprende sus puntos de vista.
- Concéntrese en los puntos fuertes que posean, no en los puntos débiles.
- Manténgase positivo, celebre hasta el más pequeño éxito, evite las discusiones.
- Ayúdeles a satisfacer las necesidades inmediatas (médicas, de alimentación).
- Ayúdeles a evitar peligros en la mayor medida posible.
- Trate de minimizar el daño que resulta del abuso.
- Ayúdeles a establecer metas y encontrar maneras de lograrlas.
- Concéntrese en las conductas de las personas y las consecuencias de esas conductas para sus metas.
- Sea consistente.
- Mantenga sus expectativas en un plano realista.

Por ejemplo, veamos cómo se aplicaría a Tim un plan de reducción del daño. Tim tiene esquizofrenia paranoica, fuma marihuana y toma alcohol todos los días, y ocasionalmente se inyecta heroína. Vive o bien en la calle, o bien, cuando tiene dinero, en un motel. No piensa que tiene una enfermedad mental ni cree que su uso de drogas sea un problema. En este plan uno no se pondría como meta conseguir que tome medicación psiquiátrica y que asista a un programa de tratamiento de la adicción, aunque estos serían pasos importantes en la dirección correcta. En lugar de eso, uno le recomendaría que no comparta las agujas con nadie cuando se inyecta drogas, y le daría agujas limpias o cloro para desinfectarlas, a fin de disminuir el riesgo de que contraiga el virus de SIDA u otras enfermedades contagiosas. Uno podría también hablar con Tim para ver si tiene interés en encontrar un médico que trate su infección del oído. Ayudándole a enfrentar algunas de estas necesidades u otras que él identifique como problemas, uno puede comenzar a desarrollar una relación. Más adelante, una vez que se ha establecido suficiente confianza, puede ser posible comentar con Tim su adicción a sustancias, sus síntomas psiquiátricos, o sugerirle cómo podría mejorar el problema de la vivienda y lograr otras metas.

PROGRAMAS DE REHABILITACIÓN

La forma más importante de tratamiento, después de la medicación, para las personas con esquizofrenia o trastornos afectivos serios es la que ofrecen los programas de rehabilitación. Lamentablemente, cada vez hay menos programas de esta clase debido a los cortes sin piedad que se están haciendo a los fondos federales y estatales que los costean. Tal vez ésta sea la segunda en la serie de circunstancias trágicas que afectan a quienes sufren una enfermedad mental y a sus familiares; las enfermedades mismas producen un sufrimiento y una desesperación que ninguna familia merece; vivir en un país que ha aprendido cómo proveer una variedad de servicios útiles para quienes tienen una enfermedad mental, y luego ver que este país decide cortar tales servicios nos abruma pero al mismo tiempo nos indigna.

No obstante, si usted se familiariza con los tipos de programas que son efectivos, le será más fácil bregar para que se continúen. Estos servicios incluyen programas sociales, vocacionales, y programas asistidos; programas para pacientes internados en hospitales y programas residenciales; programas para pacientes externos, así como programas parciales en los hospitales y programas de vivienda asistida. Se pueden llamar rehabilitación social, tratamiento de día, socialización, control de casos, residencias de transición, o educación vocacional. Los consideraremos con más detalle en el capítulo 8.

Cualquiera sea su forma, estos programas cumplen funciones cruciales:

• Ofrecen una manera estructurada y productiva de ocupar el tiempo.

• Instruyen a las personas sobre sus enfermedades, síntomas y medicaciones, y les ayudan a aceptar gradualmente la enfermedad y las limitaciones que les impone. Les ayudan a aprender técnicas para manejar y reducir síntomas molestos. Las técnicas que son eficaces difieren de persona a persona (por ejemplo, ignorar las voces, ordenarles a las voces que se vayan, o ir a un lugar tranquilo).

• Proveen un entorno seguro y de apoyo, en el cual las personas con enfermedades mentales pueden hablar sobre cuestiones íntimas y probar diferentes maneras de manejar sus problemas.

• Ofrecen práctica de destrezas básicas para la actividad social y para la vida diaria como ir de compras, cocinar, usar transporte público, y mantener una cuenta de banco. Estas tareas requieren entrenamiento inicial o repaso para quienes sabían llevarlas a cabo antes de enfermarse. Programas como éstos ayudan mucho a combatir el aislamiento social que aqueja a muchas personas con enfermedades mentales. Los clientes de estos programas también pueden aprender a manejar mejor el estrés.

En el mejor de los mundos posibles, y con financiación adecuada, diversas clases de programas serían accesibles para todos quienes tienen una enfermedad mental seria. Sus familias también tendrían apoyo y educación accesibles. Sin embargo, puesto que existen poquísimos programas, cada vez más son las familias las que proveen el cuidado y tratamiento primarios. Es una tarea enorme, y las familias generalmente necesitan entrenamiento y apoyo especiales.

OTROS TRATAMIENTOS

Hay otras tres formas de tratamiento que son útiles para las personas que sufren una enfermedad mental.

Terapia verbal

La forma más útil de terapia verbal tiene como meta resolver problemas prácticos, de la vida diaria: cómo hacer amistades, cómo llevarse bien con la familia, cómo responder a los síntomas, y cómo aceptar la enfermedad y las limitaciones que impone. Este tipo de terapia, en el mejor de los casos, puede ayudar a las personas a vivir su vida de la manera más satisfactoria que sea posible. La relación que se establece con el o la terapeuta se mantiene estable a lo largo de un tiempo prolongado, y a veces constituye la posesión más difícil de alcanzar y más valiosa en la vida de quienes tienen un trastorno mental serio. Hay que recordar que cuando los individuos aceptan que están enfermos y que necesitan medicación y programas de rehabilitación, no es probable que puedan reducir sus síntomas por sí mismos.

El psicoanálisis freudiano tradicional tiende a aumentar la ansiedad de las personas con un trastorno mental serio, y no les ayuda mucho. Hasta puede llevarlos a un estado tal de ansiedad que se vuelven más sintomáticos.

Grupos de apoyo mutuo

Hay un número creciente de grupos moderados y organizados por quienes han sido pacientes o continúan como clientes. Estos programas de apoyo van desde centros que ofrecen numerosas actividades sociales y recreativas a grupos de apoyo que se reúnen semanalmente o mensualmente, tal como Recovery Inc. Reunirse con personas que tienen experiencias y dificultades similares a las de uno mismo puede servir de consuelo y facilitar conexiones que no se pueden encontrar en ningún otro lugar. Quienes tienen una enfermedad mental a menudo son capaces de aprender y aceptar lo que les dicen quienes están en una situación comparable, aunque sea lo mismo que los profesionales y sus familias han estado tratando en vano de decirles durante años.

Terapia electroconvulsiva

La terapia electroconvulsiva (*Electroconvulsive Therapy*, abreviado en inglés como ECT), que se conoce más comúnmente como tratamiento de shock, se ha granjeado en el curso de los años una reputación negativa. No es una forma eficaz de tratamiento para la esquizofrenia y en el pasado ha sido utilizada, con mal criterio, para esta enfermedad. Pero es una forma eficaz de tratamiento para casos de depresión seria. En situaciones en que la medicación antidepresiva no da resultado, decididamente vale la pena considerar la terapia electroconvulsiva. Ha sido muy valiosa para muchas personas que estaban inmovilizadas por la depresión. Gracias a las técnicas modernas, esta terapia se ha convertido en un procedimiento indoloro.

CÓMO MEDIR LA EFICACIA DE LOS TRATAMIENTOS

Medir la eficacia de los diversos tipos de tratamientos es una tarea sumamente difícil cuando se trata de enfermedades largas, serias, cíclicas. Uno de los métodos más simples para medirla es el porcentaje de recaídas, es decir, con cuánta frecuencia ocurre que las personas tienen un episodio tan fuerte que deben volver al hospital en el curso de un año. Si bien los estudios difieren un tanto, tienden a sugerir que el porcentaje probable de recaídas para las personas con esquizofrenia que no reciben ningún tratamiento es del 70 por ciento. Esto significa que siete de cada diez personas con esquizofrenia tendrán que volver al hospital en el primer año si no reciben tratamiento. Si toman medicación antipsicótica pero no participan en ninguna otra forma de tratamiento, el porcentaje de recaídas puede bajar a alrededor del 30 por ciento. Cualquier otra forma de tratamiento, usada separadamente, no afecta el porcentaje de recaídas de manera significativa. Cuando se combina la medicación con los tipos de terapia verbal que describimos más arriba, el porcentaje de recaídas desciende a cerca del 20 por ciento.

Los mejores resultados, sin embargo, se obtienen cuando se combina la medicación con la participación en un programa de rehabilitación social. Entonces el porcentaje de recaídas baja a alrededor del 10 por ciento. Lo mismo es cierto cuando se combina la medicación con la vida en una familia cuyos miembros han aprendido cómo vivir con un familiar que sufre un trastorno mental.

Parece razonable concluir que a medida que el porcentaje de recaídas baja, la calidad de vida de una persona aumenta (aunque esto es difícil de medir): puede pasar la mayor parte de su tiempo en actividades más productivas, puede llevarse mejor con otra gente, experimentar algunos momentos felices, y los síntomas de la enfermedad pueden atormentarlo menos.

ALGUNOS TRATAMIENTOS QUE NO SON EFICACES

Hay muchos otros tipos de tratamiento considerados eficaces por algunos para tratar los trastornos psiquiátricos serios, como el uso de altas dosis de vitaminas (llamado también terapia de megavitaminas o psiquiatría ortomolecular), cambios en la dieta, el uso de Dilantin, y el psicoanálisis. No obstante, la mayor parte de los profesionales que trabajan con personas que tienen esquizofrenia o trastornos afectivos mayores piensan que estos métodos no son eficaces. Aunque algunos estudios han sugerido que dan resultado, esos resultados no se pueden duplicar independientemente.

Otra estrategia para la psicosis recomienda animar a las personas a dejarse llevar por sus ilusiones y experimentar plenamente la locura. Este método puede tener cierta validez para personas que no están enfermas, sino que experimentan algún tipo de crisis vital o crisis de identidad, pero tiende a hacer que aquellos que sufren una enfermedad mental seria empeoren.

CÓMO SELECCIONAR A UN MÉDICO, TERAPEUTA, O PROGRAMA DE REHABILITACIÓN

Si usted tiene un familiar que está dispuesto a ver a un médico o a un terapeuta o a participar en un programa de rehabilitación, su situación inicial es mejor que la de muchas otras familias. Sin embargo, seleccionar a alguien para que trate a su familiar puede ser un proceso confuso y complicado.

A continuación encontrará unas guías que le pueden ayudar a buscar un terapeuta para su familiar o amigo que tiene un trastorno mental.

- Pida a alguien a quien usted conoce que le recomiende a un buen terapeuta o médico. Comience por preguntar a gente que es probable que le pueda dar una recomendación adecuada, tal como un amigo o familiar de alguien que ha recibido tratamiento para una condición similar.

- Chequee con la organización local afiliada a NAMI (National Alliance on Mental Illness). Muchas de estas organizaciones afiliadas tienen listas de médicos y terapeutas que trabajan bien con la gente afectada por un trastorno mental serio.

- Póngase en contacto con las personas que usted sabe que trabajan en el campo de la salud mental y pida una recomendación. Si no conoce, directa o indirectamente, a alguien en esa especialidad, recurra a alguien que trabaja en alguna otra especialidad médica. Piense en enfermeros/as, doctores en otros campus, trabajadores sociales, consejeros/as, etc., que usted o sus amigos o familiares conozcan y con quienes puedan ponerse en contacto.

La consideración más importante al elegir a un terapeuta es que este terapeuta tenga experiencia en la enfermedad específica que sufre su familiar, o en el caso de que su ser querido también sufra de una adicción a sustancias, un terapeuta con experiencia en lo que llaman condiciones concurrentes o diagnósticos dobles.

Hay muchos psiquiatras, psicólogos, y psicoterapeutas excelentes que no tienen mayor experiencia en el tratamiento de la esquizofrenia que la que podrían tener en el tratamiento de diabetes. Usted debe preguntar a los terapeutas a los que esté considerando si han trabajado con personas que tienen el trastorno que afecta a su familiar, y si es así, cuán extensamente lo han hecho. Si la situación financiera exige que su familiar vaya a una clínica, sus opciones pueden ser limitadas; haga todo lo posible para comunicar a esas personas cuál es la situación de su ser querido.

En segundo lugar usted debe considerar la reacción de su familiar frente al terapeuta. Es crucial que el consumidor tenga cierta confianza en el terapeuta y se sienta razonablemente cómodo con él o ella. Sin una buena relación entre ellos, se obtendrán muy escasos resultados. Los pacientes se inclinan más a escuchar y seguir los consejos de un médico o terapeuta en quien confían que en alguien a quien perciben como incompetente o indiferente.

El terapeuta también necesita tener expectativas realistas con respecto a su familiar, dado el tipo o la seriedad del trastorno de que se trate. Usted no desea elegir a un terapeuta que espera demasiado o demasiado poco. Cuando las expectativas son demasiado altas, los pacientes se sienten fracasados y se desaniman. Si es así, van a dejar de esforzarse al máximo para mejorar. Por otro lado, si se espera demasiado poco, las personas se vuelven perezosas y no viven al máximo de su potencial, por más limitado que sea.

Lo ideal es que el terapeuta tenga una actitud positiva y de cooperación con la familia. Esto se está generalizando, aunque no siempre es posible encontrar un terapeuta así. Si usted tiene muchas opciones, trate de encontrar a alguien que esté dispuesto a comunicarse periódicamente con usted.

Si su familiar tiene la suerte de encontrar a alguien con quien se siente confortable y que tiene experiencia en el tratamiento de personas con trastornos mentales serios, usted debe apoyar esta relación y animar a su familiar a que continúe con ese terapeuta lo más posible. Los cambios no son fáciles para quienes sufren una enfermedad mental, y cambiar terapeutas puede ser particularmente perturbador. Aun en el caso de que usted esté desilusionado con la terapia porque su familiar no ha progresado tan rápido como usted quisiera, es recomendable que usted trate de disuadir a su familiar de que cambie terapeutas. No es muy probable que encuentre alguien mejor, y usted corre el riesgo de que su familiar decida abandonar la terapia definitivamente.

Al elegir un programa de rehabilitación con su familiar, usted o las personas que están a cargo de encontrarle un lugar apropiado deben considerar los siguientes elementos:

- La seguridad de su familiar debe ser completa. Usted necesita la certeza de que en ese lugar existen los controles necesarios para garantizar la seguridad básica de su familiar, especialmente si tiene tendencias suicidas, autodestructivas, o potencialmente violentas. Algunas personas necesitan estar en lugares con salida controlada, con intensa supervisión.

- En la medida de lo posible, el programa debería estar en armonía con el nivel funcional de su familiar. (Idealmente, si tuviéramos suficiente financiación, habría una serie de programas escalonados con niveles crecientes de expectativas y responsabilidades; los pacientes progresarían de uno a otro a medida que su nivel funcional fuera cambiando.) Trate de encontrar programas en que las personas gozan de tanta libertad y responsabilidad como sean capaces de manejar. Recuerde que su familiar no siempre le dará la mejor pauta al respecto. En una residencia que administré durante años, muchos de los participantes decían que no estaban tan enfermos como los demás. Con el tiempo, cuando comenzaban a sentirse más cómodos en el programa y en compañía de los demás residentes, se hizo evidente que tenían más en común con los demás de lo que estaban en condiciones de admitir al principio.

- Idealmente, su familiar también debería estar en armonía con los otros pacientes. Los programas difieren en cuanto a la clase de personas a las que sirven y en cuanto a quienes se encuentran en ellos en un momento determinado. Ello es especialmente cierto en los programas residenciales pequeños. El nivel de responsibilidad en una casa con seis camas puede ser perfecto para su hermana de cincuenta años que tiene un desorden bipolar. Pero si quienes están en ese programa en este momento son cinco hombres de dieciocho años con esquizofrenia, su hermana no va a sentirse muy cómoda en ese ambiente.

Lamentablemente hay una serie de consideraciones logísticas que pueden influenciar la elección de un programa para su familiar. Un factor muy importante en esta era de servicios limitados es la disponibilidad de camas. Cuando su familiar está por salir del hospital, puede ir a parar a un programa que no es el más adecuado para él o ella porque es el único que tiene una vacante libre en ese momento. Prolongar la internación en el hospital puede ser una opción aun menos deseable.

Las familias a veces temen que si delegan el cuidado de su familiar en el sistema de salud mental, terminará olvidado en una institución de salida controlada. No es probable que ocurra esto. Cuanto más intensa es la supervisión o cuanto más seguro es un programa, más cuesta su mantenimiento. Los programas públicos no tienen medios suficientes para tener a un paciente en una institución más cara si hay una cama más adecuada y más barata. Cuanto mayor sea la libertad y responsabilidad que permite a sus clientes un programa, menor es el costo del servicio. Así es que los sistemas de servicio públicos tratarán de ubicar a sus clientes en programas que permitan la mayor libertad y responsabilidad posibles. Ésta es una instancia en la cual los intereses del paciente coinciden fortuitamente con los intereses económicos generales.

PRONÓSTICO EN LAS ENFERMEDADES MENTALES

En la última década ha mejorado significativamente el pronóstico a largo plazo de quienes tienen un trastorno mental serio, especialmente en los casos de esquizofrenia. En el pasado muchos profesionales especializados tenían una visión bastante pesimista. Se hablaba de esta visión como la regla de los tercios. Consistía en lo siguiente: se esperaba que un tercio de las personas con esquizofrenia tendrían la probabilidad de mejorar significativamente, llevando una vida con ciertas limitaciones. Otro tercio tendría una discapacitación mayor como consecuencia de su enfermedad, y el último tercio estaría permanentemente discapacitado al punto de necesitar cuidados de custodia casi constantemente. Algunos profesionales que prefieren un modelo de tratamiento más tradicional siguen teniendo esta opinión.

Sin embargo, hay razones para creer que este punto de vista es capaz de crear una profecía que acarrea su propio cumplimiento. Cuando se pone a individuos en instituciones donde se les quita toda responsabilidad por sus vidas y donde les hablan y los tratan como si tuvieran de por vida una enfermedad crónica, discapacitante, que les impedirá cualquier logro, ellos comienzan a creerlo así. En consecuencia, no hacen nada por su propia vida y permiten a los asistentes, enfermeros/as y médicos tomar todas las decisiones y "hacerse cargo de ellos".

Dado el progreso del movimiento de consumidores, descrito con más detalle en la sección titulada "Recuperación de una enfermedad mental", y considerando los nuevos medicamentos que están disponibles ahora y los cambios en el sistema de servicio, hay razones para adoptar un punto de vista mucho más optimista. Estudios realizados en los Estados Unidos, así como en Asia y Europa, sugieren la posibilidad de que entre el 50 y el 68 por ciento de quienes sufren esquizofrenia puede recuperarse o mejorar considerablemente. Pueden vivir sin síntomas o llegar a una reducción significativa de los síntomas, estar en condiciones de trabajar, y adaptarse a vivir en la comunidad.

Un creciente número de consumidores está haciéndose cargo de sus vidas en los últimos años, con resultados sorprendentes. A medida que progresan más allá de la catástrofe de la enfermedad mental, están en condiciones de encontrar nuevo sentido y nuevo propósito en la vida. Comprobamos que los resultados son mucho más positivos cuando las personas son tratadas en una comunidad con un sistema de servicios que ofrece planeamiento individual del tratamiento, residencia y trabajo con apoyo, intervención temprana con nuevos medicamentos, terapias cognitivas, y programas de rehabilitación social que les enseñen cómo lidiar con los síntomas y les ayuden a adquirir o readquirir destrezas sociales y destrezas para la vida independiente. Para quienes están aprendiendo a manejar eficazmente una enfermedad mental es crucial tener a otros que tienen confianza en ellos y albergan la esperanza y la certeza de que pueden vivir productivamente. Si es así, muchas personas pueden trabajar, establecen relaciones y viven con mayor independencia.

Es difícil predecir lo que será posible en el futuro para las personas con enfermedades mentales serias. Si logramos eliminar el estigma de la enfermedad mental y los individuos pueden admitir que la tienen y analizar los servicios y los tratamientos que se describen más arriba, es probable que veamos resultados mucho mejores que nunca. Nadie sabe en qué medida las personas con enfermedades mentales podrán funcionar bien en un ambiente que les brinde más apoyo, y con medicación y servicios que continúen mejorando.

Obviamente, no todos quienes tienen esquizofrenia están ahora en condiciones de reconstruir sus vidas de manera tan satisfactoria, y no tenemos una sociedad que les dé pleno apoyo ni que esté totalmente libre de los estigmas. Sigue habiendo mucha gente cuyas vidas han sido devastadas por los síntomas de la enfermedad mental que sufren, y a quienes no les traen alivio ni siquiera los remedios más recientes. En muchas áreas los servicios necesarios no están disponibles. Algunas personas que tienen un caso más severo o no pueden comprender que tienen un trastorno mental rechazan por lo tanto cualquier tratamiento o servicio. Aproximadamente el 10 por ciento de las personas con esquizofrenia se suicidan, algunos intencionalmente, otros en forma accidental.

Por razones que nadie puede explicar plenamente, alrededor del 50 por ciento de quienes sufren esquizofrenia mejoran en la década de sus cuarenta años. La mayoría son hombres. Si bien los síntomas pueden no desaparecer, disminuyen suficientemente para que los individuos sientan notable alivio.

Un 80 por ciento, aproximadamente, de las personas con desorden bipolar toman medicación y están en condiciones de hacer todo lo que quisieran lograr mientras viven. Las vidas del 20 por ciento restante están más abrumadas por la enfermedad. Para éstos, la medicación y los otros tratamientos y servicios arriba mencionados ofrecen alivio sólo parcial de sus síntomas. La calidad de sus vidas está más afectada por la enfermedad.

Es cierto que no hay método seguro para saber cuán severa es la enfermedad que tiene un individuo; pero las circunstancias siguientes sugieren la posibilidad de un caso menos severo o menos discapacitante.

- Intervención temprana con medicación.
- Quienes funcionaban bien antes de enfermarse probablemente estarán menos discapacitados por la enfermedad. Las áreas de funcionamiento que se deben considerar incluyen los estudios, el trabajo, las relaciones personales y los intereses, así como las deestrezas que se refieren particularmente a las actividades de la vida diaria.
- La ausencia de un serio desorden concurrente de adicción a drogas.
- Una enfermedad que comienza más tarde en la vida puede ser menos severa. La esquizofrenia en la mayoría de los casos comienza en la segunda parte de la adolescencia y la primera de la vida adulta. En los hombres empieza generalmente entre diecisiete y veintitrés años, en las mujeres, entre los veinte y los veinticinco. Si bien es cierto que el desorden bipolar puede aparecer a cualquier edad, también es cierto que probablemente será más serio si aparece temprano, en la adolescencia o la primera juventud.
- El pronóstico tiende a ser mejor si los síntomas han comenzado abruptamente, aparentemente en respuesta a un acontecimiento específico muy estresante. Los ejemplos incluyen enfermarse después de la muerte de un familiar cercano o después de graduarse en la universidad. La enfermedad tiende a ser más severa cuando los síntomas comienzan gradualmente, en un largo período, sin explicación aparente.

- La ausencia de una historia familiar de enfermedad mental severa sugiere la posibilidad de un caso menos serio.
- Una familia que se interesa y ofrece apoyo mejora la calidad de vida de la persona enferma.

- La ausencia de síntomas que provoquen conductas antisociales sugiere un pronóstico más favorable. Si alguien oye voces que le exigen que corra por la calle sin ropas o se tire de una ventana del tercer piso, esa persona probablemente necesitará estar en una institución de salida controlada, y no podrá participar en muchas actividades cotidianas.

- El pronóstico será más favorable para alguien que comprenda lo que es tener una enfermedad mental y acepte la necesidad de tratamiento.

Hay que recordar que ninguna de estas circunstancias es una garantía. Su familiar puede exhibir síntomas de esquizofrenia a los trcinta años, después de ser despedido de un buen trabajo; tal vez la familia le ofrece amor y no se conocen otros casos en el árbol genealógico. A pesar de todo esto, esta persona puede desarrollar un caso severo de la enfermedad. Se debe aclarar que esta clase de panorama no es tan común como lo es el del muchacho que empieza a hacer cosas cada vez más extrañas en la escuela secundaria, que se recluye más y más en su propio mundo, tiene una madre que también está enferma, y con el tiempo continúa deteriorándose gradualmente.

La esquizofrenia y los trastornos afectivos mayores pueden ser enfermedades serias y discapacitantes. En última instancia, las familias tienen que hacer todo lo que puedan para aceptar las limitaciones, sean las que fueren, que la enfermedad fuerza en la vida de sus seres queridos. Al mismo tiempo, las familias deben aprender a gozar de todos los momentos buenos que tenga su familiar enfermo, apreciar las destrezas que se mantengan intactas, y tratar de alegrarse por cualquier pequeño paso que tome la persona enferma en una dirección positiva.

CÓMO RECUPERARSE DE UNA ENFERMEDAD MENTAL

En los últimos años los consumidores han expresado y han escrito extensamente sobre las maneras en que sus amigos, familiares y proveedores de servicios pueden apoyarlos para que vivan vidas lo más plenas y positivas que sea posible. Esto a menudo requiere un cambio en las actitudes. En lugar de considerar a las personas como pacientes mentales afectados por una enfermedad devastadora, debemos verlos como seres humanos competentes que luchan para vivir vidas productivas y que experimentan necesidades muy diversas. Como en el caso de todas las personas, tenemos que prestar atención no solamente a las necesidades de su salud física sino también a su bienestar espiritual, social, cultural y psicológico. Los consumidores de servicios de salud mental abogan por una visión más holística de lo que es la recuperación de una enfermedad mental. Para ellos lo más útil es que quienes los rodean comprendan y apoyen un modelo de recuperación.

El término "recuperación" tiene un significado diferente en relación con la enfermedad mental del que le dan quienes se están recuperando del abuso de sustancias. Quienes se recuperan de las dos cosas encuentran modos de aplicar ambas definiciones. Los consumidores mencionan los siguientes cinco grupos de experiencias de las cuales necesitan recuperarse. 1) Los síntomas de la enfermedad. 2) Traumas que hayan ocurrido antes o en el momento en que se haya manifestado la enfermedad. A veces estos traumas se repiten cuando sufren restricciones físicas, arresto policial, o malos tratos en el curso de su tratamiento. 3) Los problemas que resultan de no tener tratamiento, tener tratamiento inadecuado o equivocado. 4) El estigma y la discriminación asociados con las enfermedades mentales. 5) Conductas inapropiadas que ellos hayan desarrollado para responder a las cuatro experiencias que preceden.

El proceso de recuperación de una enfermedad mental tiene componentes tanto internos como externos. Uno tiene que recobrar el orgullo, la autoestima y la identidad como persona valiosa, inconfundible y competente que posee potencial para crecer. Los cambios de perspectiva internos se incrementan cuando están acompañados por interacciones con otras personas que ofrecen apoyo: otros consumidores, proveedores de servicios con empatía, una familia llena de amor, o amigos. Es esencial que estas personas estén presentes para ofrecer ayuda, que sean capaces de ver a la persona total, y se lo demuestren de manera positiva, con empatía y esperanza. Significa una enorme diferencia para quienes sufren física, espiritual y emocionalmente, saber que hay alguien que tiene fe en ellos aun durante las horas más oscuras, cuando ellos no creen en sí mismos, y saber que alguien los acompañará en el futuro cuando pasen por momentos buenos y malos.

Para muchos lo espiritual, sentirse conectados a alguien más grande que sus personas o su enfermedad, es parte esencial de la recuperación. Sea cual fuere la práctica espiritual o la afiliación religiosa de las personas con trastornos mentales, lo importante es que los acepten tal como son. Participar en una comunidad de apoyo, sea cual fuere, basada en la fe puede ofrecer mucho alivio y puede ayudar a un individuo a mantener una visión positiva.

Son componentes fundamentales de la recuperación participar en una actividad laboral o alguna otra actividad valiosa, tener amigos, vivienda y bienes materiales que pueden haberse perdido en el curso de la enfermedad. Los consumidores creen que es esencial para recuperarse encontrar un lugar en la vida, un modo de ser parte de la comunidad. También es necesario recuperar funciones, las mínimas destrezas para la vida diaria tales como cocinar, limpiar y mantener una cuenta de banco, la capacidad de comunicarse y la capacidad de dormir bien.

Los consumidores llegan a sentir verdadera pasión por recuperarse de su enfermedad mental. Este cambio de actitud y perspectiva trae consigo el principio de un retorno a una vida llena de autoestima, esperanzas y sueños para el futuro. Ofrece oportunidades para aprender y crecer a partir del dolor y el sufrimiento que se han padecido. El individuo se siente apoyado para redescubrir quién es y todo lo que puede ser a pesar de los síntomas y las posibles limitaciones. Esto contrarresta el estigma y el negativismo que ha infligido la sociedad a los individuos con trastornos psiquiátricos.

Son varios los caminos que han encontrado los consumidores para reconstruir sus vidas y darles nuevo sentido. Algunos lo descubren a través de las artes creativas, otros compartiendo su experiencia y su recuperación con personas que sufren enfermedades similares. Y otros encuentran nuevos propósitos en la educación, en proyectos de cooperación voluntaria, o en trabajos remunerados. Lo que más importa es determinar una manera de ser productivos, competentes, o de hacer una contribución a la sociedad. Los familiares y cuidadores de estas personas también se benefician cuando les ayudan a encontrar sus áreas personales de capacidad y de expresión.

Entre los aspectos más cruciales del movimiento de los consumidores se encuentran la responsabilidad personal, el poder de acción y la autodeterminación. Llevan la vida más satisfactoria a pesar de su trastorno mental quienes hacen más que simplemente aceptarlo o aceptar que tienen un impedimento. Tienen que encontrar la manera de hacerse cargo de su propia vida y de su tratamiento. La familia y los cuidadores pueden darles máxima ayuda si tienen fe en ellos, si son optimistas y los alientan a tomar responsabilidad por sus propias vidas. Una manera de lograrlo es alentar a los consumidores a que se pongan en contacto con otros individuos y grupos de consumidores. Se pueden encontrar grupos locales a través de la *National Mental Health Consumer's Self-Help Clearinghouse* (Centro nacional de autoayuda para personas con trastornos mentales), o bien en el Internet, yendo a www.mhselfhelp.org. También hay en todo el país grupos locales de NAMI y de la *National Mental Health Association* (Asociación Nacional de Salud Mental).

La recuperación es un proceso eminentemente personal. Es un camino que tiene que transitar cada persona a su manera y a su propio ritmo. Para algunos será imperceptible y gradual, para otros más repentino o dramático. Pero no es un camino linear. Inevitablemente tendrá vueltas, círculos, movimientos de progreso y regresión. Puede haber momentos, especialmente al principio, en que la persona se siente confusa, desanimada, aislada, ineficiente y sin esperanzas. Es muy importante tener a otros que le acompañen en su camino teniendo fe y esperanzas en su futuro, y que le ayuden a recordar o a lograr algunos de sus sueños y sus metas.

Si bien nadie puede evitar que los síntomas recurran y nadie puede curar la enfermedad, las personas pueden aprender a hacerse cargo de sus vidas. Cuando comienzan a tomar responsabilidad en la adquisición de destrezas que les permitan hacer frente a la enfermedad y en el aprendizaje de métodos para manejarla, han dado un importante paso adelante. Al concentrarse en lo que pueden hacer para mejorar la calidad de su vida, las cosas empiezan a mejorar.

Los cuidadores ofrecen máxima ayuda cuando colaboran con los consumidores para que logren las metas que ellos mismos se proponen. En este proceso, los consumidores deben ser tratados invariablemente con humanidad y con respeto por las batallas que emprenden. La asistencia de los cuidadores también debe consistir en información sobre las enfermedades mentales, abuso de sustancias, recuperación, servicios disponibles, medicación, otras formas de tratamiento y los pros y contras de cada uno. Así ayudarán a los consumidores a tomar decisiones informadas.

Hay que lograr un equilibrio que es delicado. Queremos abandonar el concepto de las personas como víctimas impotentes de su enfermedad. Queremos alentar a la gente a que asuma responsabilidad por su propia vida y por las decisiones que los afectan. Sin embargo, no queremos dar la idea de que todos están siempre en condiciones de hacer las mejores elecciones para sí mismos sin ayuda de los demás.

Se ha debatido largamente si las personas con una enfermedad que afecta sus facultades cognitivas están siempre en condiciones de tomar las mejores decisiones para sí mismos. Por un lado, la mayoría de los adultos sienten que tienen derecho a elegir lo que les conviene y a experimentar las consecuencias. Los consumidores abogan por la dignidad del riesgo y el derecho a fracasar. Por otro lado, cuando los individuos no están en condiciones de cuidarse a sí mismos, la sociedad y las familias frecuentemente sienten que tienen que protegerlos y tomar decisiones por ellos. No hay ninguna respuesta simple a este dilema; el debate sin duda continuará con vistas a modificar las leyes y su aplicación, así como la provisión de servicios. Los miembros del movimiento de consumidores que abogan por dar a todos los consumidores control completo de todas las decisiones que los afectan tienden a ser personas que funcionan más consistentemente a un alto nivel. Las familias que están en más intenso desacuerdo suelen tener seres queridos que funcionan más consistentemente a nivel más bajo, que no pueden cuidarse a sí mismos y que no están en condiciones que generalmente se considerarían las más beneficiosas y que les permitirían tener la máxima calidad posible en sus vidas. Por ejemplo, pueden rechazar todo tratamiento y en consecuencia pueden estar muy marginados, y en algunos casos estar viviendo en la calle.

Evidentemente no hay una solución única que se pueda aplicar a todas las personas en todas las situaciones. Los factores cruciales que se deben considerar son la medida en que las personas pueden funcionar, cuán severos son sus síntomas, cuánta comprensión tienen de su enfermedad, su seguridad, y si los tratamientos y servicios son accesibles y cuál es su calidad. El caso de una persona que vive independientemente, comprende su enfermedad y sus síntomas y decide interrumpir su medicación por unos días es muy diferente del caso de alguien que no comprende que está enfermo, tiene síntomas severos que no le permiten cuidarse a sí mismo y rechaza todo tipo de tratamiento.

Es imprescindible incrementar y reorganizar el sistema de servicios de salud mental para que pueda responder mejor a las necesidades de los consumidores. Los consumidores, familiares y cuidadores pueden ayudar abogando por más financiación pública para servicios e investigación. NAMI es un buen recurso para enterarse de las leyes que se están creando y considerando. Los sistemas han mejorado, pero todavía queda mucho por hacer. Hay que incluir más a los consumidores en la organización del sistema y de los servicios que se deben proveer. Con este propósito algunos condados han comenzado a dar cargos a consumidores como consejeros de otros consumidores y como expertos. También es esencial que haya consumidores que sirvan de mentores y modelos de recuperación para aquellos que están comenzando a emprender su propia recuperación.

No se trata simplemente de continuar la financiación de programas preexistentes: los sistemas tienen que girar alrededor de las necesidades ya mencionadas, de vivienda, empleo productivo y otros servicios de apoyo. Los consumidores aprecian a los familiares y cuidadores que toman la actitud de entrenadores, guías o instructores, en lugar de ponerse en el papel de una figura que lo sabe todo, que todo lo puede, paternalista, tal como solía ser la actitud que tomaban los doctores en los sistemas de "modelos médicos". Los proveedores deben colaborar, además, con los familiares y amigos, con todos aquellos que tengan un papel integral en el sistema de apoyo del consumidor. Para resumir la importancia de la función que deben desempeñar, consumidores y familiares crearon la expresión "Nada que nos afecte a nosotros sin nuestra intervención".

Los consumidores también quieren que los proveedores tengan conciencia de las diversas culturas a las que pertenecen ellos y sus familias.

CONCIENCIA DE LA DIVERSIDAD CULTURAL

En muchos países coexisten diversas comunidades o subculturas. Por ejemplo, en los Estados Unidos de Norte América hay muchos Asiático-Americanos, Afro-Americanos, Hispanos y Americanos Nativos, entre otros. En cada una de estas subculturas se encuentran visiones diferentes de las enfermedades mentales, el abuso de sustancias, la responsabilidad de los cuidadores, y la espiritualidad. Además hay diferentes modos de encarar los problemas y diferentes relaciones de autoridad. Los proveedores de servicios están empeñados en adquirir mayor conciencia cultural, pero no siempre saben cómo hacerlo para tener éxito, y no siempre tienen familiaridad con la cultura de la que proviene una persona. Es aconsejable que las familias de otras nacionalidades hagan saber a los proveedores cuánto tiempo han estado aquí y en qué circunstancias inmigraron.

El grado de independencia o interdependencia dentro de una familia varía muchísimo de cultura a cultura. El valor que se otorga en la cultura central de este país a la individualidad y la independencia va mucho más lejos que el que les otorgan la mayor parte de los demás países del mundo y las subculturas en los Estados Unidos. Los proveedores deben recordar que en otras culturas la familia normalmente tiene mucha participación. En muchas culturas, la familia está en el centro del sistema de valores y es la estructura central de la vida. La familia se define a menudo de manera más amplia que en los Estados Unidos, donde la familia nuclear es la unidad primaria, a veces la única, que participa en el cuidado de los familiares enfermos. En otras culturas hay familias más extensas que pueden incluir parientes indirectos.

En numerosas culturas asiáticas e hispánicas es natural que los adultos solteros vivan con sus padres y familias de origen, y que se los cuide de maneras que son menos comunes en las Estados Unidos. En zonas urbanas, se suele recomendar a los consumidores que vivan separados de la familia para obtener el mejor cuidado posible. Esto puede perturbar a muchas familias, porque se percibe como un acto de deslealtad o una insinuación de que la familia es inadecuada. También puede crearse un problema adicional si en el lugar que se recomienda como alternativa para el paciente no hay nadie que hable su idioma o que tenga familiaridad con sus hábitos de comida y su cultura.

Es necesario que los proveedores traten de comprender cómo se resuelven típicamente los problemas en diferentes culturas. Tienen que averiguar si los problemas se resuelven de modo democrático o si son decididos por un individuo, matriarca, patriarca u otra persona con autoridad, o por un grupo de "mayores", o de alguna otra manera. Los proveedores necesitan reconocer la jerarquía que existe en cada familia y esforzarse por incluir a la persona o personas importantes en todas las decisiones mayores concernientes al consumidor. Sin esta participación, cualquier plan que se desarrolle puede fracasar.

Existen dos tabús principales con los cuales muchas familias tienen que lidiar. El primero impide aceptar que pueda haber en la familia alguien con una enfermedad mental seria o con adicción. Ninguna de las dos cosas se comprenden como una enfermedad tratable. En muchas culturas tanto los síntomas psiquiátricos como los problemas de adicción están asociados con inmensa desaprobación social y la consiguiente vergüenza. El segundo tabú dificulta la idea de pedir ayuda fuera del círculo familiar. Hacerlo se percibe como una debilidad, algo inaceptable, o en el mejor de los casos es el último recurso.

Los trastornos mentales y la adicción se interpretan en algunas culturas como resultado de estar poseídos por espíritus malignos, por el demonio, o como la voluntad de Dios. Entre los hispánicos los síntomas de enfermedad mental pueden verse como un "problema nervioso", o como debilidad de carácter, y ambos se deben ocultar o se debe tratar de resolverlos exclusivamente dentro de la familia.

Entre los asiático-americanos se tiende a interpretar las enfermedades mentales o la adicción como resultado de factores externos tales como el estrés o la mala influencia de otras personas. Pueden sentir como muy vergonzoso que un familiar no esté en condiciones de funcionar, y pueden temer la desaprobación social que ello cause. Cuando alguien exhibe síntomas, la familia puede reaccionar aislando o reprendiendo a esa persona. Tal vez le impongan que vuelva al país de origen, o hasta pueden repudiarlo totalmente. Para ayudar a las familias en que existen estas tradiciones culturales a que superen tales barreras y acepten al menos en parte lo que los tratamientos occidentales ofrecen, se necesita tiempo, respeto, y sensibilidad cultural.

Algunas familias de origen asiático, si están dispuestas a buscar ayuda externa, acuden primero a un herbalista o a alguien que prometa un tratamiento holístico. Las familias hispánicas pueden ir a un "curandero" en busca de una cura. Los afro-americanos pueden recurrir a su pastor o sacerdote. Cualquiera de éstos se pueden incluir en un plan de tratamiento elaborado con el consumidor y con los proveedores de servicios accesibles en el mundo occidental.

Es comprensible que muchos afro-americanos y muchos miembros de otras culturas minoritarias desconfíen del "sistema". Ello es el resultado de interacciones desconsideradas o racistas que han experimentado en el pasado. Los proveedores tienen que esforzarse por no sentirse ofendidos o rechazados por las familias que en un comienzo necesitan ponerlos a prueba o desafiarlos. Así pueden determinar si se van a repetir las malas experiencias previas. No todos van a ser inmediatamente recipientes pasivos, obedientes o agradecidos por el tiempo que se les dedique. Sería útil que las familias informaran a un nuevo proveedor si es que anteriormente han tenido malas experiencias con otros proveedores.

Las familias y los consumidores de origen asiático deberían informar a los proveedores sobre lo que les resulta aceptable en términos del espacio personal, por ejemplo qué piensan de mirarse cara a cara. Los occidentales tendemos a acercarnos más y mirar cara a cara más de lo que es la costumbre establecida en la mayoría de las culturas orientales, y esto se puede sentir como una falta de respeto o de educación.

Las familias necesitan comprender que no todos los proveedores toman en cuenta la importancia que la religión y la espiritualidad tienen en muchas culturas. Los proveedores deben comprender que la espiritualidad es una fuente de gran fortaleza, alivio y curación. Es aconsejable que los proveedores se informen sobre el papel que desempeña la religión en la cultura de la gente con la cual trabajan. Muchas familias e individuos que necesitan los servicios solamente se acercan a ellos cuando los proveedores y las familias se asocian con los líderes de las iglesias locales u otros miembros importantes de la comunidad.

En algunas áreas urbanas hay centros de salud mental que se especializan en servir a personas de culturas particulares. Tienen personal que habla el idioma primario de los consumidores y que comprende las culturas de las cuales provienen. Esto es ideal. Cuando no se da el caso, las familias y los consumidores pueden sentirse rechazados por un sistema que, por su ignorancia, da la impresión. de no tener sensibilidad para sus tablas de valores. Quiero alentar a las familias a no rechazar totalmente a estos proveedores de servicios. Si bien es mucho lo que les falta aprender sobre la cultura particular de ustedes, igualmente pueden tener algo que ofrecer al consumidor y a la familia. Por su parte, los proveedores deben modificar selectivamente los servicios y recomendaciones de modo que sean más compatibles con la cultura del consumidor y su familia.

Cuando los proveedores y las familias tienen entornos culturales diferentes, unos y otros deben esforzarse por comprender mutuamente los valores y creencias de cada cultura. Ambos deben mostrar respeto y deben estar dispuestos a aprender de los otros. Cuando se reconocen las diferencias culturales, se hace posible combinar los tratamientos occidentales con otros contextos. Las familias son una fuente inestimable de fortaleza y apoyo para los individuos con problemas serios. Tienen que encontrar la manera de brindar lo que puedan, utilizando al mismo tiempo los servicios disponibles. Cierto es que se requiere un tiempo adicional para que las familias y los proveedores lleguen a conocerse y confiar unos en otros: es un tiempo bien empleado, pues es casi seguro que producirá los mejores resultados posibles para el consumidor. Los proveedores, las familias y los amigos deben asociarse con los consumidores para ayudarlos a lograr sus propias metas realistas y positivas.

Plan de acción para la recuperación del bienestar

Mary Ellen Copeland ha creado una herramienta que los consumidores usan cada vez más. Ha sido particularmente útil en tanto provee un sistema que los consumidores pueden utilizar para controlar su propia recuperación y sus propias vidas. Se llama en inglés *Wellness Recovery Action Plan*, abreviado como *WRAP* (Plan de acción para la recuperación del bienestar). Mary E. Copeland es autora de dos folletos, uno que describe cómo se puede usar el plan para manejar los síntomas' físicos y emocionales, y otro dedicado específicamente a las personas con diagnóstico doble. Cada plan debe ser escrito por la persona que lo usa; sin embargo, el sistema pone énfasis en la importancia de quienes lo apoyan. Por eso conviene que los cuidadores y los familiares de quienes puedan usar *WRAP* se familiaricen con este método.

WRAP se funda en una serie de valores básicos. El plan no comienza por una definición previa de la salud o el bienestar, pues reconoce la importancia de que cada uno dé su propia definición. Se puede usar juntamente con cualquier otra forma de tratamiento o de servicios. No tiene la intención de reemplazar otras formas de tratamiento. Da por supuesto que cada persona es única y especial, y no pone límites a su recuperación. Ha sido diseñado como un método para otorgar a las personas la capacidad de participar activamente en la meta de mejorar sus vidas y en el cuidado que reciben. Es una magnífica manifestación del movimiento que promueve la recuperación y el reconocimiento de la autonomía de los consumidores, pues toma como punto central de partida el potencial de cada persona, y lo mantiene, definiendo al mismo tiempo métodos para afrontar problemas, manejar síntomas y crisis.

Un *WRAP* tiene cinco partes. En la primera, la persona hace una lista de sus actividades o describe cómo es cuando se siente bien, sin síntomas. La persona prepara una "caja de herramientas". Estas herramientas, por ejemplo hablar con un amigo o familiar o hacer ejercicio, las puede usar para mantenerse bien y pueden aliviar los síntomas. También desarrolla un plan diario de mantenimiento, que comienza con una lista de todos los rasgos positivos y todas las destrezas que tiene la persona, e incluye todas las actividades diarias que ejecuta cuando las cosas van bien. Es útil recordar todo esto cuando se empieza a sentir que no van bien. En todo este proceso, lo importante es que la persona que pone por escrito el plan decida qué herramientas son útiles y cuándo y cuánto utilizarlas.

La segunda sección consiste en una lista de detonadores—elementos que desencadenan síntomas o crisis. Puede tratarse de sucesos externos, experiencias o emociones que históricamente han perturbado a la persona y han precipitado síntomas o adicción, por ejemplo, un conflicto con un amigo o familiar, una enfermedad física o un cumpleaños. En esta sección hay también un plan para los detonadores, que indica lo que la persona puede hacer cuando éstos ocurren, por ejemplo, escribir en su diario o asistir a una reunión de doce pasos.

En la tercera sección la persona enumera los signos premonitorios de su enfermedad, que tienden a ser internos, no relacionados con sucesos en el entorno. Pueden tener lugar a pesar de todos los esfuerzos por disminuir el estrés. Incluyen todos los cambios, más o menos sutiles, que indican que son necesarias nuevas acciones. Se puede notar que la persona se aleja de la gente, omite tareas de la lista de mantenimiento diario, siente irritación o cambia sus hábitos de comida y de sueño. En esta sección también se detallan planes de acción, como incrementar la medicación o forzarse a llevar a cabo las tareas del plan de mantenimiento diario aunque uno no se sienta con ganas. Esta parte tiene el propósito de recordar a la persona cuáles son los métodos para evitar que su condición empeore.

La sección siguiente es una lista de síntomas, única para el caso de cada individuo, que indican que las cosas están empeorando mucho. En este momento es imprescindible la acción inmediata para evitar una crisis completa. La lista generalmente incluye algunos síntomas o conductas problemáticos, tales como abusar de sustancias o interrumpir los medicamentos que han demostrado ser efectivos. Nuevamente, la persona hace una lista de las acciones necesarias para evitar una crisis. Por lo común esto incluye ponerse en contacto con alguien en quien la persona confía y pedirle ayuda para volver a encaminarse.

En la sección final, cuando la persona está bien, se prepara un plan para una situación de crisis. De esta manera la persona puede informar a su sistema de apoyo qué es lo que prefiere en el caso de una crisis en que él o ella estén (temporariamente) incapacitados para tomar responsabilidad por su propio cuidado. El plan comienza con una descripción de la persona cuando está bien, luego enumera una serie de síntomas que indican que la responsabilidad debe pasar a otros. Esta parte es a menudo la más difícil de escribir para la persona, quien finalmente indica con quiénes quiere que se establezca contacto, dónde prefiere recibir tratamiento, y cuál es el grado de participación que quiere dar a otros. La persona hace una lista de los signos que indican que ya no necesita este nivel de ayuda. Por ejemplo, poder dormir toda la noche, cuidar la higiene personal, o mantener una buena conversación pueden estar en la lista. Tal como ocurre con otras partes del plan, esta sección será altamente individual, sin paralelo.

Si bien todos los cuidadores deberían apoyar y alentar a la persona que escribe un *WRAP*, es igualmente importante que los familiares no presionen a la persona para que use esta herramienta específicamente diseñada para ayudarle a hacerse cargo de su propia vida. *WRAP* tiene muchos puntos comunes con el plan de prevención de recaídas comentado en las páginas 124-127 y también con el plan que se ha utilizado durante mucho tiempo en los programas para superar la adicción. Sirve de ejemplo del modo como se pueden manejar de manera consistente los trastornos psiquiátricos y los trastornos de adicción a sustancias. Para más información sobre *WRAP*, vea el sitio de Mary Ellen Copeland en el Internet, en español: http://www.mentalhealthrecovery.com/recovery_spanish.php, o llame a (802)-254-2092.

3

Cómo llevarse bien con las personas que sufren enfermedades mentales

En este capítulo se presentan varias ideas claves para tratar con personas que sufren un trastorno mental. En primer lugar, describo los métodos más efectivos de interacción diaria con estas personas. Luego presento guías que pueden ayudarle a usted a determinar cuándo esperar, de manera realista, que se establecerá una estructura conducente al bienestar de su familiar. A continuación se presentan técnicas que facilitan la comunicación con alguien que sufre un trastorno mental. Finalmente, se ofrecen ideas que usted podrá sugerir a sus amigos y familiares.

Técnicas como las descritas en este capítulo son útiles para cualquiera que tenga contacto con una persona que sufre un trastorno mental, pero son especialmente importantes para quienes tienen un familiar con una enfermedad mental que vive en la casa. En este caso los conocimientos son mucho más necesarios, pues lo que está en juego es la calidad misma de la vida, tanto para usted como para su familia. Tener a alguien con un trastorno mental viviendo en la casa crea enorme estrés. Si no se maneja adecuadamente, la situación puede convertirse en catastrófica para su hogar y su familia. Usted debe prepararse lo mejor posible, aprendiendo y practicando las técnicas que se presentan en este capítulo y en los tres capítulos siguientes.

GUÍAS GENERALES PARA LA VIDA COTIDIANA

Respetar a la persona

Tal vez lo más importante que se debe recordar cuando uno trata con personas que sufren un trastorno mental es que su autoestima puede estar muy disminuida. Sus mundos internos está tal vez colmados de caos y desorganización, de modo que no están en condiciones de hacer muchas de las cosas que otras personas hacen normalmente. La sociedad frecuentemente refuerza mensajes que les sugieren que están enfermos, son malvados e inspiran temor. En consecuencia, les faltan la estima y el respeto necesarios para estar satisfechos consigo mismos.

Por lo tanto, es vital tratar con *respeto* a alguien que sufre un trastorno mental. Nosotros olvidamos fácilmente que ellos están haciendo todo lo que pueden para controlar los síntomas que los atormentan. Trate de usar siempre un estilo respetuoso, que los reconozca como adultos, aún si usted tiene que hacerles preguntas tales como si se acordaron de limpiarse los dientes, o asegurarles que usted no acaba de rascarse el brazo como consecuencia de lo que ellos estaban pensando en ese momento. Hablar a estas personas con condescendencia o infantilizándolos los hace sentir peor y vuelve más tensa la relación con usted.

Hable con tranquilidad y en forma directa

Manténgase en calma, hable clara y directamente. Recuerde que su familiar puede estar oyendo voces, viendo cosas extrañas, que le pueden pasar por la cabeza pensamientos tumultuosos, o puede estar sintiendo una mezcla de emociones. Un sermón de su parte, largo y emocional, probablemente se perderá en esa confusión. Expresiones breves, dichas con calma, son las que serán mejor comprendidas. Si usted siente rabia por una conducta específica y la expresa de manera emocional, la persona enferma probablemente no va a oír ni recordar nada de lo que usted le dice.

Es decir, es muy probable que repita precisamente la misma conducta que le hizo a usted enojarse la primera vez.

Haga pausas y tómese su tiempo

También es útil que usted tome distancia del familiar enfermo cuando uno de los dos está muy nervioso. Poco se va a resolver, probablemente, en medio de una situación tensa, y cuando su familiar está más psicótico y fuera de control, ello puede redundar en daños sustanciales en la relación entre ustedes. Si una persona está en peligro, usted debe tomar precauciones. Si la situación no es tan seria, probablemente usted debería hacer una pausa, separarse momentáneamente y sugerir la continuación del diálogo cuando todos se sientan mejor.

Mucha gente no puede concebir la idea de pasar mínimos períodos de tiempo con alguien que está enfermo cuando más sufre. Pero las enfermedades mentales en este respecto son diferentes de las enfermedades físicas. En medio de un episodio psicótico, las personas no siempre saben o recuerdan lo que están haciendo, diciendo, pensando o sintiendo. La presencia de familiares y amigos, en lugar de servir de ayuda a la persona, puede ser nociva para las relaciones. Esto es especialmente cierto si la persona enferma abusa de las drogas o el alcohol o se enoja y se vuelve agresivo/a durante un episodio agudo. Usted puede sentirse herido en sus sentimientos, y la persona enferma puede sentirse más tarde culpable, recuerde o no lo que hizo.

Tenga siempre presente la perspectiva de largo alcance. Usted está en condiciones de ofrecer la clase de amor, apoyo, y relación humana duradera que nadie más puede ofrecer. Su familiar tendrá necesidad de usted por muchos años, a través de muchos altibajos. Usted estará en condiciones de ofrecer este apoyo solamente si protege su propia salud y su relación con la persona. Ocasionalmente esto puede significar separarse de la relación, tomarse su tiempo, reconociendo que usted tiene fatiga, o aceptando que simplemente no está en condiciones de continuar cuando la enfermedad o la adicción se vuelven más serias. La mayor parte de las personas con un trastorno mental comprenden la necesidad de crear distancia, y a menudo quisieran poder hacer lo mismo. Es probable que se sientan peor a causa de su propia conducta que por el hecho de que usted se ha separado de ellos.

Pueden pasar años hasta que usted logre aceptar plenamente que su ser querido sufre una enfermedad mental, pero no podrá darle a su familiar enfermo el apoyo que necesita hasta que pueda aceptar ese hecho. Persistir en los intentos de que la persona reaccione inmediatamente, o tratar de hacer que los síntomas simplemente desaparezcan, conducirá a la frustración y el desengaño de todos.

Usted necesita hacer todo lo posible para evitar que los síntomas impredecibles creen un caos en su vida. La enfermedad inevitablemente perjudica mucho a todos. No obstante, es crucial que usted evite que su vida se vuelva tan desorganizada y caótica como la vida de la persona enferma. Esto implica, entre otras cosas, estimar cuáles son sus límites, mantenerse activo, participando en actividades que no incluyan a la persona enferma. Por cierto que si su propia vida es menos caótica, ello traerá alivio tanto a la persona enferma como a usted.

Separe persona y enfermedad

Las enfermedades mentales afectan seriamente el modo como la gente piensa y siente, la manera como se conduce, y cuánto puede realizar. Pero quienes conocemos y amamos a gente que sufre una enfermedad mental debemos recordar—y esto es vital— que no son simplemente "los enfermos mentales". Las personas con estos trastornos siguen siendo *personas*. Tienen sentimientos que resultan fácilmente heridos; su individualidad puede fácilmente pasar desapercibida. Necesitan tener en sus vidas a quienes los amen y los comprendan. Muchos simplemente los clasifican como enfermos mentales y no perciben cuánto pueden ofrecer. Los amigos y familiares deben servir de contrapeso a esta tendencia, recordando que hay que separar a la persona de la enfermedad.

Aprender acerca de los síntomas le permite atribuir los síntomas a la enfermedad, no a la persona. Usted no debe pensar en su madre que tiene un desorden bipolar sólo como una persona manipulativa, llena de ira y de odio, que trata de descompaginarle a usted la vida. Ella es una víctima, y probablemente lo que más quisiera es poder pensar con claridad y actuar normalmente. Sería mucho mejor que usted odiara la enfermedad y no la castigara a ella por haber tenido la mala suerte de estar afectada por esa enfermedad. Muchos familiares de las personas con trastornos mentales pueden volver a amar a su familiar enfermo una vez que han llegado a odiar los síntomas (que incluyen conductas a veces muy exasperantes) y a odiar la enfermedad.

Cierto, es difícil no sentirse afectado personalmente por algunos síntomas particulares. Las ideas, conductas, y sentimientos irracionales suelen caer sobre cualquiera que esté presente en el momento. Puede ser útil comparar la situación con la de un bebé que tiene un virus gástrico y que vomita sobre cualquiera que lo tenga en brazos. En este caso, usted no consideraría al bebé malo o desconsiderado. De la misma manera, piense en la furia irracional, las ideas confusas, la incapacidad de hacer planes, y todos los demás síntomas de una enfermedad mental como lo que son: síntomas. Si su familiar estuviera en el hospital, probablemente dirigiría los síntomas contra las enfermeras o los médicos y no contra usted. Por ejemplo, la persona puede enfurecerse con las enfermeras, pensando que ellas, no usted, han tratado de envenenarle el café. El hecho de que las ideas delirantes o las alucinaciones se aplican a usted tiene poco o nada que ver con la relación que usted tiene con la persona enferma.

Si logramos que quienes tienen enfermedades mentales perciban que sabemos que están enfermos, que no por eso dejamos de amarlos, y que queremos que sean parte de la familia, les ayudaremos a mejorar la calidad de su vida y su autoestima. En el capítulo siete hablaremos de las maneras de incluir a estas personas en actividades familiares; por ahora, recordemos que necesitan sentirse parte de una comunidad de personas. Los familiares son frecuentemente los únicos que los acompañan de modo duradero.

Su amor no puede estar solamente fundado en lo que ellos eran antes o en la esperanza de que algún día estarán bien. Ellos deben sentir que usted los ama hoy y que reconoce que están enfermos hoy. Todos tenemos la esperanza de que algún día se descubran nuevos tratamientos, y hasta una cura. Entre tanto debemos aceptar que algunas personas sufren síntomas que están en su mayor parte fuera de su control. Si *usted* no puede amarlos y aceptarlos como enfermos, será más difícil que ellos puedan aceptar su enfermedad y sus limitaciones.

Mantenga una actitud positiva

El segundo consejo resulta sumamente útil, aunque es bastante difícil: mantener una actitud positiva. Puede ser un reto para nosotros evitar sentimientos negativos cuando enfrentamos en nuestro ser querido una enfermedad altamente discapacitante. No obstante, el apoyo que usted le dé y sus expectativas positivas permitirán que alguien con un trastorno mental crezca lo más posible. Quienes sufren una enfermedad mental no tienen mucho en sus vidas de lo cual puedan sentirse orgullosos. Muchos de los amigos y familiares de la misma edad han logrado cosas que la persona enferma puede no estar en condiciones de alcanzar nunca. Usted necesita aprender a reconocer y comentar cualquier pequeño signo de progreso o mejoría que vea, sin ser condescendiente y sin disminuirlos. Su familiar enfermo sentirá que usted lo respeta más si usted muestra interés en lo que él o ella está haciendo; no así si usted simplemente hace notar que lo que está haciendo es lo primero que hace en un mes entero.

Las personas para quienes es tan difícil funcionar en la vida, y que son tan incomprendidas, necesitan muchas alabanzas por parte de quienes sí los comprenden. Cosas que los demás damos por supuestas en nuestra vida pueden ser monumentalmente difíciles para quienes sufren una enfermedad mental. Necesitan que los alabemos, de manera que no los haga sentirse disminuidos, por logros tales como levantarse a la mañana, cuidar su higiene personal, o ir a una cita y volver por sus propios medios.

Recuerde que un síntoma de la enfermedad mental es no poder recordar lo positivo. Usted puede combatir esto poniendo repetido énfasis en los logros recientes. Recuerde a quienes están enfermos que son buenos, fuertes y valientes al querer continuar tratando de mejorar sus vidas. Reconozca su perseverancia. Sus vidas son mucho más dolorosas y confusas que las de la mayoría de los demás; a cierto nivel, ellos pueden saber esto, pero a otro nivel pueden fácilmente hundirse y perder la autoestima, culpándose a sí mismos por estar enfermos o por no poder hacer más. Usted puede ayudarles a apreciar sus luchas desde otra perspectiva.

Particularmente durante los períodos malos, ellos necesitan su confianza, su optimismo y su estímulo. Aun durante una crisis, usted debe tratar de encontrar algún pequeño signo de progreso. Por ejemplo, si su hija termina en el hospital por tercera vez, usted podría concentrarse en la exasperación, el desengaño y la desesperación que sienten tanto ella como usted. Sin embargo, es más útil reconocer cuán difícil debe ser para ella volver a estar en el hospital y decirle que usted está orgulloso/a de que en esta ocasión, por primera vez, ella previó que se acercaba un episodio y fue voluntariamente al hospital.

Las reacciones positivas que usted tenga son útiles por varias razones. Reconocen que hay progreso, aunque sea lento. Dan a su familiar un motivo de autoestima, en un momento en que probablemente tiene pocas razones para sentir orgullo. Le hacen comprender que usted está de su parte. Es muy probable también que le ayuden a usted a mantener la situación en la debida perspectiva.

Quienes sufren una enfermedad mental necesitan sentir que, aunque puedan tener recaídas o puedan no ser capaces de llevar a cabo algunas cosas en la vida, no obstante merecen respeto y dignidad. Así, cuando usted muestra respeto por su familiar con un trastorno mental, le está dando un gran contrapeso para compensar el estigma y la falta de respeto de que tan a menudo es víctima.

Esto no significa que las personas con enfermedades mentales no necesitan crítica. Ciertamente, cuando hacen cosas que no son aceptables, tienen que saberlo. Este capítulo presenta más adelante referencias precisas sobre cómo comunicárselo.

CÓMO FORMULAR METAS Y EXPECTATIVAS REALISTAS CON SU FAMILIAR ENFERMO

Lo que su ser querido puede hacer dependerá de muchos factores tales como la severidad de los síntomas, el nivel de su motivación, y su experiencia anterior de la vida. La mayor parte de las familias necesitan aprender a recortar sus esperanzas y expectativas y acomodarlas a lo que se puede esperar con realismo que el familiar enfermo logre. Alcanzar metas realistas probablemente requiere ayuda profesional, pero la Guía de Referencia titulada CÓMO DETERMINAR METAS Y EXPECTATIVAS REALISTAS PARA SU FAMILIAR CON UNA ENFERMEDAD MENTAL resume los factores generalmente considerados para evaluar el potencial de una persona.

CÓMO DETERMINAR METAS Y EXPECTATIVAS REALISTAS PARA SU FAMILIAR CON UNA ENFERMEDAD MENTAL

Hable sobre las metas con su familiar enfermo. Sus intereses y deseos son esenciales para los planes que se desarrollen.

Para evaluar el nivel actual general de funcionamiento considere las siguientes áreas principales:

1. *técnicas esenciales para la vida independiente:* poder hacer compras, cocinar, limpiar, manejar el dinero, usar transporte público. ¿Con cuánta independencia ha vivido su familiar?
2. *técnicas interpersonales:* la capacidad de establecer y mantener relaciones, tener conversaciones, y hacer contacto visual. *(sigue)*

3. *técnicas educacionales y vocacionales:* ¿Ha completado su familiar la escuela secundaria y ha tenido empleo? ¿Qué tipo de empleo y durante cuánto tiempo?

Una persona que funciona a nivel alto:

- es competente al menos en dos de las áreas arriba mencionadas
- no tiene síntomas que puedan interferir consistentemente con su funcionamiento
- muestra iniciativa y motivación para progresar hasta un nivel de función más alto

Establezca metas de corto alcance que sean realistas:

1. Evalúe el nivel de función más reciente en cada una de las áreas que se enumeran más arriba.
2. Determine en qué áreas la persona está dispuesta a mejorar y en condiciones para hacerlo.
3. Desarrolle pasos pequeños hacia el progreso en una o dos de esas áreas.
4. Elija un área y concéntrese en ella, y no pase a otra hasta que la primera meta haya sido alcanzada o la persona esté demasiado frustrada para continuar en la misma meta.

Establezca metas de largo alcance que sean realistas: considere el nivel anterior de función general; tal vez su familiar no pueda superarlo. Las personas pueden ser capaces de volver a su nivel anterior si están en condiciones de funcionar a nivel alto en los intervalos entre episodios agudos y si a lo largo del tiempo su nivel de funcionamiento no se ha deteriorado gradualmente.

Evite expectativas poco realistas que son muy comunes—por ejemplo:

- que la recuperación será rápida
- que la persona siempre va a volver a un nivel anterior de funcionamiento
- que la persona nunca volverá a estar en el hospital ni tener una recaída

(sigue a vuelta de página)

> Recuerde que el nivel de función de las personas con trastornos mentales puede cambiar rápidamente. Usted debe prepararse para adaptar sus propias metas y expectativas al nivel corriente de funcionamiento.

Todos necesitamos tener metas, sueños y esperanzas para el futuro. Pero estas metas deben ser realistas. Las familias, amigos y profesionales pueden ayudar mucho a una persona enferma a que comprenda que son los pasos pequeños los que llevan a las metas de largo alcance.

Naturalmente, las agendas que albergan las familias para sus miembros enfermos frecuentemente difieren mucho de las que los enfermos tienen para sí mismos. Los planes que tienen más éxito son los que sirven de puente entre ambas perspectivas. Ellos van a ser mucho más receptivos para las sugerencias si sienten que sus propias ideas o intereses—aun las esperanzas y sueños menos realistas—están incluidos como parte del plan.

Quienes tienen un trastorno mental a menudo tienen sueños y metas bastante grandiosos. Quieren ser jugadores de baseball en las ligas mayores, científicos nucleares, famosos músicos de rock, o presidentes de bancos internacionales. No lleva a nada decirles que estas cosas probablemente no ocurrirán nunca. Es mucho más efectivo aliarse con ellos. Dígales que usted también tiene la esperanza de que algún día ellos logren estas metas de largo alcance, pero que entre tanto, dado que acaban de salir del hospital, lo mejor para ellos sería pensar en el primer pequeño paso que pueden dar para lograr sus metas.

Usted puede sugerir que un futuro hombre de ciencia que duerme hasta el mediodía y hace un año que no ha leído un libro, debería despertarse a las once de la mañana durante una semana; el paso siguiente sería leer las tiras cómicas en el diario del domingo. Quien sueña con ser atleta pero no ha salido de la casa durante una semana puede estar dispuesto a comenzar por regar el jardín frente a la casa; el segundo paso podría ser dar vuelta a la manzana. El futuro presidente de un banco puede tener que comenzar por repasar aritmética o aprender cómo se abre una cuenta bancaria. Algunos sueños están construidos sobre técnicas y talentos que el individuo tenía pero que ha perdido como consecuencia de la enfermedad. Si su hija era campeona de carreras en la escuela secundaria y quiere volver a estar en forma, vaya con ella a la pista y vea cómo le va. Ayúdele a preparar un plan de entrenamiento que sea coherente con sus posibilidades actuales.

Las personas tienden a tener temor de alcanzar los niveles que habían logrado antes porque les resulta doloroso recordar qué es lo que ya no pueden hacer. Será preferible que usted los acompañe en este proceso. Si su hijo solía dar recitales de piano pero ya no quiere tocar el piano, no lo empuje. Incluso recordárselo, tratando de darle apoyo, es probable que le resulte doloroso. Él tiene la misma penosa conciencia que tiene usted de que ya no está dando conciertos. Si usted quiere mostrar que está orgulloso de él, hable de cosas que está haciendo hoy y que no hacía la semana pasada.

Una vez que usted logre que sus expectativas estén a la medida de lo que es realista, podrá notar y apreciar mejor los logros. Tal vez se sentirá estimulado, y podrá inspirar a su familiar para que se sienta estimulado, cuando alcance metas parciales. Son éstos los logros que, en definitiva, se suman para llegar a las metas de largo alcance.

MANTENER DISTANCIA CON AMOR

A menudo se formulan con respecto a las metas y expectativas las siguientes preguntas: "¿En qué medida debo participar?"; "¿Cuánto deberíamos ayudarle a alcanzar una meta?"; "Si hacemos demasiado, ¿cómo aprenderá ella jamás a hacer cosas por sí misma?"; "La vida de él ya es tan difícil. ¿Por qué no debería yo hacer todo lo posible para hacerla más fácil?"

No hay respuestas simples a estas preguntas, y no existe una verdad general que se aplique a todas las situaciones. Las respuestas que dé usted deben estar relacionadas de manera precisa con las metas y expectativas realistas aplicables a su familiar.

También deben responder a la naturaleza variable de la enfermedad. Dado que los síntomas tienden a ser cíclicos, usted debe estar dispuesto/a a cambiar a medida que los síntomas van cambiando. Frecuentemente esto significa hacer más para ayudar a su familiar en algunos momentos y en otros momentos animar a la persona a que haga más por sí mismo/a, según la intensidad de su enfermedad.

No obstante, es útil recordar dos principios generales: primero, dejar que las personas hagan lo más que puedan por sí mismos; segundo, tratar de asegurarse de que ellos sienten su cariño y su apoyo. Encontrar un equilibrio entre estas dos estrategias es un reto que se puede calificar como *aprender a mantener distancia con amor*. Los miembros de una familia, con demasiada frecuencia, están en desacuerdo sobre este punto. Mejor que enfrentarse en una discusión es encontrar un término medio apropiado para su familiar, en vista de su nivel actual de funcionamiento.

Además de evaluar el nivel general de funcionamiento de los individuos enfermos, otros factores que se deben considerar incluyen cuán dispuestos están a hacer cosas por sí mismos, su nivel general de madurez y la edad que tenían cuando se enfermaron. La edad es importante porque generalmente de ello depende el nivel de técnicas para la vida diaria que se han aprendido y practicado antes de que se declarara la enfermedad. Por ejemplo Jacobo, un muchacho de dieciséis años que todavía vive con sus padres y aun no ha terminado la escuela secundaria, se enferma de esquizofrenia. Será difícil para él aprender a mantener una cuenta bancaria, encontrar un departamento, hacer nuevas amistades, llenar una solicitud de trabajo, e incluso hacer compras y preparar sus comidas. Es muy probable que necesite mucha ayuda para aprender a hacer todo esto una vez que se ha enfermado.

Otro ejemplo es Sara, una mujer casada con hijos y carrera, que desarrolla un desorden bipolar a los treinta y siete años. Es mucho más probable que recupere muchas de las cosas que solía hacer. Puede llevarle tiempo y puede no estar en condiciones de mantener un trabajo de tanto estrés como el que tenía antes, pero tendrá una gran ventaja sobre Jacobo. Frecuentemente el único método para descubrir lo que puede hacer una persona es el de ensayo y error. La Guía de Referencia titulada "¿CUÁNTO DEBO PARTICIPAR?" ofrece algunas normas para que usted juzgue si está esperando demasiado o demasiado poco. La mayoría de los individuos—incluso quienes sufren un trastorno mental—quieren hacer todo lo que puedan por sí mismos. Si tienen la opción, prefieren ser tan independientes y responsables como puedan. Se trata de una aspiración natural cuyo cumplimiento la refuerza. En la mayor parte de los casos, ello incrementa la autoestima.

¿CUÁNTO DEBO PARTICIPAR?

Haga todo lo que pueda para proteger a su familiar de cualquier peligro evidente y presente ya sea para sí o para los demás. Póngase en contacto con la policía o con otros servicios de emergencia si piensa que la vida de alguien corre peligro.

Considere cómo llena sus necesidades básicas de alimentación, ropa y vivienda, así como la calidad de su vida. Cuánto puede hacer usted en estas áreas depende de:

1. cuán dispuesto está su familiar a seguir sus consejos
2. cuánta presión puede ejercer usted sobre la persona (generalmente coincide con el nivel de mantenimiento que usted proporciona)
3. su posición legal con respecto a su familiar (si es usted su curador o guardián legal o remunerado).

Su familiar puede necesitar más protección o más participación si:

- Exhibe conductas autodestructivas.
- Sus acciones podrían ser peligrosas para otras personas o ser atentados contra la propiedad.

(sigue a vuelta de página)

- Comete trasgresiones de las leyes, aun si son menores.
- Se niega a respetar acuerdos convenidos o planes de tratamiento.
- No llena sus necesidades básicas para la supervivencia (alimento, ropa, vivienda).
- Tiene un serio desorden de adicción.

Su familiar puede estar sobreprotegido/a si:

- Se muestra más inmaduro/a de lo que justifica su enfermedad.
- Espera que usted u otros hagan las cosas antes de tratar de hacerlas por su propia cuenta.
- Constantemente evita tomar los pequeños pasos necesarios para lograr más responsabilidad e independencia.

El miedo a fracasar suele inhibir la motivación para probar cosas nuevas. Si usted divide las tareas en pasos pequeños, y si ofrece respuestas positivas, va a preparar a las personas a seguir adelante con pasos nuevos. Si a pesar de seguir este camino, usted no ve ningún progreso, tal vez deba buscar ayuda profesional. La enfermedad puede verse complicada por otras condiciones psiquiátricas que requieren modificar su estrategia, o tal vez usted necesita modificar su nivel de expectativas, o cambiar la manera de presentar las tareas a la persona enferma. Sea cualquiera el caso, los consejos de un profesional pueden ayudarle.

Es doloroso para muchos familiares ver que su ser querido que sufre un trastorno mental trata de hacer algo y no lo consigue inmediatamente. Nuestra tendencia es saltar a ayudarles o hacernos cargo de la persona enferma. Pero debemos mostrar respeto aun a aquéllos que sufren una enfermedad mental y debemos darles la oportunidad de cometer sus propios errores cuando están adquiriendo una nueva técnica. Para repetir lo dicho antes: hay que encontrar un equilibrio delicado para animarlos a tratar cosas nuevas sin ponerlos en situaciones en que fracasen una y otra vez.

También es importante recordar que con la edad la gente está menos dispuesta a probar cosas nuevas. Un hombre de edad mediana con esquizofrenia, que ha estado enfermo durante veinte años y ha vivido en una residencia especial durante los últimos diez, tal vez no querrá probar un trabajo como voluntario o tomar una clase. Ha adquirido una rutina que le resulta razonablemente satisfactoria. Ésta puede ser la mejor vida que actualmente es posible para él. Si bien no hace tanto como su familia quisiera, la familia puede verse obligada a aceptar la vida de él tal como es y dejar de intentar que la cambie. Recuerde que usted no tiene la responsabilidad total por la calidad de vida de su familiar.

CÓMO ESTABLECER UNA ESTRUCTURA ESTABLE

Después del amor, la estructura es el elemento más importante de cualquier relación con quien sufre un trastorno mental o de cualquier programa de tratamiento en que él o ella participe. Sin estructura, este individuo navega a la deriva, en un tumultuoso mar de confusión. Gracias a una estructura de apoyo puede, con el tiempo, comenzar a sentirse más a salvo y seguro.

Por eso, usted no organiza una fiesta sorpresa de cumpleaños para quienes sufren enfermedades mentales, ni actúa en su estilo más espontáneo y centelleante en su entorno. El caos y la desorganización que caracterizan sus mundos internos requieren una influencia estabilizante. Usted no tiene el poder de hacer desaparecer la confusión de ellos. Lo que sí puede hacer es proveer una realidad externa que sea tan calma, consistente, predecible y estructurada como sea posible. De esta manera su ser querido sabrá qué esperar de usted y usted sabrá qué esperar de él o ella.

Muchos acontecimientos que los demás damos por supuestos, como un simple intercambio de saludos o la distribución anticipable de un periódico, pueden tranquilizar a la gente con una enfermedad mental demostrándoles que la vida no está tan desorganizada como ellos la sienten. Tener una simple rutina diaria que incluya hacerse cargo de sus necesidades básicas—

levantarse, vestirse, bañarse y tomar el desayuno—puede ser muy tranquilizador e importante para las personas con una enfermedad mental. Suelen necesitar más ayuda que los demás para crear por sí mismos una estructura o una actividad y para mantenerla. Para algunos ésta es una meta de largo alcance, pero es un ideal que siempre vale la pena proseguir.

A su vez, los cambios en las rutinas pueden ser más perturbadores de lo que usted esperaría. Por ejemplo, si un amigo que lo visita a menudo se va de la ciudad, la ansiedad y la confusión de su familiar tal vez aumenten. Esto no significa que usted no debe irse nunca de la ciudad; pero usted necesita comprender cómo es probable que su familiar reaccione antes de su viaje, durante su ausencia, y después de que regrese. Simplemente déle apoyo y tranquilícelo explicando que su partida no significa que la situación es tan terrible como él o ella la sienten.

Cómo imponer normas y limitaciones

Un aspecto esencial de la estructura es la presencia de reglas y expectativas. Cuando las imponga, no deje nada sin explicar; ningún detalle es demasiado pequeño para hacerlo explícito. Sea que usted esté planeando una breve visita o que vivan juntos, las cosas irán mejor si ambos saben qué va a ocurrir. En el caso de una visita, esto puede referirse al modo como usted espera que la persona enferma se vista (si ello es un problema), cuánto tiempo van a pasar juntos, y qué planean hacer. Si viven juntos, puede significar poner por escrito las normas básicas de la casa y las tareas específicas o las expectativas cotidianas que usted tiene para él o ella.

Poner estas reglas y tareas por escrito permite que quienes tienen un trastorno mental recuerden cosas que a otras personas pueden parecerles obvias o simples. Ello también tiende a eliminar discusiones sobre lo que se dijo o se convino.

Una lista de reglas generales ofrece un buen punto de partida. Debe ser breve, incluyendo, sin embargo, las áreas que hayan sido problemáticas. Un ejemplo simple es el siguiente:

REGLAS DOMÉSTICAS

No se puede usar violencia.

No se pueden golpear las paredes.

No se deben dar portazos.

La radio y la televisión se deben apagar después de las 11 de la noche.

Hay que limpiar la cocina después de preparar comida.

En la casa están prohibidos el alcohol y las drogas.

Cuando ha habido conductas específicas repetidamente problemáticas, puede ser muy útil firmar contratos por escrito. Describa con exactitud cuáles son las conductas inaceptables y y con igual exactitud cuáles serán las consecuencias si estos comportamientos ocurren. Por ejemplo:

> Entiendo que no puedo fumar en la cama. Si vuelvo a fumar en la cama, me estará prohibido traer cigarrillos a la casa durante un mes.
>
> _____   _____
>   (firma)   (fecha)

Lo mejor será que su familiar redacte el contrato si está en condiciones de hacerlo.

Tener un entorno o una relación claros y estructurados requiere como uno de sus elementos que si las reglas o los convenios se quiebran, las consecuencias de la transgresión sean claras.

Siempre que sea posible, es una buena idea establecer las consecuencias de antemano, en consulta con la persona enferma. No trate de formular consecuencias en medio de una crisis. Las consecuencias deben estar en relación con la regla a la que pertenecen. Si una persona enciende la radio después de la hora límite, puede perder el privilegio de usar la radio por dos días. Si una persona no limpia lo que ha ensuciado, usted puede optar por asignarle una tarea extra. La idea es que el castigo sea apropiado para la violación, siempre que ello sea posible.

Tal vez usted desee establecer una o dos reglas domésticas muy serias, tales que, si se quiebran más de una vez, resulten en que se le pida a la persona que se vaya—con una consecuencia menos severa para la primera violación. Cualquier cosa que parezca a la vez razonable y tolerable está bien. Lo más importante es que cada uno sepa cuáles son las reglas y qué ocurrirá si no se respetan. Hágase a la idea de que usted menciona las consecuencias con seriedad, y que las aplicará como corresponda. De esto depende que usted sea creíble. La Guía de Referencia titulada "CÓMO FORMULAR Y ESTABLECER LÍMITES CON LA PERSONA ENFERMA" resume la exposición anterior.

CÓMO FORMULAR Y ESTABLECER LÍMITES CON LA PERSONA ENFERMA

Establezca reglas generales y límites cuando usted y su familiar están calmos y pueden pensar claramente. Suele ser una buena idea hablar de los límites separadamente, uno a la vez, como sigue:

1. Aclare exactamente cuál conducta se debe cambiar, y manténgase realista en cuanto al nivel de energía necesario para lograrlo
2. Seleccione una consecuencia apropiada para la seriedad de la conducta, y prepárese para cumplirla (por ejemplo, usted no quisiera decirle a su familiar que si dice malas palabras en su casa, no le hablará nunca más). Una consecuencia que se

(sigue)

suele imponer consiste en retirar privilegios (dinero, tiempo para mirar la televisión). Alternativamente, use recompensas para obtener el cambio de conducta deseado (cena en un restaurante selecto, participación en una salida especial, etcétera).

3. Compruebe que su familiar entiende la regla de conducta y las consecuencias que acarrea violarla. No se ponga en actitud de defensa, no dé largas explicaciones. Su familiar necesita una oportunidad para hacer preguntas y comentarios. Si parece razonable negociar con él o ella, hágalo. Es útil poner por escrito los acuerdos y contratos.

4. Modifique o cambie la regla si es necesario. Cuando se revela que una consecuencia o un convenio son inadecuados, cámbielos de manera clara y explícita.

Especialmente, note que se debe sentir en libertad para cambiar su plan, si la experiencia le enseña lo que puede esperar con realismo de su familiar, dado el nivel corriente de funcionamiento de la persona. Lo que es capaz de hacer su familiar va a modificarse con la severidad de los síntomas. Cuídese, sin embargo, de caer en el hábito de abandonar todos los límites que usted ya ha fijado simplemente porque su familiar no puede respetarlos en una ocasión determinada. Usted necesita encontrar un equilibrio. Sea suficientemente flexible como para negociar o cambiar sus expectativas según la severidad fluctuante de los síntomas, pero establezca también ciertas reglas básicas que no son negociables. Por ejemplo, nunca debe permitir que usted o cualquier otra persona sean expuestos a una situación de violencia o peligro.

Elija las batallas que va a emprender

Fundamentalmente, usted deberá elegir con cuidado sus batallas. Por lo general hay muchas cosas que los familiares de alguien con un trastorno mental quisieran cambiar. Pero muchas no se pueden cambiar. Las cosas que se pueden cambiar a menudo insumen más tiempo y energía de lo que usted quisiera. Las personas con una enfermedad mental generalmente pueden concentrarse en una sola área por vez.

Digamos que su hija, que tiene un desorden bipolar, duerme hasta el mediodía, no come bien, fuma demasiado, mira demasiada televisión, no cuida bien su aseo personal, y lleva una vida sin actividades estructuradas. Supongamos que usted no ha dicho nada sobre ninguno de estos problemas durante un mes, y que está cada vez más enojado/a y frustrado/a con ella. Un día, cuando usted se despierta, decide que ha llegado al límite. Siente que las cosas deben cambiar. Su hija tiene veinticinco años. Usted le dice que desde ahora en adelante tiene que levantarse a las 7 de la mañana, darse un baño antes de las ocho, fumar no más de cinco cigarrillos por día y hacerlo solamente en el patio, no mirar más de dos horas de televisión por día, y encontrar trabajo. Lo más probable es que no haga nada de todo esto. Por el contrario, se sentirá presionada e incompetente. Querrá escaparse, ir al hospital, o dormir todo el día, o se sentirá cada vez más agitada—según sean los síntomas que ella exhibe bajo estrés.

En una situación como ésta, es necesario decidir cuáles son las prioridades. Usted y ella tienen que decidir en qué área es más urgente concentrarse, y luego considerar si ésta es un área en que ella está dispuesta a poner cierto esfuerzo. Evalúe junto con ella qué cambios son posibles y determine un límite de tiempo realista. Lo ideal sería que se pudieran sentar las dos y decidir que la falta de estructura en la vida de ella es el problema más serio. Pueden convenir (o, si ella vive en su casa, usted puede imponer) que en el curso de un mes ella debe encontrar actividades en que pueda participar un mínimo de cinco horas por semana. Usted podría ayudarle a hacer una lista de las opciones que le interesan, como por ejemplo participar en un tratamiento de día, hacer trabajo voluntario, tomar una clase en una universidad local con cursos elementales, o encontrar un trabajo de tiempo parcial. Después usted podría ayudarle a encontrar un horario realista para explorar las opciones que a ella le resulten más atractivas.

Si su familiar no tiene un nivel tan alto de funcionamiento, usted puede decidir que la primera prioridad es que comience a levantarse más temprano. Puede decirle que se levante, por ejemplo, todos los días a las 11 de la mañana durante la semana próxima. Usted puede encontrar la forma de cumplirlo—un reloj despertador, o despertar usted a su familiar. Luego pueden comentar cuál será la recompensa si cumple con esta regla o cuáles serán las consecuencias de no cumplirla. La Guía de Referencia con el título "CÓMO MEJORAR EL CUIDADO PERSONAL" da un ejemplo para decidir qué batallas vale la pena emprender.

CÓMO MEJORAR EL CUIDADO PERSONAL

Quienes tienen una enfermedad mental pueden arreglarse demasiado o demasiado poco, y pueden hacerlo de una manera estrafalaria. Cada una de estas conductas está asociada con un síntoma primario o secundario de enfermedad mental, tales como la capacidad de juicio comprometida, falta de motivación, conducta obsesivo-compulsiva, limitado registro de realidad, o descuido de uno mismo debido a falta de autoestima. Esta conducta puede ser bastante difícil de modificar.

Para evaluar si usted quiere intentar un cambio de conducta, considere la siguiente lista y piense a cuál de las categorías corresponde esa conducta (ordenadas de las más serias a las menos serias):

1. peligrosas para la salud
2. disruptivas o costosas
3. físicamente ofensivas
4. inapropiadas
5. poco atractivas o molestas

Cuánto tiempo uno quiere dedicar a la conducta en cuestión también dependerá de cuántas otras áreas problemáticas existen, y cuán seria es cada una de ellas. Algunas estrategias que han dado resultados para lograr cambios en áreas tales como el cuidado personal son:

(sigue a vuelta de página)

1. establecer un plan específico (bañarse todos los días, lavar la ropa una vez por semana), con específicas consecuencias y recompensas
2. acordar un convenio escrito (o verbal) con su familiar
3. comentar y razonar

Los cambios probablemente ocurrirán lentamente, en pasos pequeños, cuando las expectativas son muy específicas y explícitas y se aclaran consistentemente.

CÓMO DESARROLLAR TÉCNICAS EFECTIVAS DE COMUNICACIÓN

Hay estudios que han demostrado que las familias que adquieren técnicas efectivas de comunicación son capaces de reducir considerablemente la cantidad de tiempo que su familiar enfermo pasa en el hospital. La experiencia demuestra que estas técnicas también pueden reducir considerablemente la frustración y el estrés que las familias tienen que sufrir. Cuanto más comprenda usted cómo piensan y procesan información las personas con una enfermedad mental, más efectiva será su comunicación con ellos.

Usted puede aprender técnicas específicas para hablar con su familiar que mejorarán dramáticamente no sólo la capacidad de esa persona para entender lo que usted le dice sino también los resultados que usted obtenga cuando se comunica con él o ella. La Guía de referencia titulada "CÓMO COMUNICARSE CON UNA PERSONA QUE SUFRE UNA ENFERMEDAD MENTAL" ofrece algunos principios generales que conviene recordar en cualquier momento al dirigirse a alguien que sufre.

CÓMO COMUNICARSE CON UNA PERSONA QUE SUFRE UNA ENFERMEDAD MENTAL

Quienes sufren un trastorno mental presentan síntomas y características que requieren adaptar nuestro modo de comunicación para aumentar las chances de que nos entiendan. La lista que sigue indica los síntomas de enfermedad mental y las adaptaciones correspondientes.

SÍNTOMA O CARACTERÍSTICA	ADAPTACIÓN
Confusión sobre lo que es real	Manténgase simple y directo.
Dificultad para concentrarse	Sea breve; repita.
Exceso de estímulos	Limite su intervención; no fuerce la conversación.
Capacidad de juicio disminuida	No espere una conversación racional.
Preocupación por el mundo interior	Comience por obtener atención.
Agitación	Reconozca la agitación y permita que la persona encuentre una salida.
Emociones fluctuantes	No se ofenda por palabras ni actos como si estuvieran necesariamente dirigidos a usted.
Planes fluctuantes	Manténgase en un plan.
Poca empatía por los demás	Reconózcalo como un síntoma
Aislamiento	Inicie la conversación.
Ideas delirantes	No las discuta.
Miedo	Conserve la calma.
Inseguridad	Ofrezca amor y aceptación.
Falta de autoestima	Dé siempre respuestas positivas y respetuosas.

Si bien ya nos hemos referido a varios de estos principios, merecen recibir nuevo énfasis. La guía más importante es mantener lo que usted dice simple y claro. No olvide nunca cuánta confusión se está produciendo probablemente en el interior de la persona enferma. Usted tendrá la mejor chance de que le oigan y entiendan si habla breve y concisamente. Una persona con un trastorno mental generalmente no podrá seguir largas y complicadas explicaciones o instrucciones con numerosos pasos. Por ejemplo, si usted le pide a su familiar que (1) cuando tenga una oportunidad vaya al supermercado y compre suficiente leche y huevos para el fin de semana, (2) que no se olvide de ponerse una chaqueta, (3) que cierre la puerta al salir, (4) que lleve un paraguas por si llueve, etcétera, lo único que logrará es confundir a la persona. Va a obtener mejores resultados si le pide a su familiar que vaya al Mercado Joe en la próxima hora y compre una docena de huevos y medio litro de leche. Luego chequee para asegurarse de que ha entendido bien la tarea y de que tiene suficiente dinero para cumplirla.

Por otra parte, la gente que sufre una enfermedad mental frecuentemente toma lo que se dice muy literalmente. Pueden entender mal los chistes o las expresiones indirectas. Si usted le pregunta a su hija con trastorno bipolar, por ejemplo, "¿Piensas que podrías hacer tu cama?" su respuesta puede muy bien ser: "Yo no pienso para nada en mi cama. Tengo cosas más importantes para pensar." O bien: "Claro que podría hacer mi cama. ¿Tú crees que soy totalmente incompetente?" Como no ha comprendido su intención, puede irse sin hacer la cama, sintiéndose herida y enfadada. Probablemente el modo más eficaz de expresar su pedido es: "Haz tu cama, por favor".

Éste es un consejo esencial: hay que elegir el momento más adecuado para decir algo a las personas con una enfermedad mental. Si están especialmente nerviosos, preocupados por sus voces internas, o están sufriendo otros síntomas, sería prudente posponer la discusión de un asunto serio o difícil, como por ejemplo las metas. Si es posible, espere hasta que estén tan calmos y tengan tanta claridad mental como sea posible. Esto no quiere decir que usted tiene que esperar semanas, sino que a usted le conviene prestar atención al estado emocional de su familiar si quiere mantener una conversación o un intercambio serios. Si le dice que tiene algo de lo que quisiera conversar y le permite tomar parte en decidir cuándo llevar a cabo esa conversación, usted generalmente va a obtener mejor cooperación.

Las personas con enfermedades mentales suelen no poder comunicar claramente lo que necesitan o lo que les perturba. Pueden no tener conciencia de ello. A menudo es más importante prestar atención a su conducta y a su estado emocional que a lo que dicen. Por ejemplo, usted tiene una hija que sufre de esquizofrenia. Usted le dice que para vivir con usted ella debe respetar ciertas reglas, y aunque ella le diga que eso le parece ridículo, sin embargo ella sigue las reglas. Cuando usted le dice que se va a ir de vacaciones, ella responde que le parece muy bien, pero luego se siente deprimida o enfadada.

Cuando la comunicación mejora, aunque sea un poco, las diferencias son notables. Con todo, si bien es cierto que la buena comunicación mejora las situaciones, no resuelve todos los problemas ni cura la enfermedad de su ser querido.

Pedidos positivos

Pedirle algo a alguien que sufre una enfermedad mental parece, a primera vista, un proceso simple. Sin embargo, hay ciertos aspectos del proceso que pueden determinar si su pedido será oído como usted quiere que se oiga. Están resumidos en la Guía de Referencia titulada "CÓMO HACER PEDIDOS POSITIVOS".

CÓMO HACER PEDIDOS POSITIVOS

Para hacer un pedido positivo:

1. Mire a la otra persona e inclínese hacia ella.
2. Comience a hablar con una expresión agradable o con una sonrisa.   *(sigue a vuelta de página)*

3. Use un tono cálido y acentúe los sentimientos positivos.
4. Especifique con claridad y exactamente lo que usted quisiera que la otra persona haga o diga. Por ejemplo: "Cortar el pasto en el jardín del frente sería para mí una gran ayuda." "Me aliviaría una gran preocupación que tú tomaras tu medicación todas las mañanas." "Para mí es importante que veas a tu doctor."
5. Hágale saber a la persona cómo se sentiría usted si su pedido fuera concedido. Acentúe los sentimientos positivos.

Por ejemplo:

"Yo me sentiría mucho mejor si tú _____."

"Te agradecería mucho si tú _____."

"Me haría sentir bien que tú _____."

Los temas que se pueden tratar usando pedidos positivos incluyen pedir a la persona enferma:

- que tome su medicación regularmente
- que lleve a cabo una actividad particular
- que haga un favor
- que participe en conversaciones
- que contribuya alguna ayuda para la solución de un problema

Los pedidos no se deben confundir con las exigencias. Las exigencias amenazan a las personas y las tornan enojadas, defensivas y negativas. Tampoco son como los deseos, esperanzas, o expectativas de que otra persona haga o diga lo que usted quisiera, que suelen no expresarse y que llevan a la frustración porque la otra persona no sabe lo que usted desearía. Hacer pedidos positivos de manera directa, agradable y honesta le ayudará a obtener lo que desea y necesita de los demás. Recuerde que quienes sufren una enfermedad mental seria tienden a ser especialmente sensibles al clima emocional de las otras personas con quienes se encuentran. Por lo tanto usted debe prestar particular atención a su modo de expresarse y sus gestos, si quiere que la persona entienda correctamente lo que usted quiere comunicarle.

Por ejemplo, digamos que usted quiere que su hermana que sufre un trastorno bipolar le ayude a cortar el pasto. Si usted le habla con un tono que parece enfadado, frío y distante, o si comienza con una lista de las cosas que ella no hace o su irritación por lo poco que le ayuda, ella tal vez se retraiga y no quiera tener nada que ver con usted. Puede sentirse herida y confusa, sin poder articular la causa. Si usted tiene un tono exigente o rezongón, ella puede ponerse enojada y defensiva. Pero si usted le dice "Te agradecería muchísimo si me ayudaras a cortar el pasto", esto probablemente lo recibirá bien. Tiene buen resultado decir cómo se va a sentir usted si la persona enferma hace lo que usted le pide.

Generalmente hace falta bastante práctica para expresarse de esta manera. Si usted no tiene la costumbre de hacerlo así, puede ocurrir que ocasionalmente incurra en los viejos hábitos, mientras adquiere los hábitos nuevos. Naturalmente, cuanto más practique, más éxito va a tener. Dado que comunicarse de esta manera generalmente da muy buenos resultados, ello sirve de refuerzo natural para continuar esforzándose por hacerlo.

Sentimientos negativos

Hay sentimientos negativos que surgen cuando enfrentamos los problemas de la vida: estamos enojados, fastidiados, irritados, heridos en nuestros sentimientos, tensos, ansiosos, incómodos, temerosos, tristes e infelices. Cuando los sentimientos negativos se expresan directamente y con claridad, pueden ser una fuerza constructiva en una familia sana—una familia que resuelve sus problemas sin dejarlos fermentar. Expresar emociones negativas de manera constructiva refuerza las relaciones familiares en lugar de debilitarlas.

La mayor parte de la gente tiene dificultad para encontrar una manera de expresar sentimientos negativos con calma y claridad, de una manera efectiva. Sin embargo, es necesario que usted desarrolle un método para hacerle saber a su familiar enfermo que algo que él o ella ha hecho o ha dejado de hacer lo tienen a usted perturbado. Es importante prestar atención al cómo y el cuándo. Los principios generales para hacer un pedido o comunicación positiva se aplican también aquí, y se resumen en la Guía de Referencia que lleva el título "CÓMO EXPRESAR DIRECTAMENTE SENTIMIENTOS NEGATIVOS".

CÓMO EXPRESAR DIRECTAMENTE SENTIMIENTOS NEGATIVOS

Para expresar sentimientos negativos en forma directa:

1. Exprese su reacción cuando la conducta problemática tiene lugar. No lo deje para más tarde (a menos que sea imposible mantener razonable calma y claridad en el momento).

2. Diga específicamente qué es lo que la otra persona ha hecho o ha dicho (o ha dejado de hacer o decir) que produce en usted el sentimiento negativo. Hable con claridad y específicamente. Por ejemplo: *"Cuando tú caminas de un lado para otro y luego pasas tanto tiempo de pie, con la mirada perdida en el espacio..."*

3. Dígale a la otra persona cómo le afecta a usted la conducta de él o ella, nombrando el sentimiento que usted experimenta. Hable directa y honestamente. Por ejemplo: *"Cuando caminas de un lado para otro y luego te quedas de pie, con la mirada perdida en el espacio, siento mucha tristeza e inquietud, y me resulta difícil quedarme en casa y verte así."*

4. Pida a la persona que cambie su conducta o pídale que le ayude a usted a resolver el problema ofreciendo una solución alternativa. Por ejemplo: *"Cuando caminas de un lado para otro y luego te quedas de pie, con la mirada perdida en el espacio, siento tristeza e inquietud. Me sentiría mucho mejor si tú trataras de hacer algo constructivo y útil en la casa. ¿Puedes pensar en cosas que podrías hacer en este momento"?*   (sigue)

Otras posibilidades:

"Me hace mal realmente cuando tú _____ .
Por favor no lo hagas más."
"Cuando tú no _____, me   produce
inquietud. Me sentiría mucho mejor si lo hicieras."
"Me siento frustrado/a e irritado/a cuando tú _____.
Te agradecería que me ayudaras a   _____."

5. Mire a la otra persona cuando usted está expresando sentimientos negativos. Esto añade impacto a lo que usted diga.
6. Inclínese hacia la otra persona o acérquese cuando usted está expresando sentimientos negativos. Esto ayuda a hacer sus manifestaciones más directas, y ayuda a que la otra persona lo oiga a usted correctamente.
7. Su rostro debe tener una expresión seria, que refleje sus sentimientos y su mensaje.
8. Use un tono de voz firme, consistente con los sentimientos que usted está expresando.

Haga que su tono de voz y su postura física reflejen el contenido de lo que usted está diciendo. Si, mientras le dice a su hermano que está enojado porque él no limpió los platos que había usado, usted sonríe o lee el diario, él probablemente no lo va a tomar en serio. Evite a toda costa que los resentimientos se acumulen hasta que alguna cosa pequeña lo haga explotar a usted con un arsenal de ataques verbales.

Además, no se lance a una crítica generalizada de la personalidad, como por ejemplo decirle a su hermano que es un holgazán descuidado. En lugar de eso, dígale con gentileza pero al mismo tiempo con firmeza que cuando él no limpia sus platos, usted se siente enojado. Continúe explicando exactamente lo que usted quisiera que sea diferente en el futuro. Cuanto más específico pueda ser, mejor. Por ejemplo, "Después de hacerte un sándwich, yo me sentiría mejor si tú guardaras todo y limpiaras la encimera de la cocina".

Este método de comunicación ha producido significativos cambios en la conducta de mucha gente. Recuerde que debe incluir los tres elementos principales: exactamente lo que su familiar hizo, cómo se siente usted al respecto, y cómo quisiera usted que él o ella procedan en el futuro. Su tono y su expresión facial tienen que ser consistentes con lo que usted está diciendo. Cuanto antes pueda conversar sobre el problema, más fácil será resolverlo; espere solamente el tiempo necesario para organizar sus ideas y estar en condiciones de presentarse con calma y expresarse con claridad.

NUEVO RESUMEN DE LAS REGLAS

La Guía de Referencia titulada "REGLAS DE INTERACCIÓN CON UNA PERSONA QUE SUFRE UNA ENFERMEDAD MENTAL" presenta veinte principios que le ayudarán a usted a hacer más satisfactorias las interacciones con su familiar enfermo.

Hasta cierto punto usted deberá aplicar estas guías selectivamente. La única manera de saber con certeza cuál es el mejor enfoque con un individuo o una familia particulares es con el método de ensayo y error.

REGLAS DE INTERACCIÓN CON UNA PERSONA QUE SUFRE UNA ENFERMEDAD MENTAL

- Muestre respeto: hable a los adultos como adultos.
- Mantenga su comunicación calma, clara y directa.
- Sea lo más consistente y predecible que le sea posible.
- Ponga límites, reglas y expectativas claras.
- Mantenga distancia con amor.
- Acepte a la persona como una persona enferma.
- Atribuya los síntomas a la enfermedad.   (sigue)

- No se sienta personalmente afectado por los síntomas o por la enfermedad.
- Reduzca el contacto si su familiar está muy enfermo.
- Mantenga una actitud positiva, aun durante los fracasos.
- Permita que la persona enferma haga cosas que no le resten dignidad.
- Note y alabe cualquier paso o conducta positivos.
- Ofrezca aprobación frecuente, y separadamente, crítica frecuente.
- Concéntrese en el funcionamiento actual y en alcanzar la mejor vida posible en el presente.
- Traduzca las metas de largo alcance en series de metas parciales.
- Ayude a la persona enferma a alcanzar metas parciales realistas.
- Responda *No lo sé* a las preguntas sobre las metas de largo alcance.
- No permita que la enfermedad convierta su vida en un caos total.
- Manténgase activo/a; participe en actividades con la persona enferma.
- Siga aprendiendo y hable con gente que le brinde apoyo.

SUGERENCIAS PARA LOS AMIGOS Y FAMILIARES

Sus amigos y familiares tal vez necesiten también sugerencias sobre cómo actuar con su ser querido enfermo. Esta información se resume en la Guía Rápida de Referencia titulada "CÓMO COMPORTARSE CON PERSONAS QUE SUFREN TRASTORNOS MENTALES" A esta altura debe ser algo conocido para usted, pero puede ser útil darles una copia a sus amigos.

CÓMO COMPORTARSE CON PERSONAS QUE SUFREN TRASTORNOS MENTALES

1. Trátelos con respeto aunque usted no entienda algunas de las cosas que ellos hacen o dicen.
2. Ofrezca el mayor apoyo y aceptación y sea lo más positivo que pueda.
3. Hábleles con calma y claridad, y sea directo y breve en sus comunicaciones con ellos.
4. Inicie con ellos una conversación casual o promueva actividades con las que ellos y usted se sienten confortables.
5. No los toque ni les haga bromas a menos que los conozca bien y sepa que esas interacciones no los molestan.
6. No haga muchas preguntas sobre las vidas de ellos.
7. No dé consejos a menos que ellos se lo pidan.
8. No aborde en detalle ningún tema de religión, política, o cualquier otro tema que pueda ser muy emocional para ellos, pues estos tópicos pueden estar entrelazados con ideas delirantes. Explique que éstas son cuestiones personales o individuales que usted prefiere no discutir.
9. Si ellos se comportan de maneras inaceptables para usted, dígales específicamente qué es lo que pueden y lo que no pueden hacer.

4

Cómo responder a los síntomas y a las conductas difíciles

Los amigos y familiares de personas con trastornos mentales frecuentemente hacen preguntas como éstas: "¿Qué digo cuando comienza a hablar de mensajes que ha recibido de la televisión?"; "¿Qué hago cuando empieza a hacer gestos extraños?"; "¿Qué puedo hacer para impedir que la enfermedad de mi ser querido empeore y tenga que ir nuevamente al hospital?"

Éstas son preguntas importantes, y aunque a menudo no hay manera de evitar que una persona que sufre una enfermedad mental seria tenga alucinaciones o ideas delirantes, que actúe de manera extraña, o de evitar las recaídas, hay varias técnicas que usted puede usar para que sus respuestas sean más efectivas y sus interacciones más satisfactorias cuando se encuentre frente a tales situaciones. Además, hay otras conductas aun más alarmantes. Sea que estén o no directamente relacionadas con la enfermedad, pueden llegar a ser peligrosas para la persona enferma o para los demás. En este capítulo consideramos cómo manejar estas situaciones potencialmente más serias en que la persona enferma expresa ira o amenaza con usar violencia contra otros o amenaza con suicidarse.

CÓMO RESPONDER A IDEAS DELIRANTES Y ALUCINACIONES

Debemos tener en cuenta varios principios cuando tratamos con personas que tienen ideas delirantes o que sospechamos están sufriendo alucinaciones. En primer lugar, aunque lo que ellos oyen y ven, los olores que perciben, lo que sienten o creen, pueden no ser observables para usted, para ellos son intensos y reales. Estas personas verdaderamente oyen voces o ven imágenes; están convencidos de lo que creen. Cuídese de descartar o minimizar el impacto de estas experiencias. Si lo hace, será usted quien va a perder credibilidad.

El segundo principio para recordar es que las ideas delirantes y las alucinaciones están acompañadas por una variedad de experiencias emocionales que van desde muy agradables y entretenidas hasta aterrorizadoras. Es más importante que usted responda al estado emocional de su familiar y no al contenido de sus ideas delirantes o alucinaciones. Por ejemplo, digamos que su madre está asustada porque cree que el diablo aparecerá a las nueve de la noche para torturarla. Es más útil hablar con ella de lo que se puede hacer para que se sienta más segura que tratar de convencerla de que el diablo no vendrá a las nueve.

Tercero y último, tome todas las medidas necesarias para asegurar que usted y su familiar no están en peligro, y asegúrese de que todos se sienten cómodos. No se justifica tratar de evitar que ocurra un síntoma si su familiar es capaz de funcionar normalmente sin molestar a nadie. Por ejemplo, digamos que su familiar puede mantener un trabajo voluntario de tiempo parcial y tiene algunos amigos. Cuando vuelve a casa a la noche, recibe mensajes de la televisión, pero no son particularmente perturbadores. En este caso, no hay necesidad de que usted intervenga. En cambio, si *usted* se siente particularmente incómodo cuando su familiar comenta lo que le dicen las voces, usted puede pedirle (como se explica en el capítulo 3) que no hable de eso en su presencia. Algunas personas estarán en condiciones de cumplir con ese pedido, otras no.

Si, por otro lado, su familiar enfermo está muy nervioso por lo que le dicen las voces o los mensajes de la televisión, usted va a querer ayudarle a encontrar una manera de disminuir esa ansiedad. Cómo hacerlo depende del individuo de que se trate. Usted puede tranquilizar a la persona diciéndole que, a pesar de lo que está oyendo, usted no cree que haya ningún peligro inminente. Por ejemplo, si una voz le dice a su hijo que están por matarlo, usted puede decirle que no cree que eso sea así o que va a llamar a la policía o hacer todo lo que sea necesario si alguien trata de dañarlo. (Recuerde que lo que usted le dice también puede confundirlo. Si una voz, por ejemplo, le dice que su padre está por envenenarlo y su padre le dice que no tiene por qué preocuparse, tal vez él no sepa a quién creer.)

Si hay voces o ideas delirantes que hacen enojar a su familiar enfermo, usted puede hablar con él o ella de lo que se puede hacer para disminuir su rabia. Esto puede ser tan sencillo como tomar un baño tibio, escuchar música, o encontrarse con un amigo, como también puede ser que él o ella llame a su médico, que tome más medicación, o que visite la sala psiquiátrica de emergencia.

El grado de realidad que la gente asigna a sus ideas delirantes o sus alucinaciones varía. Hay quienes pueden aprender a tomarlos como síntoma de su enfermedad. Pueden recurrir a usted para establecer un registro de realidad, y en ese caso usted puede tomarse la libertad de decirles que usted cree que la experiencia es un engaño que les está creando su propia mente, que es una alucinación, o el término que mejor les permita comprender esa experiencia. Otras personas están totalmente convencidas de que la experiencia es real. Incluso pueden cree que quienes no les creen están locos o son parte de un plan para volverlos locos a ellos.

Lo que usted tiene que evitar a toda costa es una discusión sobre si las ilusiones son verdaderas o las voces son reales: es el tipo de discusión que usted no puede ganar nunca. Si se ve obligado a tomar posición sobre el asunto, observe respetuosamente que usted sabe que la experiencia es verdadera o real para ellos, y que lo que ocurre es que usted tiene una experiencia o una opinión diferentes.

Asimismo varía muchísimo la sensibilidad de las personas enfermas con respecto al hecho de que tienen ideas delirantes o alucinaciones. Pueden haber sido objeto de burlas por sus creencias y sus experiencias, y haber aprendido a ocultarlas de los demás, a mentir al respecto o negar que las tienen. Por eso no siempre es fácil saber si alguien tiene ideas delirantes o alucinaciones.

Con el paso del tiempo y la experiencia acumulada, usted puede aprender a reconocer los signos que indican que su familiar está en medio de alucinaciones o tiene ideas delirantes. Puede estar con la mirada perdida como si viera o escuchara algo, puede hablar a solas, o puede estallar en carcajadas sin motivo aparente. Lo mejor es dar a una persona en este estado el mensaje de que usted comprende que él o ella tiene esas experiencias y que usted lo acepta. Hágale saber que usted no se va a enojar ni entrar en un estado de ansiedad—que lo único que quiere es ayudarle a hacer su vida lo más confortable que sea posible. Claro está que si las ideas delirantes o las alucinaciones llevan a una conducta que es inaceptable, como ponerse a gritar en mitad de la noche, usted va a querer poner límites a esa conducta.

Al principio, las ideas delirantes y las alucinaciones tienden a ser benignas. Las personas pueden oír voces que les susurran su nombre o les dicen cosas graciosas. Pero con el tiempo las voces generalmente se vuelven más molestas. Pueden comenzar a reprender a las personas, insultarlos o decirles que hagan cosas peligrosas para sí mismos o para otros. Algunas personas llegan a aprender a manejar las voces respondiéndoles, diciendo que no los molesten, o concentrándose en una actividad. Otros pueden aprender a ignorar las voces. En algunos casos, si los síntomas llegan a ser más severos, es útil aumentar la dosis de la medicación antipsicótica. Obviamente, esto lo debe recetar un doctor.

Las dos Guías Rápidas de Referencia que llevan los títulos de "CÓMO MANEJAR LAS ALUCINACIONES" y "CÓMO RESPONDER A LAS IDEAS DELIRANTES" le recordarán a usted, si las tiene a mano, qué hacer si de pronto se encuentra con alguien que usted cree puede estar experimentando uno de estos síntomas psicóticos.

CÓMO MANEJAR LAS ALUCINACIONES

Alguien puede estar en medio de una alucinación si:

1. habla a solas en tono de conversación o en un tono emocional, como si estuviera respondiendo a preguntas o manifestaciones de los demás (no nos referimos a comentarios como "¿Dónde habré puesto mis llaves?")
2. ríe, sonríe o frunce el entrecejo sin motivo aparente
3. parece distraído o preocupado; tiene dificultad en concentrarse en una conversación o una tarea.
4. parece estar viendo algo que usted no ve

La gente aprende a manejar sus alucinaciones, con práctica, siguiendo una o varias de las siguientes técnicas combinadas:

1. hablando a un terapeuta o a otra persona
2. aumentando la dosis de medicación antipsicótica
3. diciendo a las voces que los dejen en paz
4. ignorando las voces, imágenes, sensaciones del olfato, el gusto o el tacto
5. concentrándose en una tarea o actividad
6. escuchando música de alto volumen (preferiblemente con audífonos)
7. interrumpiendo el uso de alcohol o drogas capaces de aumentar las alucinaciones

Usted puede, con empatía, ofreciendo apoyo y hablando con calma:

1. Preguntar a la persona si acaba de oír o ver algo, y si es así, qué era.

(sigue a vuelta de página)

2. Obtener bastante información para determinar cómo esa experiencia los hace sentir a él o ella.

3. Hablar de maneras de manejar los sentimientos o las necesidades que surgen de ellos—qué es lo que los hará sentirse seguros, qué pueden hacer, él o ella, para sentirse más en control.

4. Comentar la posibilidad de que la experiencia sea un síntoma, una alucinación, o cualquier término que él o ella use para referirse a esa experiencia.

5. Recordar a la persona, si es necesario, las reglas que limitan su conducta, tal como no gritar.

Evite hacer lo siguiente:

1. Burlarse de la persona o de la experiencia.

2. Reaccionar con shock o alarma.

3. Decirle a la persona que la experiencia no es real, descartarla sin darle importancia, o minimizarla.

4. Entrar en largas consideraciones sobre el contenido de la alucinación o por qué alguien podría decir las cosas que él o ella están oyendo.

CÓMO RESPONDER A LAS IDEAS DELIRANTES

No ponga en duda ni discuta ningún detalle de las ideas que no tienen ningún fundamento en la realidad. No trate de convencer a las personas de que lo que creen es una idea falsa. Nada de esto da resultado.

No les diga que lo que dicen es una locura, que es una idea falsa o que no es verdad—*a menos* que se lo pidan. Y aun en ese caso, hágalo con cautela.

Si su familiar está tranquilo, escuche de manera neutral, con calma y respeto. Luego haga alguna de estas cosas, o todas ellas:

1. Responda a cualquier observación que la persona haya hecho separadamente de la idea delirante.   (sigue)

2. Guíe el tema de conversación a algo diferente del contenido imaginado.
3. Exprese claramente, pero sin juzgar el tema, su deseo de cambiarlo.

Si su familiar insiste en hacer un comentario sobre el material de la ilusión, usted puede:

1. Decir que no sabe o poner pretextos.
2. Reconocer la realidad que la persona experimenta y, mostrando igual respeto a la opinión de él o ella como a la suya propia, explicar que hay entre ustedes una honesta diferencia de opinión o percepción.

Si las ideas delirantes están acompañadas por sentimientos intensos, usted puede:

1. Reconocer las emociones (temor, rabia, ansiedad, tristeza) y referirse a ellas sin hacer comentarios sobre las ideas delirantes.
2. Ofrecer ayuda para enfrentar los sentimientos—por ejemplo, usted puede preguntar "¿Qué podemos hacer, tú o yo, para que te sientas más seguro?"

CÓMO RESPONDER AL LENGUAJE INCOHERENTE

Para tratar con alguien cuyo lenguaje se vuelve muy incoherente hay que aplicar principios y técnicas similares a las que presentan las dos Guías Rápidas de Referencia precedentes. De la misma manera que usted no debe sentirse mal porque no puede ver la alucinación de otra persona, no debe preocuparse si no puede entender parte de lo que le dice, o todo lo que le dice, porque no tiene sentido. Usted debe aceptar el hecho de que la mente de él o ella funciona de una manera diferente a la suya. No hay por qué asustarse, a menos que la persona parezca muy enojada, amenazante y fuera de control. Lo mejor es concentrarse en expresar respeto y consideración por la persona.

Trate de encontrar algún terreno común en el cual pueda establecer interacción. Usted puede iniciar tópicos que piensa que puedan tener interés, puede limitarse a escuchar, o puede proponer un juego de mesa. Ocasionalmente usted puede aislar una idea en una serie de pensamientos aparentemente sin relación y responder a esa idea. Generalmente es útil responder al tono emocional. Si su familiar parece divertirse con lo que está diciendo, usted puede comentar que le parece estar de buen humor y decir que usted se alegra. Si la persona parece atemorizada, usted puede preguntarle si tiene miedo y tratar de ayudarle a disminuir su temor.

Lo más importante que usted quiere comunicar a su ser querido es que usted se interesa en él o ella. Puede lograrlo pasando cierto tiempo con su familiar, tratándolo con respeto, y prestando atención a sus preocupaciones. Imagínese que se está comunicando con alguien que habla un idioma extranjero: usted puede tener una actitud cálida y demostrar interés y consideración aun sin entender una sola palabra.

La claridad con que piensan, y por consiguiente hablan, las personas con un trastorno mental serio, varía mucho de día en día y de semana en semana. Trate de aprovechar con ellos los momentos de más claridad, y ensaye maneras de tolerar los momentos de confusión que ellos puedan usar como modelos. Cuando la confusión se vuelve más severa y continúa durante varios días, puede indicar el comienzo de una recaída. Entonces sería prudente hablar con su familiar y con los profesionales que atienden el caso sobre un aumento temporario de las dosis o un cambio en la medicación.

Su familiar puede perderse en su confusión tan fácilmente como se pierde usted. Puede estar tratando, sin embargo, de hacer algún tipo de contacto con usted. Si usted logra fomentar esos esfuerzos, su relación mejorará.

CONDUCTAS EXTRAÑAS

Quienes sufren una enfermedad mental pueden actuar de maneras que resultan extrañas y desacostumbradas para quienes los rodeamos. Lo primero que debemos considerar cuando enfrentamos una conducta extraña es el grado de peligro que representa. Por ejemplo, algunas personas con trastornos mentales pueden tener un ritual que ejecutan antes de sentarse o antes de comer. Pueden tener temor de usar ropa roja o de estar en una habitación con paredes o muebles amarillos. Pueden tener manerismos o expresiones faciales raras. Pueden hablar consigo mismos o reír en momentos que no son apropiados. Conductas como éstas son inofensivas. Pueden ser inconvenientes o embarazosas para otros, pero es muy improbable que estas conductas nunca hagan daño a nadie. Probablemente están directamente relacionadas con los síntomas de la enfermedad— específicamente, ideas delirantes, capacidad de juicio disminuida, o conducta compulsiva.

Siempre que sea posible, lo mejor es ignorar estas conductas. Dado que son inofensivas, y que usted tiene muchos otros problemas que necesita enfrentar, no vale la pena perder tiempo y energía en estas conductas. Si estas acciones resultan particularmente embarazosas para usted o lo perturban, usted puede decidir pedirle a su familiar, de la manera que se describe en el capítulo 3, que no las haga cuando está en su presencia o en un lugar público. Algunas personas están en condiciones de controlar estas conductas durante períodos limitados. Recuerde que es posible que su familiar pueda controlarlas solamente en los momentos en que los síntomas son menos severos.

La situación cambia significativamente cuando las conductas implican un verdadero peligro para la persona enferma o para los demás. Por ejemplo, un hombre puede creer que para salvar al mundo de la guerra nuclear él tiene que correr por la carretera desnudo; una mujer puede seguir tomando dinero prestado por su amigo delincuente en un casino y puede tener relaciones sexuales con todos los amigos de él para pagarle la deuda; o un hombre puede emborracharse periódicamente, creer que ciertos individuos están tratando de convertirlo en homosexual, y provocar peleas físicas con ellos.

En situaciones así, aunque le sea imposible impedir a la persona que continúe, usted tiene varias opciones. La primera es advertir a su familiar que usted piensa que lo que él o ella tienen la intención de hacer es peligroso y probablemente tendrá como resultado que resulte herido o termine en la cárcel o en un hospital. Si esto ha ocurrido en el pasado, sería una buena idea recordar a la persona su experiencia anterior. Evite discutir los méritos o la validez de las acciones que la persona está ejecutando o planeando. Concéntrese en las consecuencias de esa conducta, hablándole con la mayor calma posible.

Si le parece que la situación es muy seria, puede establecer límites—diciendo, por ejemplo, que no va a continuar teniendo contacto con su familiar o permitirle que viva con usted si él o ella opta por continuar con estas actividades peligrosas. Algunas veces las consideraciones prácticas pueden ser más fuertes que las exigencias de los delirios, y las personas pueden controlar su conducta a fin de mantener su vida cotidiana o el contacto con familia y amistades que tanto necesitan.

El recurso de última instancia, si su familiar está por hacer algo peligroso, es llamar a la policía. (Es importante saber qué recursos existen donde usted vive para conseguir que su familiar sea tratado por personal experimentado en enfermedades mentales. Vea la página 115.) Asegurar que nadie sufra daño debe ser una consideración más importante que la anticipación de lo desagradable que puede resultar tener que lidiar con el sistema legal. La Guía Rápida de Referencia que tiene el título "CÓMO MANEJAR LAS CONDUCTAS EXTRAÑAS" resume lo que se debe recordar cuando uno enfrenta tales acciones.

CÓMO MANEJAR LAS CONDUCTAS EXTRAÑAS

Recuerde estos principios básicos con respecto a las conductas extrañas:
- Son síntomas de una enfermedad.
- Usted no ha hecho nada para provocarlas.
- A menudo se relacionan con ideas delirantes.
- Los enfermos a veces pueden controlarlas.
- Generalmente no presentan peligro para nadie.   (sigue)

Tenga en cuenta las estrategias básicas de la comunicación con un familiar que tiene una enfermedad mental. Especialmente:

1. Manténgase en calma y no juzgue.
2. Sea conciso y directo en sus expresiones.

Si un ser querido actúa de manera extraña, utilice las siguientes guías:

1. Decida cuáles son sus límites con respecto a la conducta de su familiar, tanto en privado como en público, y comuníqueselos cuando ambos estén tranquilos.
2. Decida de antemano cuáles serán las consecuencias si su familiar traspasa los límites, y comuníqueselas.
3. Imponga las consecuencias cuando la situación lo demande.
4. Si la conducta en cuestión no le resulta familiar, pregunte qué está haciendo la persona. Si tiene que ver con ideas delirantes, probablemente lo mejor es que usted no tenga en cuenta el contenido. En cambio, informe con calma a la persona cuáles serán las consecuencias de su conducta (si hay probable riesgo o intervención de la policía) o intente desviar su atención hacia algo constructivo o más práctico (siempre que la conducta sea relativamente inofensiva).
5. Suele ser prudente prestar la menor atención posible a la conducta extraña, concentrándose en cambio en actividades y conductas positivas y saludables.

CÓMO MANEJAR LA IRA DE ALGUIEN CON UN TRASTORNO MENTAL

Amigos y familiares suelen asustarse cuando su ser querido se enoja. A la mayor parte de las personas les cuesta menos enfrentarse a temores irracionales, tristeza, ideas delirantes y alucinaciones que dominar la ira irracional. Vienen a la mente al mismo tiempo todos los mitos sobre los enfermos mentales como asesinos psicóticos.

Sin embargo, a las personas con trastornos mentales generalmente se les puede aplicar el proverbio "perro que ladra no muerde". Nuevamente se pueden aplicar los principios descritos más arriba: serán igualmente efectivos. La única diferencia es que usted necesita determinar si hay alguna probabilidad de peligro o violencia. Más adelante me referiré con mayor detalle a la violencia, pero por el momento nos concentramos en la manera de manejar la ira. La Guía Rápida de Referencia que lleva el título "CÓMO MANEJAR LA IRA DE SU FAMILIAR ENFERMO" resume los pasos que se deben tomar. Si su familiar nunca ha sido violento, no hay motivo para sospechar que lo será ahora.

CÓMO MANEJAR LA IRA DE SU FAMILIAR ENFERMO

Si ambos están enojados y temen perder el control, lo mejor es separarse, para asegurarse de que nadie está expuesto a daño alguno.

Si su familiar está enojado y usted no lo está:

1. Mantenga la mayor calma posible; hable lentamente y con claridad.
2. Controle la situación. Disimule su temor, pues podría agravar la situación, o bien dígale a la persona directamente que su ira está atemorizándolo a usted.
3. No se acerque a la persona ni la toque a menos que él o ella se lo pidan o le den permiso para hacerlo.
4. Abra un camino que la persona pueda usar como salida de la situación.
5. No ceda a todas las exigencias; mantenga claros los límites y las consecuencias.
6. Trate de determinar si la ira es totalmente irracional, es decir un síntoma de la enfermedad, o si hay una causa real que usted puede validar.
7. No discuta las ideas irracionales.
8. Reconozca los sentimientos de la persona y exprese su voluntad de tratar de comprender lo que la persona está experimentando.
9. Ayude a su familiar a decidir qué paso tomar.
10. Protéjase usted y proteja a otros de cualquier posible daño; algunos arrebatos no se pueden prevenir ni detener. (sigue)

Si los accesos de ira son un problema recurrente, espere hasta que todos estén en calma y luego trate de elaborar entre todos ideas que permitan a la persona manejar sus sentimientos de ira manteniéndose en control. Estas estrategias podrían incluir:

1. hablar con claridad y en forma directa cuando se producen irritaciones menores, para evitar que la ira contenida finalmente explote
2. gastar energía mediante ejercicios, golpear algo que no se dañe (como una almohada), o gritar en un lugar cerrado donde nadie lo oye a uno
3. irse de la situación o tomarse una pausa para relatar la situación en un diario o para narrársela a sí mismo
4. tomar una dosis adicional de medicación si se la prescriben
5. asistir a una clase de control de la ira

Antes que nada usted debe prestar atención a su propio estado emocional. Si ambos están enojados y nerviosos, lo mejor es separarse al menos hasta que *usted* se calme. Usted manejará la situación de la manera más efectiva si puede presentarse a sí mismo con calma y claridad. Las estrategias para la comunicación presentadas en el capítulo 3 son especialmente importantes cuando las emociones son intensas. De usted tiene que emanar la impresión de que está en control, dominando la situación. A menudo un tono de voz reconfortante, calmante, puede aplacar en un tiempo relativamente breve la ira y el temor irracionales de una persona. Recuerde que las manifestaciones externas de ira muchas veces esconden temor y resentimiento por sentirse víctimas.

Considere también su presencia física. No es bueno que imponga su presencia a alguien que está perturbado. Una situación que a veces lleva a las personas con trastornos mentales a actuar violentamente es que se sienten arrinconados o atrapados. Por lo tanto es una buena idea darles acceso a una salida o colocarse usted de tal manera que usted puede salir si las emociones se vuelven demasiado intensas. A menos que usted tenga la seguridad de que se sienten confortables si usted los toca físicamente cuando están perturbados, evite iniciar ningún contacto físico.

Reconozca que están enojados o perturbados. Trate de ser lo más comprensivo posible con respecto a las razones que los ponen en ese estado (si alguna de esas razones están claras para usted). No minimice ni descarte el hecho de que tienen sentimientos intensos. Ayúdelos a concentrarse en lo que deben hacer para calmarse. En realidad, usted tiene la opción de decirles explícitamente que calmarse tiene que ser el primer paso y que las razones específicas que los enojan se pueden encarar cuando se sientan menos perturbados.

Usted tiene que expresar claramente qué clase de conducta es aceptable, incluso cuando están enojados. Si amenazan con tirar algo o gritan tan fuerte que van a molestar a los vecinos, usted tiene que poner un límite, con calma pero con firmeza. Por ejemplo, decirles que a menos que dejen de conducirse así, tendrán que irse.

Si las cosas llegan al punto de que usted se siente amenazado o cree que es probable que haya alguna violencia física, usted tiene la opción de llamar a la policía. Llamar a la policía para que nos defiendan de un amigo o un familiar es algo que nos perturba mucho. Con todo, es una opción que usted puede verse obligado a usar en algún momento con una persona que sufre una enfermedad mental seria. La rapidez con que venga la policía y la naturaleza de su respuesta dependerá de la evaluación que hagan de la seriedad de la situación, y también del personal que tengan disponible. En comunidades pequeñas los policías suelen estar más dispuestos y pueden acudir más rápido que en áreas urbanas donde hay más crímenes. Si bien siempre es desagradable pedir la intervención de la policía, a veces es la mejor manera de enfrentar una situación y de asegurar que todos están protegidos. La persona enferma generalmente terminará en un lugar donde le pueden proveer los controles externos que necesita.

Antes de que se produzca una crisis, es aconsejable que usted averigüe si donde usted vive hay los recursos que se enumeran a continuación y si usted tiene la opciòn de solicitarlos. Es muy buena idea usar estos recursos siempre que sea posible:

- CIT es la abreviatura de *Crisis Intervention Team,* "Equipo de intervención en crisis". Estos son oficiales de policía que han sido entrenados para enfrentar crisis de salud mental. Responden a los llamados de emergencia a la policía, si uno lo solicita (911).
- CIRT es la abreviatura de *Critical Incident Response Team,* "Equipo de respuesta en situaciones críticas". Este equipo incluye a personas capacitadas y/o con certificación como terapeutas de salud mental, que pueden acudir junto con oficiales de la policía o independientemente.
- MCOT es la abreviatura de *Mobile Crisis Outreach Team,* "Equipo móvil de ayuda para crisis". Responden a situaciones que se han vuelto críticas pero no justifican lo que la policía califica como llamados de emergencia inmediata. En algunos casos responden 24 horas, 7 días a la semana; en otros casos lo hacen en muy pocas horas.

Pidiendo la ayuda de uno de estos servicios, usted puede ayudar a evitar el arresto de su familiar. Los equipos de crisis pueden conseguir que él o ella vayan al hospital psiquiátrico voluntaria o involuntariamente. Los miembros de algunos equipos de respuesta en situaciones críticas (CIRT) van a buscar a una persona donde se encuentre en el momento, en la casa, en la escuela, en la calle, o donde sea. Pueden proporcionar transporte, convencer a alguien que rechaza la medicación de que la acepte, y también ofrecen apoyo a los miembros de la familia.

VIOLENCIA

La violencia es la conducta que más se teme que exhiban quienes tienen trastornos mentales, pero es la menos probable. Si bien algunas personas con enfermedades mentales actúan de maneras desacostumbradas e impredecibles, no es común que ataquen a alguien. Uno de los mejores indicadores del potencial de violencia de un individuo es su historia. Es poco probable que alguien que nunca ha sido violento lo sea en el futuro.

Pero si alguien ha sido violento en el pasado, usted debe examinar las circunstancias para determinar si podría volver a ocurrer. ¿La persona estaba bajo la influencia de alguna sustancia? ¿En estado de psicosis? ¿Totalmente fuera de control? ¿Estaba tomando medicamentos? ¿Se sintió amenazado? ¿Sufrió una provocación? ¿Produjo daño a una persona o a la propiedad de alguien? Las respuestas a estas preguntas le ayudarán a usted a determinar si es probable que ocurra violencia en el futuro.

Por ejemplo, si su padre fue una vez violento, cuando tuvo su primer ataque psicótico, pero en los cinco años que transcurrieron desde entonces ha estado tomando medicación y no ha tenido ningún incidente más, es improbable que vuelva a ser violento, especialmente cuando está medicado. Por otro lado, si su hija, que sufre un trastorno mental, entró recientemente de manera abrupta en un episodio violento mientras estaba tomando medicación, porque un voz le dijo que golpeara a otra persona, es posible que vuelva a atacar a alguien. La Guía Rápida de Referencia titulada "CÓMO PREVENIR LA VIOLENCIA" presenta brevemente tres tipos de conducta violenta y sugiere cómo manejarlos.

CICLO DE VIOLENCIA

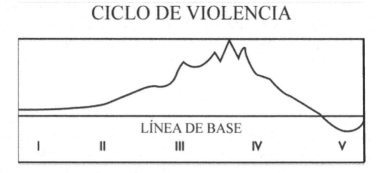

Etapa I: Activación. Hay estrés, visible o tal vez oculto.
Etapa II: Intensificación. El mejor momento para intervenir.
Etapa III: Crisis. Ocurre la violencia.
Etapa IV: Recuperación. La persona sigue agitada, pero está menos emocional y se inclina menos a actuar físicamente.
Etapa V: Estabilización. Culpa, remordimiento; la persona está dispuesta a conversar y escuchar intervenciones.

Este gráfico muestra que en la mayoría de los incidentes violentos hay un principio, un punto medio y un fin, que se pueden distinguir. Tener en cuenta esto puede proporcionar cierto alivio cuando el incidente pasa. Al mismo tiempo le permite a usted considerar dónde se encuentra en este ciclo y cuál es el mejor momento para intervenir.

En todos los momentos usted debe proteger su seguridad personal. Si cree que está en peligro y que la persona enferma no puede controlarse, retírese de la situación y/o llame a la policía. Aun si la violencia está dirigida exclusivamente a los objetos, se debe tratar seriamente, imponiendo consecuencias importantes, que incluyan reparar lo que se haya dañado o pagar por los daños. Algunas personas están en condiciones de limitarse a la violencia contra la propiedad; otras cometen actos violentos de modo más indiscriminado. No es prudente tolerar ninguna forma de violencia.

CÓMO PREVENIR LA VIOLENCIA

Hay tres tipos generales de conducta violenta, cada uno de los cuales requiere un plan de respuesta diferente.

1. *Expresión de síntomas psicóticos o reacción a los mismos.* Este tipo de violencia es relativamente raro. Está basado exclusivamente en ideas delirantes y no responde al razonamiento o al diálogo. Las personas que exhiben esta

(sigue a vuelta de página)

---

conducta no deben estar en su casa. Es necesaria la intervención de la policía y la hospitalización cuanto antes.

1. *Pérdida de control seguida de ataque. Para manejar este tipo de violencia:*

Aprenda a reconocer los signos que anticipan que su familiar va a perder el control—por ejemplo, los ojos muy abiertos, o hiperventilación. Esta clase de violencia suele ser provocada cuando una persona se siente acorralada, amenazada o atacada verbalmente.

- Mantenga la calma, y comunique su expectativa de que su familiar va a mantener el control. Ofrezca sugerencias sobre las mejores cosas que él o ella podrían hacer (salir a caminar, poner una taza sobre la mesa, etcétera). Establezca límites o reitérelos.
- Ponga la mayor distancia posible, emocional y física.
- Asegure su propia seguridad física.
- Cuando todos se han calmado, hable del incidente. Subraye su seriedad y la necesidad de un plan para asegurarse de que no ocurrirá nuevamente.

3. *Gestos o amenazas de violencia con la intención de controlar a otros o imponer su voluntad.* Manéjelos como sigue:

- Evalúe el incidente, usted mismo y también en conversación con su familiar
- Cuando todos se hayan calmado, inicie un diálogo indicando qué conductas no son aceptables y cuáles serán las consecuencias. Los deseos y necesidades de su familiar también deben ser considerados al respecto.
- Usted debe estar dispuesto a cumplir con las consecuencias prometidas, que pueden incluir la pérdida de privilegios o un llamado a la policía, según la seriedad de la conducta.

SUICIDIO

El suicidio es uno de los aspectos más temidos y sin embargo menos comentados de las enfermedades mentales. Muchas familias viven en un constante terror de que su ser querido recurra al suicidio.   Lamentablemente, en la mayor parte de las familias no se puede abocar el tema del suicidio abiertamente, de modo que no aprenden a reconocer los signos premonitorios y las posibles intervenciones que pueden hacer.

La triste verdad es que la proporción en que ocurren suicidios entre quienes sufren un trastorno mental es aproximadamente doce veces mayor que la proporción en que ocurren en la población general.   Alrededor del diez por ciento de las personas con trastornos mentales mayores terminan por suicidarse. No hay que sorprenderse de que la proporción sea tan alta, considerando cuán difíciles son las vidas de quienes sufren trastornos mentales.

Hay varias razones que explican por qué los enfermos con trastornos mentales se quitan la vida. La causa más frecuente de suicidio tiene que ver tanto con los síntomas secundarios de la enfermedad como con la' enfermedad en sí.   Muchas personas toman una decisión consciente de poner fin a su vida porque su situación los hace sumamente infelices. Estas personas son capaces de pensar con suficiente claridad como para saber que están enfermos y que pueden seguir estándolo durante muchos años. Se dan cuenta de lo limitadas y penosas que son sus vidas, y no pueden tolerar la idea de continuar así.

Podemos tener la tentación de juzgarlos severamente, pero no podemos saber cómo reaccionaríamos nosotros si enfrentáramos los síntomas a veces torturantes de las enfermedades mentales y el aislamiento, el enajenamiento y el rechazo con que se trata en este país a quienes las sufren.   Dejando de lado los juicios sobre el derecho que tienen las personas a quitarse la vida, ciertamente se puede comprender que quienes han sufrido tanto quieran poner fin a su dolor. A menudo sienten que no hay otra manera de alcanzar este fin.

Otras personas, con enfermedades más serias que los anteriores, se matan como resultado de sus síntomas. En ese momento están psicóticos y no piensan que van a morir. Por ejemplo, una persona en medio de un episodio maníaco puede creer que tiene poderes sobrehumanos o que es indestructible. Esta persona puede en consecuencia decidir que va a dirigir su vehículo a toda velocidad hacia el borde de un precipicio, o puede zambullirse en un río de agua helada. Otra persona puede creer que está cumpliendo una misión encomendada por Dios cuando se tira frente a un tren en movimiento. Estas personas no reconocen las consecuencias de sus conductas, o se sienten obligadas a hacer lo que le dictan sus voces internas. Pueden sentir la necesidad de expulsar, como por un exorcismo, el mal que tienen dentro, sin darse cuenta de que el exorcismo puede matarlos. Éstos son tal vez los suicidios más lamentables, porque estas personas probablemente no quieren poner fin a sus vidas.

Por último, algunos se quitan la vida sin intención de hacerlo, al tiempo que intentan comunicar alguna otra cosa. Pueden haber deseado atención, hospitalización o alivio temporario de sus síntomas, pero toman una dosis excesiva de un medicamento o conducen a velocidad excesiva, o se cortan las venas y así ponen fin a sus vidas sin querer realmente hacerlo. No son presas de un delirio, pero pueden estar sintiendo emociones intolerables y no pueden pedir ayuda de manera directa.

Si su familiar muestra cualquier indicación de que piensa en el suicidio, o hace un gesto o un intento de suicidio, no dude en hablarle de eso, pero tenga cuidado de hacerlo con gran compasión. Si no se siente en condiciones de hacerlo, ayúdele a conectarse con alguien que pueda lograrlo. Las familias suelen ser reticentes para abordar el tópico, por miedo a aumentar la probabilidad de que su familiar intente suicidarse. Esto no es así: por el contrario, no hablar de las ideas de suicidio, las razones que las motivan y las alternativas posibles, puede hacer que la persona sienta que no tiene otro camino. Su usted tiene la evidencia de que su hijo, por ejemplo, puede pensar en quitarse la vida, no dude en preguntarle si está pensando en hacerse daño a sí mismo o suicidarse. Sin embargo, deberá tener cuidado de no hacerle esas preguntas frecuentemente, si él manifiesta repetidamente que no tiene tales ideas o sentimientos.

La Guía Rápida de Referencia titulada "CÓMO PREVENIR EL SUICIDIO" resume los métodos para evaluar las probabilidades de que alguien se suicide. También presenta una lista de los signos premonitorios tempranos y sugiere medidas preventivas que usted puede tomar.

CÓMO PREVENIR EL SUICIDIO

Los grados de probabilidad de que alguien se suicide se expresan en términos de los siguientes niveles (la seriedad es creciente en la lista).

1. *Ideación:* pensamientos o sentimientos de suicidio, sin ningún plan inmediato o intención de actuar en consecuencia.
2. *Gestos:* actos autodestructivos que una persona conecta con pensamientos o sentimientos de suicidio (tales como tomar diez aspirinas, tirarse algo pesado sobre los pies). Se ven frecuentemente como un esfuerzo de comunicación, (como un grito de socorro) al que se debe responder.
3. *Intentos:* acciones que pueden tener un grado muy variable de peligro de resultar letales.

Los signos premonitorios del suicidio incluyen los siguientes:

1. El comienzo o la salida de un episodio depresivo si la persona:

- muestra signos de extrema falta de autoestima o expresa la preocupación de haber cometido un pecado imperdonable.
- expresa desesperanza completa sobre su futuro y muestra que no tiene ningún deseo de hacer planes para el futuro.
- oye voces que le ordenan que se lastime o se mate.
- exhibe un cambio repentino de estado de ánimo que va de una depresión severa a un inexplicable entusiasmo o serenidad.
- pone en orden sus asuntos—por ejemplo, prepara un testamento o se pone en contacto sistemáticamente con viejos amigos y con familiares.
- habla de un plan concreto y específico de suicidio.

2. Referencia a poderes sobrenaturales, a ser indestructible, etc., en medio de un estado maníaco o de delirio. (sigue a vuelta de página)

---

3. Gestos o intentos anteriores de suicidio o extrema impulsividad, combinada con alguno de los signos que anteceden.

Entre las medidas preventivas y las respuestas apropiadas están las siguientes:

1. Se debe tomar en serio cualquier referencia verbal o cualquier acción que sugiera suicidio; requieren atención aun en el caso de que sea muy poco probable que la persona se dañe o se quite la vida.

2. Si la persona está en una depresión severa, no ignore, no minimice ni niegue sus sentimientos. Por el contrario, muestre empatía ("Debe ser terrible sentirse así") y ofrezca apoyo emocional y aliento con motivo de cualquier logro reciente. Usted puede asegurar a su familiar que los sentimientos de depresión y desesperanza son comunes en la gente que tiene problemas serios emocionales o mentales y que seguramente van a ir desapareciendo con el tiempo.

3. Si la persona parece estar preparándose para poner fin a su vida, trate de determinar si tiene un plan específico. Cuanto más cerca esté de tenerlo, más importante será que usted quiera:
    *   Buscar ayuda profesional y/o alentar a su ser querido a que lo haga.
    *   Tratar de obtener de parte de la persona la promesa de que no llevará estos sentimientos a la acción sin comunicarse primero con usted, con una línea telefónica de crisis en el área en que usted vive, tal como Prevención del Suicidio (*Suicide Prevention*) , con su doctor, o con alguna otra persona responsable.
    *   Poner fuera de su alcance cualquier clase de instrumento posiblemente letal (navajas, cuchillos, pastillas de medicamentos o sustancias químicas) que su familiar pueda tener a su alcance y que pueda inclinarse a usar.   (sigue)

---

4. Si su familiar está en medio de un delirio, obtenga ayuda inmediatamente.
5. Es importante que tanto usted como su familiar reconozcan la diferencia entre pensamientos, sentimientos y acciones. Pensar en suicidarse o sentirse como para suicidarse es muy diferente de llevar a cabo una acción que pueda ser autodestructiva. Si está en duda, llame a un servicio de prevención, a la policía o a los servicios locales de emergencia para obtener una consulta telefónica.
6. Algunos suicidios ocurren sin signos premonitorios. Nadie podría haber hecho nada para prevenirlos.

El suicidio de un ser querido con un trastorno mental afecta profundamente a sus familiares y amigos. Suele ser seguido por sentimientos contradictorios. Pueden estar tristes y sentirse culpables, y pensar que hubiesen querido hacer algo para prevenir esa muerte. Es increíble cuánta gente se siente responsable por un suicidio después de haber ocurrido. Cada uno de los amigos, familiares y profesionales que estaban en contacto con la persona enferma piensa que podía haber evitado esa muerte haciendo una o dos cosas diferentes. Pero lo más probable es que nadie pudiese haber evitado el suicidio. La decisión de matarse y la responsabilidad del acto pertenecen a aquellos que se matan. Si una persona ha decidido quitarse la vida, no hay nada que nadie pueda hacer para impedírselo. En los encierros más seguros que nuestra sociedad está en condiciones de construir, hay quienes han encontrado la manera de suicidarse.

Muchas personas también tienen que lidiar con sus sentimientos de ira cuando ocurre un suicidio. Pueden sentir rabia contra los profesionales de salud mental por no haber evitado la muerte, o por no haber ofrecido más ayuda o mejores servicios. Pueden sentir rabia contra la persona que se ha suicidado por producir tanto sufrimiento en los seres queridos. No es sorprendente esta reacción de rabia después de un acto tan irreversible, sobre el cual los amigos y familiares no tenían ningún control y que quisieran que su ser querido no hubiese elegido. Al mismo tiempo los familiares y amigos con frecuencia también sienten cierto alivio. Ni la persona que estaba enferma ni sus familiares y amigos necesitan seguir sufriendo. Es completamente normal y comprensible sentir alivio porque su ser querido ya no sufre. A menudo es el final de una lucha larga y atormentada, para todos quienes participaban. Es el fin trágico de una vida trágica.

Si su familiar se quita la vida o hace un intento serio de quitársela, usted necesita encontrar maneras de enfrentar todos sus sentimientos. Debe hablar abiertamente de ellos o encontrar apoyo especial para sí mismo. Se puede recurrir a libros y consejeros para quienes están sobrellevando un duelo a consecuencia de un suicidio. Si usted decide enfrentar su trauma sin ayuda, no hará sino incrementar su dolor y su sufrimiento.

CÓMO MINIMIZAR LAS RECAÍDAS

Por definición la esquizofrenia, la depresión mayor, los desórdenes esquizoafectivos y el desorden bipolar son enfermedades cíclicas. Los síntomas van y vienen, frecuentemente sin razón aparente. Aceptar esta realidad puede ayudarle a usted a sentirse menos culpable y menos inclinado a andar en puntas de pie alrededor de su familiar por temor de desencadenar un episodio.

Hay períodos en que los síntomas empeoran: son los llamados *episodios agudos o recaídas*. Para una persona con desorden bipolar, son los momentos en que la depresión es extrema o cuando ocurren los síntomas maníacos. Para quienes tienen esquizofrenia, las recaídas pueden consistir en un aumento de los síntomas psicóticos o en "síntomas negativos" extremos tales como el retraimiento, la pasividad, y la incapacidad de atender al cuidado básico de sí mismos. Las recaídas también pueden caracterizarse por conductas que ponen en peligro a la persona misma o a los demás. Las recaídas suelen causar múltiples visitas a las salas de emergencia o múltiples hospitalizaciones. La verdad es que la enfermedad se manifiesta de manera única y diferente en cada persona. Su primera meta es familiarizarse con los ritmos de la enfermedad de su ser querido. ¿Cómo actúa cuando los síntomas son menos severos? ¿Cómo actúa cuando los síntomas empeoran? Luego tiene que aprender, generalmente tanteando, mediante ensayo y error, qué medidas son las más efectivas cuando la enfermedad llega a ser aguda.

Por ejemplo, a menudo, cuando los síntomas empeoran, están precedidos por señales tempranas de alarma. Tienden a ser idiosincráticas para cada individuo, de modo que usted tiene que aprender qué es lo que hace su familiar en particular cuando está empeorando. ¿Cambian sus hábitos de sueño o alimentación? ¿Súbitamente se muestra eufórico y gasta sumas importantes de dinero (que puede tener o no)? ¿Está regalando sus posesiones? ¿Tiene más alucinaciones y su agitación crece? Con el tiempo usted puede comenzar a notar que conductas aparentemente habituales, como usar ropa de color rojo o un cambio notable en el peinado, a menudo preceden una recaída.

A pesar de una enorme variación en los esquemas, cada esquema individual, con el tiempo, adquiere una forma reconocible. Una vez que usted ha tenido la experiencia de varias recaídas, seguramente reconocerá el esquema. Entonces va a querer tratar de intervenir lo antes posible. Tal vez no pueda impedir una recaída, pero puede ayudar a disminuir la duración y la severidad. Esto será muy valioso para alguien que ha experimentado un penoso episodio psicótico, maníaco o de depresión mayor. Su objetivo es ayudar a la persona a utilizar intervenciones tan pronto como comienzan los signos. Usted puede seguir varios planes de acción, minimizando temporariamente el estrés y el cambio que afectan a la persona, aumentando la medicación o incluso programando una breve hospitalización.

A medida que pasa el tiempo, la persona enferma puede aprender a reconocer los signos que marcan el comienzo de un episodio agudo. Si él o ella está en condiciones de hacer esto, las chances de una intervención temprana y de un episodio menos severo aumentan dramáticamente. Sin embargo, mucha gente, especialmente quienes tienen enfermedades más severas, nunca llegan a lograrlo. La Guía Rápida de Referencia titulada "CÓMO MINIMIZAR LAS RECAÍDAS" da una síntesis de lo que usted debe saber para manejar las recaídas de la mejor manera posible. Se comentan signos tempranos de recaídas en la página 149 y algunas intervenciones posibles en la página 150.

CÓMO MINIMIZAR LAS RECAÍDAS

Fomente el estilo de vida cotidiana más terapéutico, incluyendo ejercicio regular, actividades recreativas, una rutina diaria, alimentación bien equilibrada, y abstinencia de alcohol y drogas ilegales.

Identifique señales tempranas de alarma, como:

1. cualquier cambio notable en los esquemas de conducta (comida, sueño, hábitos sociales)
2. emociones o energía que están ausentes o son excesivas o inapropiadas
3. cualquier conducta idiosincrática que precedió a recaídas en el pasado
4. creencias, pensamientos o percepciones extraños o desacostumbrados
5. dificultad para cumplir actividades habituales
6. dificultad en la comunicación

Cuando aparecen las señales de alarma, haga las siguientes cosas, incluyendo a su familiar lo más posible:

1. Notifique al doctor y pida una evaluación para aumentar la medicación.
2. Mantenga la participación en cualquier programa psiquiátrico en curso.   (sigue)

---

3. Disminuya responsablemente en el ambiente cualquier estresante que usted reconozca.
4. Reduzca a un mínimo razonable los cambios en la rutina que se hayan producido.
5. Mantenga los aspectos esenciales del estilo de vida más terapéutico, y asegure un entorno lo más calmo, seguro y predecible que sea posible.
6. Comente con su familiar sus observaciones y hable de los pasos que él o ella podrían dar para prevenir otra recaída, hospitalización, o arresto carcelario.

Esté preparado, así podrá minimizar el impacto de una recaída:

1. Tenga a mano un plan de crisis.
2. Guarde los números de teléfono y los recursos de emergencia en un lugar conveniente.
3. Conozca sus limitaciones y sepa cómo va a proceder si los excede.
4. Explique a su familiar con claridad y calma cuáles son sus límites, y dígale qué debe hacer y qué es lo que hará usted si se exceden esos límites. Por ejemplo, "No puedes tirar cosas en esta casa. Por favor pon esa taza sobre la mesa inmediatamente. Si la tiras, voy a llamar a la policía."

CÓMO AYUDAR A LA PERSONA ENFERMA A MANEJAR EL ESTRÉS

Ayudar a una persona con un trastorno mental a que aprenda a manejar el estrés es una de las cosas más importantes que pueden hacer una familia o un programa de rehabilitación social. El estrés no causa por sí solo síntomas ni episodios agudos, pero se ha demostrado que disminuir el estrés ayuda a mantener al mínimo los síntomas y las recaídas.

Como lo sugiere la Guía Rápida de Referencia titulada "CÓMO AYUDAR A LA PERSONA ENFERMA A MANEJAR EL ESTRÉS" , éste es un objetivo que se puede dividir en tres partes. La primera consiste en reconocer qué es lo que produce estrés en un individuo particular. Presenta una lista, de ningún modo exhaustiva, de varios elementos estresantes muy comunes. Recuerde que el estrés es idiosincrático; lo que es estresante para un individuo puede no serlo para otro. Su ser querido tiene que aprender qué es lo que le produce estrés. Usted deberá suspender juicio sobre lo que usted piensa que debe o no debe ser estresante, y aceptar que él o ella tendrán reacciones a cosas que a usted le pueden parecer insignificantes.

CÓMO AYUDAR A LA PERSONA ENFERMA A MANEJAR EL ESTRÉS

1. Note qué es lo que parece producir estrés a su familiar enfermo. Es importante hablar de esto con él o ella previamente, de manera que ambos puedan prepararse si saben que va a ocurrir un elemento estresante.   Entre los estresantes comunes se encuentran:

   - cambios grandes en la rutina
   - la pérdida o separación de seres queridos
   - aniversarios, cumpleaños, fiestas
   - intentar algo y fracasar
   - intentar algo nuevo y tener éxito
   - iniciar una nueva relación
   - ver que alguien que le es muy cercano, o con quien la persona enferma se identifica, se enferma o empeora

2. Note las conexiones posibles entre acontecimientos (estresantes) y sentimientos (reacciones), y comente estas conexiones con la persona enferma.

3. Tome nota de las cosas que ayudan a la persona enferma a manejar los sentimientos asociados con el estrés y, si es posible, coméntelas con él o ella.   Pueden incluir:
   - minimizar otros cambios por el momento
   - ocuparse de hobbies o pasatiempos que a la persona enferma le gustan y que encuentra reconfortantes   (sigue)

- pasar momentos a solas
- hablar con un amigo, un familiar, o un doctor
- aumentar la medicación
- usar cualquier técnica de relajamiento, meditación, etc., que dé buen resultado a la persona
- hacer ejercicio

A muchas personas con una enfermedad mental les resulta difícil comprender que hay una conexión entre los acontecimientos que ocurren en sus vidas y lo que ellos sienten o el modo como ellos actúan. Por lo tanto es útil señalarles esas conexiones. Esto debe usted hacerlo, sin embargo, suavemente, con cuidado. Y no espere que ellos estén inmediatamente de acuerdo; es posible que usted tenga que presentar su idea numerosas veces antes de que su familiar pueda aceptar la posibilidad de que existe tal conexión. Por ejemplo, cuando usted habla con su padre de esquizofrenia, usted puede decir algo así como "He notado que los tres años pasados, en la época de Navidad, te has enfermado y has terminado en el hospital. Éste debe ser un período difícil para ti." Él puede negar que haya una conexión. Si es así, no hay nada más que usted pueda decir sobre el asunto en ese momento; y si termina en el hospital o siente otra vez estrés el año próximo, usted puede mencionarle nuevamente la conexión. En cambio, si está de acuerdo, usted puede seguir con el tema y explorar qué es lo que le resulta difícil en Navidad y cómo se pueden ajustar las cosas para minimizar el estrés.

Hay ocasiones en que se observa una conducta particular que le sugiere a uno que el familiar está pasando por un mal momento. ¿Está durmiendo más de lo acostumbrado, caminando de un lado para otro, enojándose más fácilmente, no llevando a cabo actividades o tareas rutinarias, o no se está ocupando de su aseo personal? Una vez que usted ha identificado tales conductas, puede sugerirle a su familiar que ellas indican que siente estrés o que tiene dificultades. La persona puede estar o no de acuerdo, pero al menos usted puede tocar el tema munido de la comprensión que ha adquirido.

conversar sobre lo que les está molestando reducirá el estrés. Alternativamente, usted podría sugerir que él o ella prepare una lista general de cosas para hacer que, cuando está pasando por un mal momento, le ayudan a sentirse mejor. Puede ser algo tan sencillo como tomar un vaso de leche tibia o darse un baño, o iniciar una actividad, o usar técnicas de relajamiento.

CONSEJOS PARA AMIGOS Y FAMILIARES

Sus amigos y familiares pueden necesitar también ideas sobre cómo actuar en torno a su familiar enfermo. Esta información se resume en la Guía Rápida de Referencia presentada en la página 98, y a esta altura a usted le resulta familiar. Puede ser útil dar a sus amigos una copia de esos consejos.

5

Cómo comprender y responder al abuso de sustancias y a las condiciones concurrentes

ABUSO O DEPENDENCIA DE SUSTANCIAS QUÍMICAS

Tener al mismo tiempo un trastorno mental y un serio problema con las drogas o el alcohol hace mucho más que duplicar las dificultades de quienes tienen uno solo de esos problemas. En el curso de los años se han usado, entre otros, los siguientes términos: "diagnóstico doble", "trastornos dobles", "trastornos concurrentes" y, muy recientemente, "condiciones concurrentes." Con cualquier nombre que se le dé, la vida se torna mucho más complicada tanto para la persona como para su familia. En este capítulo presentamos parte de la información de vital importancia que las familias necesitan para apoyar a alguien que tiene una enfermedad mental y también un serio problema de abuso de sustancias.

En parte las complicaciones resultan del hecho de que el mejor tratamiento que se conoce para la enfermedad mental es contraproducente para el abuso, y viceversa. Hay poquísimos programas de tratamiento que resultan eficaces tanto para una enfermedad mental mayor como para un problema mayor de abuso de sustancias, y son extraordinarios. Los programas para personas con un trastorno mental tienden a proporcionar entornos de apoyo, con calor humano. Promueven la mayor independencia posible, mientras ofrecen maneras de responder a las necesidades básicas de los clientes cuando éstos no las pueden satisfacer por sí mismos. Los programas de recuperación de la dependencia química tienden a ser controvertidos. Están sumamente estructurados y utilizan sistemas de disciplina algunas veces basados en la vergüenza y la humillación. Los mecanismos que usan muchas personas que abusan sustancias para hacer frente a situaciones incluyen manipular, mentir, robar y otras conductas antisociales. Tienden a tratar de abusar de quienes tienen esquizofrenia u otros desórdenes afectivos serios. Ninguno de los dos grupos se siente muy confortable con el otro.

En el pasado, quienes tenían ambos problemas solían ir saltando de unos programas a otros, destinados a uno u otro de esos problemas. Típicamente, los programas para superar la adicción a drogas o al alcohol no permiten a sus clientes tomar ningún medicamento. Pueden ayudar a una persona con un trastorno mental a que controle temporariamente el alcoholismo, pero dado que esta persona no puede tomar medicación psiquiátrica, los síntomas de su enfermedad mental no tardan en estallar, y terminan volviendo a un hospital psiquiátrico. Allí pueden estabilizar a esa persona mediante medicación, pero luego comienza a consumir alcohol y el ciclo se repite desde el principio.

Desde mediados de los años ochenta se ha producido una explosión en el número de personas que tienen a la vez una enfermedad mental seria y un problema de abuso. Si bien nadie sabe con certeza por qué ha ocurrido esto, una razón puede ser que, dado que hay menos personas con trastornos mentales institucionalizadas, son más los que tienen acceso a las drogas o el alcohol. Otra razón podría ser que quienes sufren un trastorno mental tienen mayor necesidad de medicarse a sí mismos y anestesiarse al enfrentar el prejuicio y el estigma fuera de las instituciones y al encontrarse con la escasez existente de programas de tratamiento y residenciales. Sea cual fuere la causa, los trabajadores de la salud mental tienen que hacer frente ahora al reto de esta situación.

Tradicionalmente, los profesionales de la salud mental y los que tratan las adicciones han estado en conflicto unos con otros.

Sólo en los últimos tiempos han comenzado a aliarse y a reconocer que, al tratar a las personas que tienen "condiciones concurrentes", hay efectos beneficiosos que pueden resultar de muchas clases diferentes de programas. Recientemente se han llevado a cabo numerosas investigaciones para determinar cuál es la mejor manera de diseñar programas de tratamiento dirigidos a una solución profunda para ambos problemas. Estas investigaciones se describen más adelante.

Lamentablemente esta situación significa que las familias y amigos a menudo están solos para manejar los problemas—una carga doble, y una tarea más que duplicada. Tienen que adquirir conocimientos para poder manejar no sólo la enfermedad mental sino también la adicción.

Si alguien tiene un problema de consumo de drogas o alcohol, ello debe enfrentarse directamente. La primera línea de defensa para los adictos y los alcohólicos es negar, minimizar, o tratar de racionalizar el problema para que desaparezca. Explican, por ejemplo, que no tienen en realidad ningún problema, que si lo tienen está perfectamente controlado, o que el problema es tan pequeño que no merece preocuparse por ello. Le tocará a usted estar en desacuerdo y explicar por qué usted cree que ellos tienen un problema y necesitan ayuda.

A pesar de lo que creen la mayor parte de los adictos y alcohólicos, muy pocas personas pueden tener éxito cuando tratan de superar por sí mismos un problema de adicción a las drogas o al acohol. Generalmente necesitan obtener ayuda y también hacer cambios importantes en sus vidas. Tienen que emprender un viaje largo y lento, y es preferible hacerlo con mucho apoyo de otras personas que están sobrellevando un proceso similar. Los familiares también necesitan mucho apoyo. Tienen que echar una mirada a la parte que ellos pueden haber tenido en el proceso de adicción y ver cómo cambiar algunos aspectos de su propia conducta.

El problema se complica aún más por el hecho de que las drogas, el alcohol y los síntomas de trastornos mentales tienen significativo impacto mutuo. Quienes sufren una enfermedad mental mayor corren mucho más peligro de caer en el abuso de drogas que los que no sufren una enfermedad mental. En comparación con las personas que tienen ya sea un trastorno mental o un desorden de adicción separadamente, quienes tienen ambos experimentan problemas más severos y crónicos de orden médico, social y emocional. También tienen una tendencia mayor a la violencia que las personas que solamente sufren un trastorno mental. Dado que tienen dos desórdenes, son más vulnerables tanto a las recaídas psiquiátricas como a las recaídas en la adicción. En consecuencia, es especialmente importante que las personas con condiciones concurrentes aprendan, y sus familias comprendan, las estrategias para evitar recaídas. Y es vital para los consumidores y sus familias comprender la interacción de los medicamentos con el alcohol o las drogas de las que se abuse.

Son pocos los que admiten voluntariamente que tienen ya sea un trastorno mental o un problema con drogas o con alcohol. Reconocer ambos problemas puede llevar un período muy largo, tanto para las personas que los sufren como para sus familiares. Si usted sospecha que su familiar afectado por una enfermedad mental también tiene un problema de abuso de sustancias, lea con gran atención la Guía Rápida de Referencia que lleva el título "CÓMO MANEJAR EL ABUSO DE SUSTANCIAS". El abuso de sustancias es un problema serio, con una inminente amenaza vital. No desaparece si lo ignoramos. Es necesario enfrentarlo directamente y aprender a manejarlo.

CÓMO MANEJAR EL ABUSO DE SUSTANCIAS

¿En qué consisten el alcoholismo o la adicción? Si bien hay diversas definiciones, la mayoría de los profesionales están de acuerdo en que hay abuso cuando el funcionamiento de una persona resulta afectado adversamente como resultado de tomar alcohol o usar drogas. Puede ocurrir cualquiera de las siguientes situaciones:

1. se deterioran las relaciones familiares—resultando, por ejemplo, en divorcio o separación de la familia
2. múltiples arrestos policiales (incluyendo arrestos por conducir bajo la influencia del alcohol)   (sigue)

3. evidencia de problemas médicos o físicos relacionados con el abuso
4. pérdida del trabajo o de una vivienda, o expulsión de un programa de tratamiento

Las familias pueden ayudar de las siguientes formas:

1. Hable sobre el problema y exprese su preocupación. La negación es casi siempre una gran barrera que los alcohólicos y los drogadictos necesitan superar antes de que sea posible la recuperación o el tratamiento. No acepte la negación. Dé ejemplos concretos de los efectos negativos del abuso que usted ha observado en la vida de su familiar.
2. Reconozca la magnitud del proyecto que debe iniciar alguien que intenta renunciar a una dependencia química o una adicción. Es un proceso largo y lento. Finalmente, las personas necesitan desarrollar un nuevo estilo de vida y encontrar nuevos métodos para enfrentar todos los difíciles sentimientos de los cuales se escapaban mediante las drogas o el alcohol.
3. Motive a su familiar a que acepte el problema. Éste es el primer paso importante. Apoye todos los esfuerzos que estén haciendo él o ella para dejar de usar la sustancia de la cual dependen.
4. Anime a su familiar a que asista a grupos de apoyo tales como *Alcoholics Anonymous* (Alcohólicos Anónimos). Estos grupos ofrecen un camino muy eficaz para la recuperación.
5. Usted debe comprender que la mayor parte de los adictos sufren recaídas o deslices durante la recuperación, y debe asegurarse de que su familiar también lo comprenda.
6. Participe en Al-Anon, CoDA (*Co-dependents Anonymous*, Codependientes Anónimos) u otros grupos de apoyo para las familias de los alcohólicos o los adictos.

CÓMO SE DEFINE EL ABUSO DE SUSTANCIAS

¿Cómo sabe una familia si su ser querido tiene un problema de abuso de sustancias? Muchos expertos creen que si alguien se está recuperando también de una seria discapacidad psiquiátrica, cualquier uso de drogas ilegales, alcohol o medicamentos diferentes de los que se le hayan recetado constituye un abuso. La razón es la probabilidad de que sirvan de detonador o aumenten los síntomas psiquiátricos. Hay muchos factores que hacen difícil determinar si alguien con un trastorno psiquiátrico mayor también tiene un problema de abuso, entre los cuales se destacan los dos que siguen. En primer lugar, todos quienes abusan de sustancias tienden a negar, minimizar y ocultar el problema. En segundo lugar, todos los síntomas primarios de los trastornos psiquiátricos mayores, psicosis, depresión, manía y ansiedad pueden ocurrir como resultado de usar drogas y/o alcohol o de interrumpir ese uso. Es pequeño el porcentaje de gente con un problema mental serio que son capaces de tomar alcohol en ocasiones sociales u ocasionalmente sin efectos adversos. Para la mayor parte de las personas, por el contrario, los riesgos son mucho mayores que los beneficios.

Es difícil juzgar si alguien que abusa de sustancias también tiene al mismo tiempo un trastorno psiquiátrico. En el caso de quienes han usado drogas y alcohol durante un largo tiempo, la única manera de determinar si tienen una enfermedad mental que se pueda diagnosticar separadamente es observarlos después de que se han mantenido sobrios por lo menos durante un año. Solamente si los síntomas persisten después de ese período se puede hacer un diagnóstico preciso. Dado que muchos adictos crónicos no quieren o no pueden mantenerse sobrios ni siquiera durante seis meses, ellos y sus seres queridos tal vez nunca lleguen a obtener un diagnóstico psiquiátrico preciso. Sin embargo, cuando se presentan síntomas psiquiátricos, deben ser tratados.

Quien mejor puede determinar si una persona tiene a la vez un problema de adicción y separadamente una enfermedad mental seria es un profesional con entrenamiento y experiencia en ambos campos. Hay numerosos programas y profesionales que afirman que trabajan con personas con diagnóstico doble; sus clientes primarios son adictos que tienen trastornos de la personalidad u otros trastornos psiquiátricos. Tienen menos familiaridad con quienes sufren de esquizofrenia, trastorno esquizoafectivo o trastorno bipolar. Igualmente, gran parte de los integrantes del personal de los servicios de salud no saben cómo hacer una estimación comprensiva de la adicción ni cómo tratar un trastorno serio de adicción.

No es realista esperar que la mayor parte de las familias estén en condiciones de hacer esta estimación. Sí es útil que las familias tengan cierta familiaridad con la adicción. Este capítulo tiene el propósito de ofrecer a las familias y cuidadores la información básica sobre el abuso de sustancias y la correspondiente recuperación.

En los círculos de la adicción y la lucha contra ésta se han desarrollado una cultura y un lenguaje especiales, que las familias y los cuidadores harían bien en aprender. Por esa razón se presentan aquí algunos de los conceptos y términos más comunes. La frase "drogas y alcohol" se refiere a todas las drogas ilegales, todas las bebidas alcohólicas, incluso cerveza y vino; medicamentos, cuando no son los que han sido recetados o cuando se abusa de manera diferente a la prescrita, y medicamentos de venta libre cuando se toman de maneras, en combinaciones o dosis diferentes de las recomendadas. Las personas que tienen trastornos de adicción a veces abusan de cualquier cosa a la que tengan acceso, incluyendo sustancias que otros no imaginan que se puede usar para lograr una "subida", un "viaje". Por ejemplo, muchas personas se sorprenden al enterarse de que hay quienes abusan de ciertas hierbas medicinales, adhesivos, pintura o sustancias químicas usadas para limpiar. Otros usan sustancias tales como bebidas para la tos, líquidos de enjuague para la boca y tabletas para el resfrío. Hasta los consejeros experimentados en adicción quedan pasmados de asombro al ver las sustancias químicas que la gente descubre constantemente y que usan para alterar su estado mental o su talante.

Quienes abusan de medicamentos se tornan muy hábiles para encontrar doctores que prescriban lo que ellos quieren. Consultan a diversos médicos o dentistas, sin informarles sobre su historia completa, y toman medicamentos en dosis mayores que las prescritas. Para algunos adictos, los medicamentos que se recetan, a menudo analgésicos o ansiolíticos, son sus "drogas preferidas".

La mayoría de los adictos preferen uno o dos tipos de drogas pero usan cualquier otra que puedan obtener fácilmente o les sea accesible.

¿Qué es exactamente el abuso de sustancias? La definición más simple es la siguiente: es lo que ocurre cuando una persona continúa usando drogas o bebiendo alcohol a pesar de las consecuencias negativas. Una descripción más extensa es la siguiente: *Una enfermedad de por vida, progresiva, que suele ser objeto de negación (denial), que afecta a la familia y que tiene tendencia a las recaídas.* Esta descripción abarca los seis elementos más importantes que se deben comprender sobre la adicción.

1. La mayor parte de los adictos y alcohólicos, incluso aquellos que tienen muchos años de recuperación y sobriedad, necesitan estar alerta con respecto a la adicción durante toda su vida, pues la posibilidad de recaídas es alta.

2. Que es una enfermedad progresiva significa que empeora con el tiempo. La tolerancia aumenta, es decir que para obtener el mismo efecto tienen que tomar o usar cantidades constantemente crecientes. Esto es así aunque dejen de usar o tomar. Si vuelven a hacerlo, no comenzarán desde las dosis iniciales, sino que retomarán su adicción en el punto en que la dejaron. Por ejemplo, Tomás comenzó a tomar una o dos cervezas por noche en la universidad. A los veinticinco años estaba tomando dos cajas de seis botellas por noche. A los treinta, agregaba a eso un cuarto litro de vodka todas las noches. Luego logró recuperarse y dejó de beber durante diez años. Poco después de comenzar a beber nuevamente, tenía necesidad de tomar doce botellas de cerveza y un cuarto litro de vodka para obtener el efecto que deseaba.

3. Es una enfermedad que inevitablemente afecta a todos los miembros de la familia y a todos los seres queridos que rodean a la persona. Esto no quiere decir que la familia es responsable por el abuso o la adicción a las drogas o el alcoholismo de una persona. Sí quiere decir que los

familiares necesitan informarse sobre la adicción y sobre la manera como sus acciones pueden hacer que las cosas mejoren o empeoren. Hay un factor hereditario: los individuos son más propensos a hacerse adictos si hay una historia familiar de adicción.

4. Es una enfermedad porque hay cambios fisiológicos que ocurren en el cerebro de los adictos. Cuando usan drogas o beben, hay obstáculos fisiológicos que les impiden dejar de hacerlo. Su cerebro los obliga a continuar, aun en lugar de tomar alimentos o hacer otras actividades. La parte racional de su cerebro puede percibir el problema y las consecuencias que acarrea el uso continuado. Sin embargo, otra parte del cerebro, más intensa, les hace desear desesperadamente la sustancia a pesar de las consecuencias negativas.

5. Es parte inherente de esta enfermedad la negación de que existe o del grado de dependencia de la adicción. Una regla general para tener una idea aproximada de la realidad es tomar lo que le dice a uno un adicto sobre la cantidad que usa y multiplicarlo por cinco. Un fenómeno general y sorprendente entre los adictos es que, a pesar de los repetidos resultados negativos, continúan esperando diferentes resultados cada vez que usan. Por ejemplo, siguen manteniendo que esta vez van a poder manejar su uso sin que les ocurra nada malo ni a ellos ni a ninguna de las personas que los rodean.

6. Se dice que la adicción es una enfermedad que tiene mucha paciencia. Espera la oportunidad para volver a aparecer como un fantasma. Es frecuente que reaparezca en las personas que han estado haciendo uso extenso del alcohol o las drogas durante un tiempo prolongado. Es raro que puedan dejar de hacerlo de repente y de manera permanente. Las familias deben comprender que, así como en las enfermedades mentales, las recaídas en la adicción son a menudo parte del proceso de recuperación. Las

personas pueden crecer y aprender a través de sus recaídas si están siguiendo un programa de recuperación eficaz.

Lo que determina si una persona tiene un problema serio no es la cantidad que consume o cuánto ha durado el uso, sino el efecto que tiene la adicción sobre el individuo y sobre su vida. Las siguientes son algunas de las ideas falsas más comunes sobre el abuso de sustancias:

- Si uno espera hasta las últimas horas de la tarde para comenzar, el problema no es serio.

- Beber solamente cerveza o vino significa que una persona no es alcohólica.

- Continuar trabajando y funcionando significa que una persona no es alcohólica.

Quienes abusan de sustancias pierden la habilidad de controlar cuánto beben o cuánto usan. No pueden detenerse después de una copa, por más que lo intenten. La habilidad de no tomar más que una copa o de limitar el uso de una droga es un elemento para determinar si alguien tiene o no un problema de abuso de sustancias.

CÓMO RECONOCER LAS SEÑALES DEL ABUSO DE SUSTANCIAS

¿Cómo pueden saber los familiares o los cuidadores si una persona está abusando? El uso ocasional puede parecer benigno en un comienzo, pues no causa problemas aparentes. Si continúa y aumenta, inevitablemente ocurren problemas. Las familias pueden notar cambios más o menos sutiles en la presentación o la conducta. Sigue una lista de indicadores de que puede haber abuso:

- cambios en la conducta
- cambios en el aspecto físico o la higiene personal
- cambios en las amistades
- se vuelven más reservados
- participan menos en actividades responsables; se vuelven menos confiables
- mienten
- repentinos problemas financieros
- quienes están en contacto con la persona notan que les ha desaparecido dinero u objetos valiosos
- rojez de los ojos, pupilas dilatadas o puntiformes
- la presencia de la parafernalia que usan los adictos
- se deterioran las relaciones familiares
- aumentan los síntomas psiquiátricos

EL FOCO CENTRAL

Para poder sentir compasión por los adictos a sustancias, es importante comprender lo que pasa cuando uno se vuelve adicto, física o psicológicamente, a una sustancia. Es esencial darse cuenta de que, aun cuando el adicto puede no tener conciencia de ello, la sustancia o la experiencia del "viaje" se convierte gradualmente en el aspecto más importante de la vida. Con el tiempo, beber o usar drogas desplaza a todas las demás actividades y se convierte en un foco central que consume tiempo, energía y dinero. La vida entera gira alrededor del propósito de beber o usar drogas y conseguir dinero para seguir solventando el uso. Constantemente presente en la mente de los adictos está la próxima vez que van a usar, qué va a ser, cuándo y dónde. Ya no les interesan otras actividades, ni pasar su tiempo con quienes no usan drogas o no beben. Hasta pueden tener conductas que ni ellos ni sus familias hubiesen imaginado nunca, como obtener drogas a cambio de actividad sexual.

La adicción comprende varias etapas, a través de las cuales aumenta la dependencia. Cuando pierden control y no están en condiciones de limitar el uso, muchos aspectos de su vida comienzan a derrumbarse. En las etapas finales de la dependencia del alcohol o las drogas, si no pueden mantener su hábito, los adictos experimentan los así llamados "síntomas de abstinencia o retiro". A esta altura ya no usan para "subir" o tener un "viaje" sino para evitar los terribles síntomas que los atormentan si interrumpen el uso. Inevitablemente, ello precipita el deterioro del bienestar social, físico y psicológico.

Junto con el abuso de sustancias se presentan una multitud de otras conductas que se consideran parte de la enfermedad y que causan serios problemas a la familia, los amigos y los cuidadores. Se los suele llamar "conductas de adicción", y son el resultado de dos factores, uno, que tienen que dedicar tanto tiempo y energía a conseguir drogas o a obtener dinero para conseguirlas, y el otro, que desean ocultar la intensidad de sus problemas. Como conductas de adicción, se muestran reservados, engañan, mienten, roban y manipulan. Los adictos adquieren gran destreza en estas acciones. Los miembros de su familia no pueden creer que las personas que solían ser honestas, trabajadoras y confiables actúen de estas maneras.

Los adictos y los alcohólicos, cuando la adicción los domina, rara vez aceptan responsibilidad por sus acciones. En cambio, típicamente "culpan, se quejan y explican". Minimizan o niegan el hecho de que usan drogas o beben alcohol y que de ello resultan problemas. Encuentran alguna justificación para los problemas derivados del uso y echan la culpa a otras personas. Suelen sentirse y describirse a sí mismos como víctimas inocentes y moralmente superiores.

Otras conductas se conocen como "conductas de búsqueda de drogas". Este término se refiere a la tendencia de adictos y alcohólicos a buscar una "subida rápida", un "viaje" cuando se sienten perturbados, aburridos, o tienen otros sentimientos desagradables. La reacción inmediata, casi automática, es concentrar su atención en llevar a cabo cualquier cosa que sea necesaria para obtener una sustancia que altere su estado mental. Una excitación especial, que suele incluir un componente clandestino, acompaña a estas conductas y llega a ser parte de un estilo de vida que les es favorito.

Algunas de las conductas, personas, lugares y objetos asociados con el uso son capaces de producir una reacción fisiológica similar a la que resulta del uso mismo. Por ejemplo, tienen un momento de excitación o un "viaje" cuando simplemente ven la parafernalia que usan los drogadictos. Ver a viejos amigos con quienes solían beber alcohol, reconocer en el aliento de alguien que ha tomado cerveza, pueden estimular el ansia de beber o usar drogas. Estas ansias y estas reacciones físicas luego pueden moverlos a buscar drogas, alcohol, o el dinero y las personas que les permitan obtenerlos.

POR QUÉ SE USAN DROGAS O ALCOHOL

¿Cuál puede ser la razón de que alguien entre en un estilo de vida semejante? Hay una variedad de razones que hacen que la gente comience a usar. No piensan en los extremos a los cuales los va a conducir.

Los jóvenes a menudo experimentan el uso de drogas y alcohol en la escuela secundaria o en la universidad. Tal vez lo hacen por curiosidad, para divertirse, o para crear o mantener amistades. La presión que ejerce el grupo paritario es muy intensa, especialmente en los adolescentes que están tratando de encontrarse a sí mismos.

Hay quienes usan para reducir el estrés y para sentirse mejor. Pueden sentirse mal por una cantidad de razones, tales como dificultades en el trabajo, problemas de familia, preocupaciones financieras o problemas médicos. Otros comienzan a usar para olvidar experiencias penosas tales como el repetido abuso sexual, físico o emocional, o un suceso traumático aislado. Muchos veteranos comienzan a usar mientras están en el servicio militar o después de vivir las horribles experiencias de la guerra.

Quienes experimentan síntomas psicóticos o disturbios emocionales pueden tener la esperanza de que el alcohol o las drogas reduzcan esos síntomas y también su temor de tener un trastorno mental. Las personas que usan drogas para encontrar alivio a sus síntomas psiquiátricos generalmente no tienen conciencia de la interacción entre las drogas, el alcohol y la enfermedad mental. Puede ser que sientan un breve alivio de los síntomas, pero no saben que, a largo plazo, es muy probable que ese uso empeore los síntomas.

Para algunas personas, las drogas o el alcohol pueden ser el único alivio que logran encontrar para sus síntomas. Esto se debe a veces al hecho de que no a todos les ayudan los medicamentos existentes. Otros, en razón de sus síntomas o de la complejidad del sistema de tratamiento, no pueden o no quieren utilizar los servicios necesarios para obtener medicación.

Sean cuales fueren las razones iniciales, una vez que alguien comienza a usar drogas o alcohol, en los adictos tiene lugar un proceso fisiológico que no ocurre en otros. Quienes no son adictos reducirán o interrumpirán más adelante el uso, desarrollarán otras estrategias para hacer frente a sus síntomas, buscarán otras formas de ayuda, o madurarán, dejando atrás esta etapa de su vida una vez que tengan responsabilidades propias de adultos. Los adictos y los alcohólicos no pueden reducir el uso. En cambio, usan cada vez más y el uso consume más y más su tiempo, sus energías y su vida entera.

PREVENCIÓN DE LAS RECAÍDAS

Lo más importante para quienes se están recuperando de trastornos dobles es adquirir la capacidad de evitar las recaídas. Aunque en el capítulo 4 hay un breve comentario sobre cómo "minimizar las recaídas", los consumidores y los cuidadores necesitan información más detallada cuando existen condiciones concurrentes. Se puede usar una estrategia similar para prevenir recaídas de los trastornos psiquiátricos y los del abuso de sustancias. La familia y los cuidadores pueden ser parte vital del proceso de evitar recaídas. Lo ideal es que quienes están en proceso de recuperación informen sobre muchos aspectos de éste a la gente que les ofrece apoyo importante en la vida.

La prevención de recaídas tiene tres partes esenciales: identificar las causas de recaída, reconocer los síntomas tempranos, y desarrollar intervenciones que den buen resultado. Comentaremos cada uno de estos aspectos en detalle. Desde el principio hasta el fin, hay que recordar que la recaída no es un suceso aislado sino un proceso. Cuanto más se sabe sobre los síntomas premonitorios, mayor será la variedad de estrategias de intervención que se pueden usar. Es un error común de quienes tienen una recaída decirse a sí mismos o a quienes los rodean que no saben por qué de pronto recayeron en la adicción. Pasaban por casualidad por una tienda donde se vendía alcohol, o vieron a un antiguo "camarada de uso" y decidieron probar. Esta explicación probablemente ni es completa ni es lo que diría alguien que ha aprendido destrezas efectivas para evitar las recaídas. Quienes estudian el proceso de recaída aprenden a reconocer los cambios más tempranos que se producen en la manera de pensar, las emociones y la conducta.

Las causas más comunes de recaída en el abuso de sustancias suelen dividirse en dos categorías: internas y externas. Hay dos expresiones, en los círculos de recuperación de abuso de sustancias, en particular los programas de doce pasos, que las sintetizan muy bien. La abreviatura del nombre en inglés de la primera es *HALT*; la segunda habla de personas, lugares y cosas "resbaladizos".

Las causas internas de recaída son sentimientos que parecen intolerables, como la rabia, el dolor y la tristeza. La abreviatura *HALT* se refiere a estas palabras en inglés: "*Hungry, Angry, Lonely, and Tired*", es decir, "hambriento, enojado, solo y cansado". Son emociones que a menudo contribuyen a la recaída. Quienes están en proceso de recuperación deben prestarles atención, pues a menudo son banderas que señalan la necesidad de intervención.

Entre las tres causas externas de recaídas más frecuentes están las personas, cosas y lugares resbaladizos. Son las personas con quienes un adicto tiene la costumbre de reunirse para usar drogas o para tomar alcohol, los lugares que frecuenta para hacerlo, y la variada parafernalia asociada con las drogas y el alcohol. Ver a un "camarada" con el que solían usar drogas, o pasar en un ómnibus por la zona donde solían hacerlo puede despertar ansias de volver a usar. Para evitar este camino resbaladizo, las personas necesitan aprender a evitar tales lugares, evitar asociarse con tales personas y no tener en su posesión objetos resbaladizos.

También son detonadores para los adictos y los alcohólicos el tiempo y el dinero, si no están estructurados. Uno de los motivos que hacen que la mayoría de los programas de recuperación sean altamente estructurados es que a muchos adictos y alcohólicos el tiempo no estructurado les crea problemas. Están mejor cuando están ocupados. Cuando no tienen nada que hacer, se sienten solos, vacíos o aburridos y entonces surge el deseo de usar. Puede ser un problema todavía más grande para quienes también tienen síntomas psiquiátricos, porque, si son agudos, pueden crear límites a las cosas que están en condiciones de hacer, y ello incrementa el peligro de usar.

Asimismo están expuestos a un riesgo más grande de recaídas cuando tienen en sus manos una suma de dinero, un regalo, un salario o un cheque de ayuda gubernamental. Tener dinero y usar drogas llegan a estar intensamente asociados entre los adictos. Para quienes tienen un diagnóstico doble, el manejo del dinero es una cuestión muy importante, que puede determinar si una persona es capaz de vivir independientemente. Por eso el manejo del dinero se debe discutir y examinar cuidadosamente con la persona. Es aconsejable que las familias que pueden y quieren proporcionar asistencia financiera a su familiar, decidan con cautela cómo lo van a hacer. Puede no ser buena idea darles sumas grandes, o ir más allá de unos pocos dólares. En cambio puede resultar más útil comprar cosas específicas como alimentos o ropa, o darles cheques escritos para tiendas específicas. Es cierto que algunos podrán igualmente convertir estas ayudas en dinero para drogas o alcohol, pero así se puede reducir al menos en parte la probabilidad de que ello ocurra.

Las familias o los cuidadores pueden ayudar a la persona a manejar su dinero de diversas maneras. Una opción es hacer que un tercero tome control completo del dinero de la persona. Otra posibilidad es asegurarse de que el alquiler y otras necesidades esenciales están cubiertas antes de dar a la persona el resto de su cuota mensual para gastos. Quienes toman a su cargo la tarea de ayudar a un familiar a manejar sus finanzas corren el riesgo de complicar su relación con la persona. Suele dar mejor resultado tener un tercer partido neutral—un administrador del condado o un beneficiario del dinero que sirva de sustituto—que ayude con estos fines. Si bien estos administradores que están fuera de la familia tal vez no sigan a la persona tan de cerca como es deseable, dan una oportunidad para que los familiares se concentren más en ofrecer otras clases de apoyo emocional. Hay sabiduría en los dichos tradicionales de que no se deben mezclar los negocios con otras relaciones.

La recurrencia de los síntomas del trastorno mental también es un detonador frecuente de la recaída en las drogas o el alcohol para aquellos que tienen un diagnóstico doble. Usar drogas o alcohol, a su vez, disminuye la eficacia de la medicación e intensifica los síntomas psiquiátricos. En algunos casos esto ocurre muy rápido. En otros, toma un poco más de tiempo. Quien observa el caso desde fuera tal vez no pueda saber cuál de las dos cosas ocurrió primero, pero esto no es tan importante como lo es obtener la ayuda que necesita la persona, sea medicación, hablar a un terapeuta o consejero, u hospitalización. Es posible tener algún éxito si se trata de persuadir a la persona a dejar de usar, pero si las cosas empeoran bastante, ello puede no ocurrir hasta que la persona termine en la cárcel o en un hospital.

Los beneficiarios de ayuda gubernamental tienen más dinero al principio del mes, con el cual pueden comprar café y cigarrillos. Sería prudente prestar atención para ver si es en ese momento que aumentan sus síntomas. La nicotina y la cafeína diluyen los efectos de la mayoría de los medicamentos psiquiátricos. Evidentemente, es difícil ajustar constantemente la dosis de la medicación necesaria para que corresponda al uso de esas sustancias.

Los tests objetivos administrados al azar tales como análisis toxicológicos de orina, análisis de sangre o pruebas del aliento, son instrumentos que pueden ser útiles para las personas que quieren evitar la recaída en el uso de sustancias. Muchos programas los utilizan, y algunos consumidores que se encuentran en una etapa temprana de recuperación, así como sus familiares, tienen una reacción incial negativa a esos tests. En cambio los que están en una etapa más avanzada de recuperación dicen que les han resultado muy útiles para mantenerse sobrios. Los tests administrados sin aviso previo impiden que muchas personas cedan al impulso o la ansiedad de usar. Saber que pueden ser descubiertos es justamente el incentivo adicional que necesitan para evitar la recaída, hasta el momento en que puedan hacerlo independientemente. Un doctor, un administrador del caso o un familiar pueden cooperar en establecer tales tests y en evaluar los resultados.

Tampoco deben olvidarse las causas de recaída en las enfermedades mentales. La Guía Rápida de Referencia que sigue, con el título "CAUSAS PRINCIPALES DE RECAÍDA EN LAS ENFERMEDADES MENTALES" las resume.

CAUSAS PRINCIPALES DE RECAÍDA EN LAS ENFERMEDADES MENTALES

- Cambios predecibles e impredecibles en la severidad de la enfermedad.
- La medicación recetada no es bastante eficaz.
- No se toma la medicación tal como ha sido recetada.
- Uso de drogas ilegales o de alcohol.
- Uso de cantidades crecientes de cafeína o nicotina.
- Aumento del nivel de estrés (lo que sea que la persona experimenta como estresante).
- Disminución en el nivel de apoyo social.
- Cambios significativos en la rutina o lugar de residencia de una persona.

SEÑALES TEMPRANAS

Algunas señales tempranas de que se aproxima una recaída psiquiátrica se consideran en las páginas 125-126. Frecuentemente estas señales son idiosincráticas en cada persona. Suelen incluir el comienzo de síntomas que alguien experimenta cuando está enfermo, tales como depresión, manía o psicosis. Es importante que una persona con trastornos concurrentes y los participantes en su sistema de apoyo también aprendan a reconocer las señales tempranas de recaída en el uso de sustancias.

Entre estas señales pueden estar algunas de las "conductas de adicción" o conductas de búsqueda de drogas que se describen más arriba. La persona misma debe comenzar a reconocer los cambios, a veces sutiles, en las ideas y las emociones que sobrevienen. Puede empezar a sentir deseos intensos o a pensar más en las drogas o el alcohol, o pensar de nuevo en sus "camaradas de adicción" y echarlos de menos. Puede haber sentimientos de rabia listos para aflorar a la superficie. Alguien que concurría regularmente a reuniones de doce pasos puede dejar de asistir.

Un buen consejero de una persona con diagnóstico doble o con adicción a sustancias ayuda a cada persona a identificar las señales premonitorias que se aplican a cada caso. Al comienzo estos cambios en las ideas pueden ser tan sutiles que ni la persona misma ni quienes lo rodean en el sistema de apoyo pueden reconocerlos. Lo ideal es que, con el tiempo, el individuo pueda informar sobre sus señales premonitorias a quienes quieren apoyarlo para que viva una vida limpia, sobria y estable. Los miembros del sistema de apoyo, a su vez, estarán en condiciones de hablar de cualquiera de estas señales cuando las noten. Son necesarios mucho tiempo y mucha experiencia para reconocer las señales tempranas de recaída, tanto en el abuso de sustancias como en las enfermedades mentales serias.

INTERVENCIONES

El paso siguiente es importante en la prevención de recaídas en cualquiera de las condiciones concurrentes: consiste en desarrollar intervenciones que una persona puede emplear cuando aparecen las señales tempranas. Generalmente esto requiere un proceso de ensayo y error, con la participación de los integrantes del sistema de apoyo. A continuación se da una lista de intervenciones típicas que una persona que se está recuperando de trastornos simultáneos, así como sus cuidadores, harían bien en considerar cuando ocurren síntomas, ansiedades u otras señales premonitorias.

- Ponerse en contacto con un miembro de la familia, amigo, persona de apoyo en un programa de doce pasos o alguien con quien usted pueda hablar de lo que le preocupa. Intercambiar ideas sobre cómo resistir el deseo de usar.
- Participar más en actividades espirituales, reuniones de doce pasos u otros grupos de apoyo.
- Reducir el contacto con la gente que usa, bebe, o se jacta de usar drogas o alcohol.
- Evitar los lugares resbaladizos.
- Poner por escrito los cambios en ideas o emociones.
- Meditar o usar otras técnicas de relajamiento.
- Darse un baño.
- Hacer algo que le dé placer, como pescar, pintar o tocar música.
- Leer materiales espirituales, o escritos que promuevan la recuperación o puedan inspirar.
- Hacer ejercicio.
- Usar ejercicios que reduzcan el estrés.
- Limpiar la habitación o la casa.
- Revisar la lista de actividades estructuradas en que usted participa.

- Releer una lista de las consecuencias negativas del abuso.
- Hacer que se queden con usted personas que le den apoyo o darles las llaves del automóvil o el dinero para no tenerlos a mano.
- Cualquier otra cosa que usted sepa que da resultado.

LOS EFECTOS DE MEDICAMENTOS Y DROGAS ILEGALES

Quienes tienen diagnósticos dobles, sus familias y cuidadores, necesitan familiarizarse con los efectos de las drogas y el alcohol y de su interacción con los síntomas psiquiátricos así como con los medicamentos prescritos para tratarlos. La mayor parte de las drogas ilegales hacen que la medicación psiquiátrica resulte mucho menos eficaz o que pierda totalmente su efecto. También, por lo general, aumentan los síntomas psiquiátricos. Una persona que está intoxicada en forma aguda o bajo la influencia de una cantidad considerable de drogas ilegales no debe tomar ninguna dosis de medicación. Por otra parte, hay muchas clases de medicamentos que no son peligrosos si alguien ha bebido o ha usado una cantidad pequeña o moderada de alcohol o drogas.

Los efectos de las drogas ilegales se suelen dividir en tres categorías generales. El primer grupo es el de drogas, incluyendo el alcohol, que tienen un efecto sedante o depresivo, que se llaman a veces tranquilizantes (*"downers"*). El segundo grupo es el de las drogas estimulantes, que aumentan la energía y disminuyen el deseo de dormir. Cuando pasa el efecto de esta clase de drogas, se producen los efectos opuestos. Quienes, después usar durante mucho tiempo una droga estimulante como la metanfetamina (*"speed"*), interrumpen el uso, se sienten deprimidos. Cuando se reponen de drogas tranquilizantes como el alcohol o los opiáceos o narcóticos, se sienten agitados y ansiosos.

La tercera categoría incluye ciertas drogas cuya composición química es en cierta medida peculiar a cada una. Lo que tienen en común es que producen experiencias psicodélicas. Se las llama generalmente alucinantes. Sus efectos son similares a los síntomas psicóticos. Tienden a empeorarlos en las personas con esquizofrenia, trastorno esquizoafectivo u otros trastornos psicóticos. Las drogas en esta categoría incluyen la dietilamida de ácido lisérgico (que se conoce comúnmente como ácido o LSD), la feniciclidina (el nombre común es PCP o "*angel dust*", peyote) y una droga similar a la anfetamina que se suele llamar éxtasis o MDMA. Los estimulantes también pueden empeorar los síntomas psicóticos.

Los estimulantes aumentan los síntomas de manía, y los tranquilizantes aumentan los síntomas de depresión. Los efectos opuestos también ocurren: los estimulantes pueden reducir en forma pasajera los síntomas de depresión, y los tranquilizantes pueden reducir en forma pasajera los síntomas de manía. Sin embargo, el uso de estas drogas para combatir los síntomas crea otros problemas. Cuando se interrumpe el uso de tales drogas, los síntomas generalmente empeoran. Algunos medicamentos no pierden su efecto positivo en las personas que toman ciertos tipos de drogas ilegales. Por ejemplo, un medicamento antipsicótico ayuda a una persona que tiene síntomas psicóticos y, después de tomar un alucinante como LSD, se pone más psicótico o tiene un "mal viaje". La dosis habitual puede no ser tan eficaz porque los síntomas han empeorado, pero no les hace daño.

En contraste con esto,algunas combinaciones de medicamentos con alcohol o con drogas ilegales tienen un efecto potencialmente muy peligroso. La combinación más letal es beber alcohol junto con medicaciones ansiolíticas como Valium, Ativan y Xanax, que, lo mismo que el alcohol, retardan el ritmo del sistema nervioso central. En combinación, pueden retardar el ritmo del sistema respiratorio y del corazón al punto de provocar la muerte.

Otra combinación que puede ser peligrosa consiste en mezclar algunos tipos de medicamentos antidepresivos con ciertas drogas ilegales o con alcohol. Los antidepresivos más recientes, SSRIs (abreviatura del inglés "*selective serotonin reuptake inhibitors*") pueden ser tóxicos si se toman con estimulantes o con otras drogas que contienen anfetaminas, tales como MDMA. Una clase anterior de antidepresivos, MAO (*"monoamine oxidase inhibitors"*), que actualmente se prescriben rara vez, pueden ser tóxicos si se mezclan con alcohol o estimulantes.

Medicamentos tales como Artane y Cogentin, que se prescriben a menudo para reducir los efectos secundarios de la medicación antipsicótica, suelen no ser peligrosos para alguien que ha usado drogas ilegales o alcohol. Pero las familias deben saber que a veces se produce adicción precisamente a estos medicamentos. Pueden usarse para producir un "viaje" cuando no se toman en combinación con medicación antipsicótica. En consecuencia, no los debe tomar alguien que no está tomando su medicación antipsicótica.

Vemos, pues, que los síntomas de los trastornos psiquiátricos son exactamente los mismos que los efectos producidos por las drogas y el alcohol. Los mismos efectos también ocurren cuando se interrumpe el uso de las drogas y el alcohol. Si repentinamente aumentan los síntomas es difícil determinar, sin un análisis de orina o de sangre, si la causa es la enfermedad o el uso de drogas. La Guía Rápida de Referencia titulada "EFECTOS DE LAS DROGAS ILEGALES Y SU IMPACTO EN LA MEDICACIÓN PSIQUIÁTRICA" ofrece algunos de los datos más importantes sobre medicación y drogas. Da un resumen de los efectos de cada uno de los tipos de drogas ilegales, y a continuación describe lo que ocurre cuando alguien interrumpe su uso. Siguen las interacciones que cada tipo de droga ilegal tiene con cada una de las categorías principales de medicación psiquiátrica. Esta guía no pretende ser completa; tiene la intención de alertar a los lectores, informándoles cuáles cambios en la conducta de un familiar pueden indicar el uso de ciertas drogas, y señalando cuáles combinaciones son potencialmente peligrosas.

EFECTOS DE LAS DROGAS ILEGALES Y SU

Droga ilegal	Síntomas/Efectos	Retiro	Efectos/Interacción con Antipsicóticos
Sedantes Alcohol Barbituratos Analgésicos Opiáceos Heroína	Sedación Mobilidad lenta Lenguaje borroso Confusión Ojos vidriosos Pupilas puntiformes Desinhibe Alivia la ansiedad	Ansiedad Agitación Sudor Temblores	Más sedación. Puede provocar respiración lenta Puede reducir o eliminar el efecto de la medicación
Estimulantes Metanfetamina Cocaína Cafeína Nicotina	Aumento de energía Disminuye el sueño Agitación Ansiedad Pupilas dilatadas Irritabilidad	Estado de ánimo deprimido Irritabilidad	Más sedación. Puede provocar respiración lenta Puede reducir o eliminar el efecto de la medicación
Alucinógenos PCP Mescalina LSD Psilocybine Éxtasis/Adam/MDMA Marihuana	Alucinaciones prominentes Agitación Pupilas dilatadas	Desde efectos mínimos (cierta fatiga) hasta ningún efecto Marihuana: insomnio, poco apetito irritabilidad	Aumenta los síntomas psicóticos, reduciendo o eliminando los efectos de la medicación

IMPACTO SOBRE LA MEDICACIÓN PSIQUIÁTRICA

Efectos/Interacción con Antidepresivos	Efectos/Interacción con Estabilizantes	Efectos/Interacción con Ansiolíticos
El alcohol con MAOls puede ser peligroso Otros efectos: reducir la eficacia de la medicación	El excesivo uso de alcohol con el litio puede hacer a éste tóxico, lo cual es peligroso	Es la combinación más peligrosa. Produce lentitud del sistema nervioso central. Puede ser letal
Pueden ser peligrosos con SSRIs. Pueden ser fatales con MAOls. La cafeína y la nicotina reducen la eficacia.	Generalmente reducen la eficacia de la medicación.	Contraproducente para el efecto de la medicación. Puede conducir a un ciclo en que se toman alternativamente sedantes y estimulantes.
MDMA y SSRIs pueden ser peligrosos MAOls con MDMA pueden ser fatales.	Reducen la eficacia de la medicación	Con PCP pueden ser peligrosos debido al aumento de sedación. Respiración lenta.

Los familiares y los cuidadores suelen preguntarse qué hacer si alguien saltea una dosis de la medicación. Comúnmente, lo mejor que puede hacer la persona es tomar la dosis que olvidó tan pronto como lo recuerda, y seguir tomando las restantes dosis de ese día a intervalos regulares. Por ejemplo, si quedan ocho horas en el día y faltan dos dosis, las debe tomar cada cuatro horas. No obstante, si la persona recuerda que perdió una dosis cuando ya falta muy poco para la dosis siguiente, suele ser preferible saltear la dosis olvidada. No se aconseja, generalmente, duplicar las dosis. Por cierto, lo mejor es siempre dirigir al médico que prescribió la medicación preguntas específicas sobre el régimen de medicación de un individuo.

UNA INTERVENCIÓN

Otra estrategia que se utiliza a veces con quienes están en actitud de negación con respecto a su uso de sustancias es un procedimiento que se conoce como "intervención". En una intervención, varios individuos que se preocupan por una persona se reúnen y la confrontan. A menudo la persona no sabe que esto va a ocurrir. Se hace un plan con anticipación, comúnmente con un facilitador experto, para decidir dónde se le aconsejará a la persona que obtenga tratamiento. Puede hacer una impresión intensa ver una habitación llena de gente que tiene afecto por uno—pertenecientes a diferentes áreas de la vida de una persona— que expresan su preocupación, diciéndole que tiene un problema serio y que necesita ayuda inmediata.

Las familias suelen preguntarse si esto es aplicable a alguien que tiene condiciones concurrentes. La respuesta pone de relieve que estas personas difieren de varios modos de quienes solamente tienen un problema de abuso de sustancias. Para algunas personas con ciertos trastornos psiquiátricos, una intervención modificada puede ser eficaz. Ello depende de la intensidad que tengan los síntomas en ese momento. Muchas personas con esquizofrenia o trastornos esquizoafectivos no podrían tolerar esta clase de intervención: detonaría o aumentaría los síntomas. No se recomienda para alguien que tenga síntomas psicóticos debidos a drogas o a un trastorno psiquiátrico. Especialmente, no se recomienda para alguien con esquizofrenia paranoide, pues sus ideas delirantes sobre la gente que conspira contra ellos probablemente aumentarían.

La mayor probabilidad de éxito de una intervención es el caso de una persona que tiene un trastorno afectivo, está psiquiátricamente estable, y ha recaído en el uso de drogas o alcohol.

TOCAR FONDO

En el campo del abuso de sustancias y la recuperación se ha establecido claramente el concepto de "tocar fondo". Significa que las cosas se han puesto tan mal que quienes tienen los problemas que estamos considerando están dispuestos a pensar en hacer cambios significativos en sus vidas. Suele ser necesario que estas personas toquen fondo para comprender que tienen un problema de adicción o un trastorno mental. Tocar fondo es una experiencia subjetiva que varía mucho en cada caso. El "fondo" para una persona puede parecerse a lo que es la vida de otra persona cuando las cosas son relativamente estables.

Por ejemplo, María es una enfermera a quien le ha ido bien en su carrera. Toma medicamentos para su trastorno bipolar para mantenerlo controlado. Abusa de la medicación recetada por diferentes doctores o la roba de la clínica donde trabaja. Antes de tocar fondo, no estaba dispuesta a aceptar la dimensión de su abuso de sustancias. Perdió su empleo, su licencia de enfermera, su novio, su casa, y durante un período breve no tuvo más remedio que estar en un asilo para gente sin techo. Ése fue el "fondo" para ella.

Susana, en cambio, ha estado sin vivienda durante años. Se ha negado a tomar medicación psiquiátrica para su esquizofrenia y ha estado usando metanfetamina cada vez que era posible. No aceptó entrar a un programa de tratamiento hasta que la hospitalizaron, estuvo a punto de morir de un ataque de pulmonía, y la policía retiró la carpa improvisada en que vivía bajo un puente. Únicamente entonces aceptó tratar de vivir en un asilo y tomar alguna medicación. Para Susana, esto representa un progreso importante en su vida.

ETAPAS DE RECUPERACIÓN DEL ABUSO DE SUSTANCIAS PARA QUIENES RECONOCEN QUE TIENEN UN DIAGNÓSTICO DOBLE

A medida que se incrementa la conciencia pública sobre el abuso de sustancias y los trastornos mentales, son más los jóvenes y las familias que han adquirido la información y la comprensión necesarias para reconocer los síntomas premonitorios de trastornos psiquiátricos y de abuso. En consecuencia, más personas obtienen tratamiento y servicios en una etapa más temprana del trastorno. El tratamiento temprano hace más probable que la enfermedad sea menos severa y permite un pronóstico mejor. El estigma va desapareciendo gradualmente, y por lo tanto la gente tiene menos resistencia a buscar la ayuda que necesitan. Están dispuestos a participar en los servicios que se describen en el capítulo segundo. Usan los nuevos medicamentos psiquiátricos que son accesibles, algunos de los cuales no tienen efectos secundarios para algunas personas, o los tienen, pero son mínimos. Aprenden lo que significa "seguir un programa" de recuperación del abuso de sustancias.

Son muchos los que creen que si un adicto o un alcohólico interrumpe el uso de drogas o alcohol, está en camino de recuperarse. Lo más frecuente es que éste no sea el caso. Es cierto que es necesario abstenerse de usar para comenzar a recuperarse del abuso de sustancias. Es un paso enorme que es necesario dar. Pero si esto es todo lo que hace una persona, probablemente no llegará muy lejos. Alguien que solamente deja de usar pero no hace ningún otro cambio en su vida es lo que suelen llamar un "ebrio seco".

Como ya indicamos, la vida de quienes han bebido y usado durante mucho tiempo gira en gran parte alrededor de las drogas y el alcohol. Cuando dejan de usar, necesitan aprender cómo manejar su vida, sus relaciones con la gente y sus problemas de manera diferente. Es muy difícil hacer esto sin ayuda. La mayor parte de las personas necesitan el apoyo de un consejero y un programa tal como *Alcoholics Anonymous*, para hacer cambios y aprender nuevas destrezas necesarias para construirse un nuevo modo de vida. Hay una probabilidad mucho mayor de que un "ebrio seco" recaiga en el uso que la de que recaiga alguien que está en un proceso de recuperación y "sigue un programa". Éste es el término que se usa para alguien que está observando activamente un programa de doce pasos u otro programa de recuperación del abuso de sustancias. Esta persona está aprendiendo diversas maneras de manejar relaciones, responsibilidades, ansias irrefrenables, sentimientos y problemas.

La recuperación del abuso es un proceso que incluye varias etapas en el curso de las cuales, típicamente, las personas encaran diferentes aspectos. A continuación se da un breve resumen de las etapas de recuperación. Es recomendable que las familias y las personas en recuperación lean más sobre el proceso. Un libro donde se puede encontrar una descripción más detallada de este proceso, tanto para adictos como para alcohólicos, es *Staying Sober: A Guide for Relapse Prevention,* de Terence Gorski y Merlene Miller (Herald House-Independence Press 1986).

La recuperación inicial lleva por lo menos un año desde el momento en que uno deja de beber o usar. Durante este período, las personas pueden sufrir síntomas físicos de abstinencia, también llamada "retiro" (*withdrawal*) que varían según el tiempo y la cantidad de sustancias que hayan usado. Estos síntomas pueden ser sumamente dolorosos, alarmantes y estresantes. La mejor manera de llevar a cabo este proceso es con el control de un médico y un programa de detoxificación. La parte más intensa o aguda del síntoma de abstinencia generalmente dura sólo unos días, o a lo sumo una semana. Después de esta etapa, la persona experimenta el síndrome que se llama "Síndrome post-agudo de abstinencia", en inglés *Post Acute Withdrawal Syndrome* (abreviado como *PAWS*). *PAWS* puede durar hasta un año, o más. Durante este tiempo la persona puede experimentar cambios repentinos de estado de ánimo, puede estar irritable, tener problemas de memoria, dificultad para pensar claramente, reacciones emocionales excesivamente intensas o indiferencia emocional, perturbaciones en el sueño, hipersensibilidad al estrés, o dificultad para resolver problemas de su vida relativamente simples.

Los adictos o alcohólicos en la etapa inicial de recuperación están todavía muy lejos de sentirse bien o sentirse como "ellos mismos". Quienes comienzan a beber o usar en la adolescencia tienen muy poca idea de quiénes son como adultos. En la recuperación inicial, las personas pasan por un proceso de llegar a aceptar que son adictos y reconocer los efectos que la adicción ha tenido sobre ellos física, psicológica y socialmente. Comienzan a aprender o reaprender lo que es vivir y funcionar sin que las drogas o el alcohol sean el foco principal de la vida. Las familias deben comprender la enormidad de una transición como ésta. Si hay un trastorno psiquiátrico, las cosas se complican aún más. Las personas probablemente experimentan más síntomas y tienen que encontrar la manera de manejar también éstos.

El proceso de recuperación siempre tiene altibajos. No es un camino suave, fácil y constante. Quienes lo siguen se sienten en algunos momentos impactados, desanimados, sin esperanzas, tienen enormes ansias, y luchan con impulsos de volver a conductas anteriores. Es entonces cuando las familias y los cuidadores pueden ayudar, recordándoles cariñosamente por qué han emprendido este trayecto, y cuánto peor serían sus vidas si volvieran a usar o beber. Es bueno recordar algunas de las experiencias más penosas que han tenido las personas, como por ejemplo vivir en la calle, estar en la cárcel o prostituirse para obtener dinero para comprar drogas. Cuando luchan con el dolor y la agonía de vivir sin drogas, los adictos y los alcohólicos tienden a olvidar las experiencias negativas que tiene el uso, hasta que finalmente aprenden diferentes modos de enfrentar las cosas.

UNA VIDA SALUDABLE

Cuando una persona en vías de recuperación se encuentra a mitad de camino, tiene que aprender a desarrollar un modo de vida equilibrado. Ello suele ser nuevo y diferente para quienes, por las limitaciones de su enfermedad mental y de su adicción, nunca han vivido experiencias que para otros son espontáneas, naturales. Por ejemplo, es sorprendente cuántas personas con condiciones concurrentes no tienen idea de cómo es posible divertirse y pasar buenos momentos sin usar. Integrarse en el mundo un vez que están sobrios puede atemorizarlos. Muchos nunca han celebrado una fiesta o un cumpleaños sin embriagarse. Muchos nunca han tenido experiencias sexuales cuando no estaban bebiendo o usando.

Piense usted en todas las cosas que contribuyen a crear lo que usted considera una vida bien equilibrada. Éstas son las cosas que quienes se están recuperando de condiciones concurrentes tienen que aprender a incluir en las nuevas vidas que necesitan crearse. La lista que sigue, que puede atemorizar a cualquiera, incluye los numerosos elementos en que tienen que concentrarse quienes se encuentran en las etapas intermedias de recuperación.

- Alimentarse con una dieta bien equilibrada, saludable, sin cantidades excesivas de azúcar y cafeína.
- Encontrar ejercicios físicos que les produzcan placer.
- Establecer relaciones normales con familiares y amigos.
- Desarrollar una práctica espiritual.
- Encontrar actividades productivas, tales como trabajo pago o voluntario, estudios, hobbies.
- Aprender a relajarse.
- Divertirse.

- Practicar destrezas que les permitan manejar el estrés y la ira.
- Controlar las recurrencias de síntomas psiquiátricos.
- Controlar las ansias de usar drogas y tomar alcohol.
- Hacer un presupuesto y manejar el dinero.

Es importante que los familiares y los cuidadores tengan paciencia mientras las personas se encuentran en el proceso de aprender o reaprender cómo llevar a cabo todo lo que precede. Algunos estarán esforzándose por lograr todas estas cosas mientras experimentan síntomas psiquiátricos, porque aun no se ha podido determinar la combinación más eficaz de medicamentos.

En las etapas últimas de la recuperación del abuso de sustancias, una persona integra todo lo que ha aprendido y practicado. Descubre cómo resolver problemas más complejos de la vida y cómo modificar las partes de su vida que no funcionan bien. Esto también se vuelve màs complicado para quienes tienen síntomas psiquiátricos más severos. Tienen que aceptar la posibilidad de que la enfermedad limite la capacidad que tienen para lograr todo lo que quisieran.

TRATAMIENTO INTEGRAL DEL DIAGNÓSTICO DOBLE. ETAPAS DE LOS CAMBIOS

El método más efectivo para tratar las condiciones concurrentes se conoce como "tratamiento integral del diagnóstico doble". Lo ideal es que un proveedor, o varios proveedores bien coordinados, atiendan a todas las necesidades de una persona. Este método comprensivo incluye, entre otras cosas, ayudarle a obtener vivienda estable, empleo asistido, tratamiento médico y farmacológico, destrezas sociales, promover su participación en grupos de apoyo mutuo, y ofrecer información a la familia. Para ello el proveedor debe buscar activamente a quienes necesitan tal ayuda, debe reunirse con las personas no sólo en su propia oficina sino donde sea que se encuentren, en la comunidad, en sus casas, en la calle, en los refugios de ayuda social.

El tratamiento integral reconoce la necesidad de apoyo a largo plazo y aborda el problema del abuso de sustancias y las condiciones psiquiátricas con la táctica de reducción del daño que se esboza en el capítulo 2, página 40, en la Guía Rápida de Referencia que lleva el título "CÓMO AYUDAR A QUIENES NO COMPRENDEN QUE TIENEN CONDICIONES CONCURRENTES". Los proveedores necesitan aceptar y seguir el plan llamado "tratamiento en etapas". Fue creado en los programas para gente en recuperación de abuso de sustancias, pero también es muy efectivo para enfrentar condiciones psiquiátricas o concurrentes.

La premisa de este tratamiento es que los cambios en nuestra vida consisten en varias etapas. Para ser lo más eficaz posible, un proveedor o un familiar deben mantener diferentes clases de interacciones con la persona, según la etapa de cambio en que ella se encuentre. A continuación describimos brevemente las etapas de cambio y las correspondientes intervenciones o modos de interacción llamados "etapas del tratamiento". Tenga en cuenta que implementar estas normas es más complicado de lo que parece. La gente no va de la primera etapa a la cuarta en línea recta. Por el contrario, en medio de los pasos hacia adelante, retroceden a etapas previas. Por lo tanto, nuestras respuestas y nuestras tácticas a veces tienen que cambiar abruptamente. Si las familias cobran conciencia de este hecho, se van a sentir menos decepcionadas cuando su familiar da un paso que parece un retroceso. Usted debe recordar también que algunas personas nunca progresan más allá de la primera o la segunda etapa.

La primera etapa es la "pre-contemplación" y la etapa de tratamiento correspondiente se llama "interacción". Ocurre mucho antes de que la persona esté preparada para hacer ningún cambio. En esta etapa la persona no cree que exista un problema. Trabajar o vivir con una persona en esta etapa se parece a lo que es tratar con alguien que no tiene autoconciencia de su enfermedad. Lo más importante es concentrarse en mantener una buena relación, continuando la "interacción" con estas personas y ofreciendo ayuda para lo que ellos identifiquen como problemas, por ejemplo cuestiones médicas o vivienda. Es decir que, si su familiar no piensa que tiene un problema con el alcohol, no va a ser útil que usted le repita que tiene que asistir a un programa de abuso de sustancias. Probablemente, ni su familiar ni usted van a sentir que se los entiende bien, y estas interacciones podrían dañar la relación.

La segunda etapa del cambio, llamada"contemplación", ocurre cuando una persona tiene cierta conciencia de un problema, pero aun no está segura de que quiere hacer cambios al respecto. Esta etapa está caracterizada por la ambivalencia. Será útil que usted considere la ambivalencia como algo positivo, como un progreso a partir de la "pre-contemplación". En esta etapa usted puede anticipar que la persona va a decir y hacer cosas diferentes en momentos diferentes. Un día parecen seguros de que quieren hacer cambios; una hora o un día más tarde dan la impresión de que no creen necesario hacer ningún cambio.

Trate de no sentirse frustrado/a por estas aparentes inconsistencias. Piense, en cambio, en algún momento cuando usted no estaba seguro/a de que quería hacer un cambio. Tal vez pensaba que debería hacer más ejercicio, pero nunca llegó a ponerlo en práctica. Su relación con su ser querido va a mejorar mucho si usted logra tolerar su ambivalencia. No trate de convencerlo de que haga lo que usted piensa que debería hacer. Es más eficaz ayudarles a pesar los pros y contras de hacer un cambio, comparado con el status quo. Aunque se habla de "persuasión" en esta etapa, debe llevarse a cabo a través de preguntas amables y neutrales sobre lo que ellos perciben como ventajas y desventajas de hacer un cambio. Poner demasiado énfasis en una de las dos posibilidades generalmente motiva a la persona en la dirección opuesta. Por ejemplo, si alguien le ha dicho frecuentemente que comience a hacer ejercicios diariamente, usted puede cansarse tanto de oírlo que deja de pensar en los ejercicios por completo.

Para esta etapa de la "contemplación" son útiles las guías que se dan para las entrevistas de lo que llaman "motivación".

a. introduzca una distancia entre lo que alguien dice que es aquello a lo que aspira, e.g., buena salud, y su conducta, e.g., fumar cigarrillos. Usted puede preguntar en tono neutral cómo corresponden una cosa a la otra. Puede decir: "No termino de entender qué tienen que ver los cigarillos con tu meta de gozar de buena salud. Esto permite a la persona que comience a cuestionar lo que elige, y nos da la esperanza de que considere otras opciones.

b. Vaya por donde sopla el viento. Si la persona se resiste a hacer cambios o, por ejemplo, dice que ha perdido interés en dejar de fumar, simplemente acepte esto por el momento. Todo esto requiere mucha paciencia.

c. Evite las discusiones. Tratar de forzar a alguien, o darle la lata para que haga algo, no resulta. Es mucho más importante, satisfactorio y eficaz a largo plazo, mantener una buena relación de apoyo.

d. Control de la vida de las personas. Para todos nosotros es muy importante sentir que estamos en control de nuestras propias vidas. Dado que las personas que sufren condiciones concurrentes sienten que tienen tan poco control en su vida, tienen una necesidad aun más intensa de sentirse en control. Trate de comunicar esperanza a su ser querido y ayúdele a sentirse en control y a confiar en que, cuando esté preparado para hacer cambios positivos, los podrá hacer.

e. Exprese empatía. Hágales saber que usted comprende que la vida de ellos es difícil y que enfrentan decisiones que son un reto. Reconozca cuán difícil es pensar en hacer cambios o hacerlos. Hacerse eco de lo que ellos dicen y hacerles saber que usted escucha y comprende sus experiencias es más importante que tratar de "hacer que hagan" algo diferente.

Sigue la etapa de "acción", precedida por un período de preparación. A esta altura la persona está más segura de que quiere cambiar. Los programas y servicios de tratamiento más tradicionales están estructurados para ayudar a quienes están en esta etapa. Las personas ahora están dispuestas a aprender a manejar su enfermedad o a desarrollar estrategias para dejar de beber o usar. En esta etapa es útil que las familias ayuden al ser querido a encontrar y mantenerse conectado con proveedores de servicios, programas y actividades de recuperación.

La etapa final, llamada de "mantenimiento", llega cuando alguien ha mantenido un cambio durante seis meses. Ahora el foco es ayudar a la persona a que trate de evitar una recaída y a que aprenda de las recaídas si ocurren y cuando ocurren. Son numerosas las destrezas asociadas con la prevención de recaídas. Entre ellas están desarrollar *planes* para responder a los impulsos de regresar a conductas anteriores y aumentar constantemente el repertorio de conductas nuevas.

Suele ocurrir que las personas estén en etapas diferentes con respecto a cuestiones diversas. Por ejemplo, alguien puede estar en "pre-contemplación" de su enfermedad mental, pensando que no tiene tal enfermedad. Al mismo tiempo pueden estar en una etapa de "acción" con respecto a su uso de drogas. Tal vez sienten que el abuso de sustancias es un problema serio y han estado haciendo cambios en su conducta. En este caso usted les hablaría de maneras diferentes sobre el uso de sustancias y sobre los síntomas psiquiátricos.

A continuación se presenta un sumario de las etapas de cambio y las correspondientes etapas de tratamiento o las maneras más eficaces de interacción con su familiar:

ETAPAS DE CAMBIO	ETAPAS DE TRATAMIENTO
PRE-CONTEMPLACIÓN No cree que haya problema o razón para cambiar	**INTERACCIÓN** Meta: mantener una buena relación y ver a la persona regularmente
CONTEMPLACIÓN Ambivalente sobre cambios	**PERSUASIÓN** Mediante técnicas de motivación, ayudar a la persona a sopesar los pros y contras de los cambios
ACCIÓN Comienza a cambiar la conducta	**TRATAMIENTO ACTIVO** Ayudar a la persona a que mantenga los cambios
MANTENIMIENTO Los cambios se han mantenido por un mínimo de seis meses	**PREVENCIÓN DE RECAÍDAS** Elaborar herramientas para manejar los impulsos de regresar a conductas anteriores

Es importante recordar que no existe ningún programa para las condiciones concurrentes que dé buenos resultados para todas las personas. Las intervenciones se deben adaptar individualmente, atendiendo a muchos factores, entre ellos el diagnóstico, los síntomas, la intensidad del uso de sustancias, etapa de recuperación, nivel de funcionamiento, riesgo, motivación, capacidad de autoconciencia y la existencia de un tratamiento a largo plazo que incluya una relación con empatía, así como otros medios de apoyo de la recuperación.

CÓMO PUEDEN AYUDAR LOS FAMILIARES Y CUIDADORES

La investigación ha demostrado que una de las maneras más efectivas de predecir el éxito de alguien que tiene condiciones concurrentes es la presencia de una relación continua de empatía y optimismo, en la cual se desarrolla un tratamiento integral y un cuidado coordinado a través de múltiples episodios de tratamiento. Para que esto ocurra, se requiere un sistema comprensivo, continuo e integrado de cuidado y también individuos dentro de ese sistema que ayuden a la persona a lo largo del tiempo.

A veces se trata de un coordinador de servicios, un doctor o un terapeuta que conoce a la persona y trabaja con ella continuadamente, a través de numerosos altibajos, recaídas y desplazamientos. Las familias suelen desempeñar este papel porque los servicios que serían apropiados son escasos, y aun cuando existen, puede haber poca continuidad en el personal. Esta no es una tarea fácil ni para las familias ni para los cuidadores profesionales. Las personas con condiciones concurrentes pueden ser individuos muy difíciles, con quienes es muy arduo trabajar y mantener una relación. Muchas de sus conductas producen reacciones de rechazo, son irritantes y causan daño. Los familiares a menudo necesitan tomarse pausas para recuperarse de estos efectos.

Por más que los cuidadores estén perfectamente informados sobre la recuperación del abuso de sustancias y los trastornos mentales, lo que pueden hacer tiene límites. Si las personas con condiciones concurrentes no dan los pasos necesarios, si no están dispuestos a hacer cambios en su vida, es muy poco lo que pueden hacer los demás. Necesitan muchísima ayuda para recuperarse, pero a menos que ellos mismos tomen la decisión firme de recuperarse, nadie puede hacerlo por ellos. Muchas veces ésta es una fuente de gran frustración y sufrimiento para las familias que están tan ansiosas por ver progreso y mejoría en la vida de su ser querido.

Para la mayoría de estas personas, un aspecto sumamente importante de la recuperación del abuso de sustancias o de las enfermedades mentales es integrarse en una comunidad con otras personas en proceso similar de recuperación. Los programas de doce pasos ofrecen oportunidades efectivas y accesibles para obtener este tipo de apoyo. Por eso es útil que los familiares y amigos se pongan al tanto de los principios y las prácticas de los programas de doce pasos. Muchas reuniones están "abiertas" a quienes no son adictos ni alcohólicos. Se recomienda asistir a varias reuniones. Esta experiencia ofrece una comprensión mucho mayor que la que se obtiene leyendo acerca de los principios y prácticas usados en las reuniones. El resumen que sigue de muchos de los aspectos importantes de los programas de doce pasos responde a la intención de ayudar a percibir cómo funcionan las mentes de los adictos y así comprender los cambios que ocurren durante el proceso de recuperación.

Los programas de doce pasos son mucho más que simples reuniones: ofrecen una comunidad de personas que están luchando con problemas similares y que se ayudan unos a otros, de maneras diversas, para mantenerse limpios de drogas y sobrios. Quienes se abstienen de drogas y alcohol se reúnen en conferencias, en actividades de recreación y en ocasiones sociales. Hay libros que permiten aprender más sobre los conceptos, los principios y el nuevo modo de vida que se suelen discutir en las reuniones. Los principios tienen mucho en común con los principios que enseñan la mayoría de las religiones. Promueven como ideales ser un miembro productivo de una comunidad, vivir una vida honesta, respetándose a sí mismo y a los demás. Se alienta a las personas a pensar en sus conductas, a aceptar responsabilidad por sus errores y a tratar de desagraviar a quienes hayan dañado.

La que sigue es una lista de refranes y frases usados habitualmente para los conceptos y los valores que son centrales en la cultura de doce pasos. Incluye breves descripciones o explicaciones sobre las tendencias de los adictos a quienes están dedicados.

- "Paso a paso". (Tratemos de mantenernos sobrios hoy, sin pensar en un futuro demasiado lejano.)
- "Tómalo con calma". (Adoptemos un ritmo tranquilo, para poder manejar mejor las cosas.)
- "Poco a poco". (Demos un paso cada vez, mejorando gradualmente. Progreso, no perfección.)
- "Mantenerlo simple". (No compliquemos las cosas haciéndolas difíciles de manejar.)
- "Primero lo primero". (En lugar de ponernos ansiosos sobre posibles problemas futuros, concentrémonos en las prioridades del momento.)
- "Pensar con claridad". (No racionalicemos la bebida, el uso de drogas, las conductas propias de los adictos).
- "Confiar en un poder mayor". (Confiemos algunas cosas a un poder más grande que el nuestro. No podemos controlarlo todo.)
- "Hacer inventario". (Reconozcamos los errores que hemos cometido y cómo hemos hecho daño a otras personas con

nuestra adicción. Cada persona debe hacer su propio inventario).

- "Reparar los daños". (Admitamos nuestros errores y pidamos perdón a quienes hemos hecho daño con nuestra adicción).
- "Fingir para realizar". (Hagamos o digamos cosas saludables, aunque sintamos el impulso contrario).
- "La fuga no es una solución". (Cambiar el lugar de trabajo o de vivienda no cambia lo que sentimos: no huyamos de los problemas).
- "Dar lo que se recibe." (Compartamos con otros individuos o con la comunidad algo de lo que hemos aprendido y recibido nosotros).
- "Hechos y no palabras". (Practiquemos lo que decimos, no seamos como quienes hablan y no llevan a la práctica lo que dicen).
- "Noventa en noventa." (Vayamos a noventa reuniones en noventa días para volver a concentrarnos en la recuperación después de una recaída o como intervención para evitar una recaída inminente).

Para cumplir un programa de doce pasos hay que tener uno o más espónsors o patrocinadores. Tener a alguien que patrocine a la persona es un parámetro significativo y un elemento importante para cumplir un programa. Los patrocinadores han pertenecido a un programa de recuperación durante cierto tiempo y pueden ayudar a su "patrocinado" en el proceso de "cumplir con los pasos". Generalmente esto implica escribir y conversar sobre cada uno de los doce pasos tal como se apliquen personalmente al patrocinado. Los patrocinadores también son accesibles para que el patrocinado hable con ellos si está pasando por momentos difíciles o siente ansias de beber o usar. Los patrocinadores no son consejeros ni terapeutas, son personas capaces de escuchar, compartir sus propias experiencias personales en situaciones similares y ayudar a que otros descubran alternativas sanas para el uso de drogas o la bebida. Es esencial que quienes buscan a un patrocinador encuentren alguien con quien se sientan cómodos para hablar, alguien a quien respeten y de quien puedan aprender. Participar en programas de doce pasos ofrece a las personas una oportunidad de hacer lo que se repite en casi todas las reuniones: compartir las experiencias, la fortaleza y la esperanza para resolver problemas comunes.

Frecuentemente se hacen varias preguntas sobre los programas de doce pasos para quienes tienen condiciones concurrentes. En primer lugar, se suele preguntar en qué medida quienes asisten a las reuniones entienden los síntomas y los medicamentos psiquiátricos. Esto varía muchísimo de reunión a reunión. Es buena idea que quienes quieren asistir a las reuniones prueben varias, hasta encontrar un grupo en el cual se sientan cómodos. En algunos grupos hay participantes jóvenes o mayores, en algunos solamente mujeres, en algunos solamente alcohólicos, en otros asisten también adictos a otras drogas, etc. Hay grupos en que se habla en español. Si bien la oficina nacional de *Alcoholics Anonymous* toma pocas "posiciones oficiales", han aceptado que quienes tienen recetas legítimas tomen medicación. No todos los participantes en las reuniones están enterados de esto, pero cada vez son más quienes lo saben. Todavía hay quien cree, incorrectamente, que quienes se están recuperando de la adicción a las drogas o al alcohol no deben tomar ninguna medicación, independientemente de los trastornos concurrentes que puedan tener. Para las personas con condiciones concurrentes puede ser muy difícil encontrarse con estas opiniones, sobre todo al comienzo de su recuperación. Quienes se sienten más seguros de sí mismos y de su recuperación están en condiciones de educar a los participantes de los programas de doce pasos que alberguen estas ideas erróneas.

Existe un movimiento creciente que ofrece a las personas con condiciones concurrentes una alternativa excelente a los programas de doce pasos. Se trata de grupos de doce pasos específicamente diseñados para quienes tienen un diagnóstico doble. Un grupo llamado *Dual Recovery Anonymous, DRA* (Doble recuperación anónimos), por ejemplo, ha hecho una tarea brillante, modificando los doce pasos para que sean más relevantes y ofrezcan mayor apoyo a las personas con trastornos psiquiátricos recurrentes. Quienes están interesados en asistir a reuniones de doce pasos harían bien en buscar un grupo como éstos en el área donde viven, o en considerar la formación de un grupo. Hay también lecturas y otros materiales que pueden interesar a las familias, cuidadores, y a las personas con diagnóstico doble que no quieren asistir a reuniones. Esta información se puede obtener en el Internet en el sitio de DRA: www.draonline.org, o llamando a la Oficina Central de Servicios Mundiales de DRA: 1-877-883-2332.

Otro obstáculo que se puede presentar para las personas con condiciones concurrentes o para sus cuidadores es el lenguaje religioso que se usa en la literatura tradicional de doce pasos. No todos comprenden que es perfectamente aceptable pensar en cualquier clase de "poder superior" en lugar de la noción tradicional de Dios. Si bien los programas de doce pasos alientan a la gente a que desarrolle su espiritualidad y use meditación, no insisten en una creencia específica en Dios. Se puede avanzar en los doce pasos muy eficazmente pensando en una fuerza más poderosa que la que lo impulsa a uno a usar o beber. Puede ser una fuerza externa, tal como la naturaleza, o interna, tal como un "yo más elevado". Hay otros grupos de recuperación, como *Rational Recovery* (Recuperación racional), en que se alienta a las personas a que vivan vidas limpias y sobrias sin hacer mención de Dios. Estos grupos pueden ser más apropiados para las personas cuyos síntomas psiquiátricos incluyen alucinaciones o preocupaciones religiosas. Lo mismo que ocurre con DRA, lamentablemente estos grupos no están disponibles todavía en todas partes.

Las familias deberían apoyar todos los esfuerzos de los individuos para encontrar un grupo de apoyo en el cual se sientan cómodos. Hay grupos dedicados a la adicción a una droga específica, tales como *Narcotics Anonymous, NA* (Narcóticos

Anónimos), *Marijuana Users Anonymous, MA* (Marihuana Anónimos). No tiene mucha importancia cuál es la sustancia de la que abusaba una persona. Más importante es encontrar un grupo de gente con quienes la persona se sienta cómoda para hablar de la recuperación y para recibir y dar apoyo.

Hay otros métodos cruciales para que la familia y los cuidadores ayuden a alguien con diagnóstico doble para que viva la mejor vida posible. Se sintetizan en la Guía Rápida de Referencia titulada "CÓMO PUEDEN AYUDAR LAS FAMILIAS A MINIMIZAR EL ABUSO DE SUSTANCIAS".

CÓMO PUEDEN AYUDAR LAS FAMILIAS A MINIMIZAR EL ABUSO DE SUSTANCIAS

- Hable de sus preocupaciones aunque su familiar niegue el abuso.
- Infórmese.
- Reconozca la magnitud del proyecto de dejar de usar drogas o alcohol.
- Aprenda cuáles son las interacciones de las drogas y el alcohol con los síntomas y los medicamentos.
- Aliente a su familiar a que busque tratamiento y grupos de apoyo *(DRA, AAA, National Recovery)*
- Apoye cualquier práctica espiritual que no sea alucinatoria y que ofrezca alivio.
- Mantenga límites precisos y claros.
- No facilite ni apoye el uso de drogas o alcohol.
- Tolere las recaídas pero distíngalas del regreso al abuso.
- En momentos de estrés, si su familiar se lo pregunta, recuérdele las alternativas saludables para el abuso.
- Conecte con el uso las consecuencias negativas que produce.
- No trate de controlar a la persona.
- No beba ni use drogas en presencia de su familiar.
- No tenga alcohol ni drogas en lugares accesibles.
- Participe en grupos de apoyo a las familias, como ALANON, CoDA, NAMI.
- No sienta culpa ni vergüenza.
- No se aísle.

(sigue)

- Desarrolle un plan para usted mismo, piense qué haría en caso de una emergencia, y *si es posible* incluya en el plan a la persona enferma.
- Busque ayuda para los hermanos o hermanas que a veces resultan postergados por la atención que se da al consumidor.

LA COADICCIÓN O CODEPENDENCIA

Cuando alguien tiene una enfermedad seria, es natural que su familia y sus amigos quieran ayudarle. La mayor parte de los padres o cuidadores primarios quieren hacer todo lo posible para que la persona se sienta mejor. Los familiares frecuentemente están dispuestos a dedicar una gran cantidad de tiempo, energía y recursos para ayudar a alguien que está en crisis. Todo esto está muy bien. Surgen problemas cuando las crisis se vuelven continuas y el cuidador dedica tanto tiempo y energía al consumidor que ayudarle se convierte en el centro absoluto de su vida. Ayudar a la persona que lo necesita comienza a consumir todos los pensamientos y conductas del cuidador, de manera semejante al modo como las drogas y el alcohol consumen a un adicto. Se suele llamar a esto "codependencia". Dado que para algunos este término ha adquirido connotaciones negativas, se puede decir en cambio "coadicción". La coadicción es una condición en la cual alguien ya no puede manejar su vida, como resultado de tener una relación estrecha con una persona que sufre una enfermedad mental seria o un diagnóstico doble. Un indicador posible de coadicción se da cuando sus amigos o familiares en quienes usted confía le sugieren que usted se dedica demasiado a su ser querido.

La coadicción progresa de manera previsible. Empeora, a menos que la persona se dé cuenta del problema y haga`````````````````` específicos para disminuirla. Tal como ocurre con la adicción, puede convertirse en un problema crónico que tiende a la recurrencia, a las recaídas. La gente debe aprender a contrarrestar la coadicción y obtener el apoyo necesario para lograrlo. Algunas personas tienen el mejor resultado con la ayuda de un psicoterapeuta o consejero individual. Para otras lo mejor es asistir a un grupo de apoyo. A semejanza de lo que ocurre con la adicción o los trastornos mentales, es sumamente difícil para una persona tener éxito en recuperarse totalmente sin ayuda.

Así como hay varias etapas de adicción y recuperación, las hay para la coadicción. La Guía Rápida de Referencia que lleva el título "COADICCIÓN" presenta un resumen del problema y de la recuperación del mismo.

COADICCIÓN

Etapas de la coadicción:

1. Primera etapa—Usted trata de ayudar, dedica tiempo, energía y apoyo financiero al familiar que lo necesita.
2. Etapa intermedia—Usted se esfuerza aún más; los intentos de ayuda son más desesperados y más intensos.
    *   Siente una necesidad extrema de proteger al familiar y de asegurar su bienestar.
    *   Limita las actividades que son productivas para usted mismo.

3. Etapa final—La familia se descompagina o se desintegra, como lo demuestra una o más de las señales siguientes:
    *   Esquemas específicos y repetitivos de conductas autodestructivas e ineficaces.
    *   Las ideas y la conducta están fuera de control.
    *   Aparecen dolencias producidas por el estrés.
    *   Se deteriora significativamente el bienestar físico, social y psicológico de los miembros de la familia.

Recuperarse de la coadicción requiere:
*   Aprender a aceptar y separarse de los síntomas de adicción y trastorno mental.
*   Aprender a manejar y controlar los síntomas de coadicción. (sigue)

- Elegir conductas adecuadas, tales como las que se esbozan en las páginas 161-162.
- Aprender a manejar las recaídas en conductas coadictivas.
- Mantener un estilo de vida saludable, que incluya obtener ayuda para la coadicción y participar con otras personas en actividades que no tengan nada que ver con la persona que tiene un diagnóstico doble.

Algunas familias de las personas con trastornos psiquiátricos se han sentido muy alienadas y ofendidas por ciertos grupos de coadicción como *Co-dependents Anonymous, CODA* (Codependientes anónimos) o *Al-Anon* (Alcohólicos anónimos). A otras personas las han ayudado mucho. Lo mejor que pueden hacer quienes piensan que tienen problemas en este terreno es asistir a una de las reuniones y ver si es útil. Lo más productivo para las familias en las que hay alguien con condiciones concurrentes es un grupo de apoyo específico para esa clase de familias. Sería muy conveniente que los miembros de NAMI establecieran grupos de apoyo para las familias afectadas por diagnósticos dobles.

Estas familias se enfrentan al extraordinario reto de aprender cómo medir el alcance y la clase de participación que deben ofrecer a su familiar, en relación con los cambios en éste en cuanto a la severidad de los síntomas psiquiátricos y al abuso de sustancias. Cuando los síntomas psiquiátricos se vuelven agudos, es apropiado que la familia dé más apoyo e intervenga más. Cuando las personas comienzan a usar o a beber, es necesario un método más activo de confrontación. Cuando las personas están usando, bebiendo, y mostrando conductas adictivas, puede ser muy poco lo que nadie puede hacer para que paren. La mejor estrategia que usted puede adoptar consiste en mantener suficiente distancia como para protegerse a sí mismo y a los demás del robo y otras formas de abuso verbal, físico, financiero, etc. El contacto puede tener que limitarse a determinar si necesitan una intervención de urgencia, tal como llamar a la policía u obtener una hospitalización.

Muchos programas de doce pasos concluyen con la Oración para la Serenidad. Esta es una sabiduría que ayuda a todas las personas, particularmente a las que tienen condiciones concurrentes, a sus amigos y a sus familias. Se menciona aquí para recordarle a usted una de las estrategias más importantes para todos. A veces la primera palabra es "Señor". Tiene similar efecto si uno piensa en cualquier forma de poder superior como fuente de vida y sabiduría. Le pedimos a esa fuente la serenidad de aceptar aquello que no podemos cambiar, el valor para cambiar lo que podemos, y la sabiduría necesaria para reconocer la diferencia.

6

Cómo enfrentar los propios
sentimientos

Ver que una persona a quien uno ama sufre una enfermedad mental mayor o condiciones concurrentes es una experiencia sumamente dolorosa, devastadora, que confunde y enoja. Como la naturaleza de las enfermedades es tal que los síntomas pueden aparecer y desaparecer imprevistamente, usted nunca sabe qué esperar. Probablemente usted va a sentir emociones que oscilan entre extremos opuestos—pasando de la esperanza a la rabia, o a una gran tristeza, o a preguntarse "¿Por qué me pasa a mí?" o a desear que su vida hubiese sido tan normal como la de mucha gente a quien usted conoce.

Este capítulo explora las preocupaciones y sentimientos que son comunes entre los padres y madres, compañeros, hermanos y hermanas, hijos e hijas, y amigos de quienes sufren un trastorno mental. Ofrece sugerencias para enfrentar los problemas que producen algunos de estos sentimientos. Así como es importante comprender la naturaleza del mundo de las enfermedades mentales, es importante también que usted comprenda y admita cómo es su *propio* mundo. Tenga por seguro que usted no es el único o la única a quien le sobrevienen los sentimientos y las ideas que usted tiene sobre su familiar y sobre su propia vida.

No es justo que tanta gente excelente, llena de amor, vea sus vidas destrozadas por enfermedades severas. Esta injusticia es capaz de hacer tambalear las creencias más firmes sobre religión, moralidad y el sentido de la vida humana. Es sin duda un reto increíble tratar de integrar el dolor y sufrimiento que usted ve y siente dentro de una visión más optimista del mundo. Hay quienes pasan años tratando de entender por qué ha ocurrido a su familia algo tan terrible, tratando de encontrar algún significado o dar algún sentido a una situación que carece totalmente de sentido. Es simplemente una cuestión de suerte que algunas familias tengan que enfrentar estas experiencias terribles y otras no. Suele llevar años llegar a resolver o aceptar estas desigualdades de la vida.

Desgraciadamente, muchas familias se sienten incómodas o avergonzadas por las enfermedades mentales, como si fueran un reflejo de ellos mismos. Esto es verdad, especialmente, en el caso de niños con un padre o madre que sufre un trastorno mental o adolescentes con un hermano o hermana enfermo mentalmente. En la primera etapa de la vida tenemos una sensibilidad especial para lo que otras personas piensan de nosotros y de nuestra familia. Los niños quisieran creer que sus padres y hermanos son maravillosos. Que un familiar directo exhiba una conducta obviamente extraña puede ser devastador para un niño o una niña. Esta situación puede forzarlos a asumir responsabilidades adultas mucho antes de estar preparados para ello, y puede conducir a problemas cuando lleguen a la edad adulta.

La razón profunda de que esto sea así es la dificultad que tiene nuestra cultura para aceptar personas que son diferentes. Son mayoría los que no se entienden bien con gente que tiene ideas diferentes, aspectos diferentes, o que sufre una enfermedad mental y en consecuencia puede actuar de manera diferente. A veces nos inspiran miedo, a veces los tratamos como parias o como ciudadanos de segunda clase. Es muy lamentable que no se nos haya enseñado a considerar los trastornos mentales de la misma manera que vemos las enfermedades cardíacas, la diabetes u otras enfermedades. Sería raro que alguien se sintiera avergonzado por tener un familiar con un trastorno cardíaco.

Los familiares de quienes sufren una enfermedad mental suelen llegar a sentir terror si suena el teléfono. Nunca saben quién puede estar llamando. Tal vez sea el familiar enfermo que llama para pedir dinero o para descargar una rabia sin motivo aparente, o puede ser el hospital, la policía, o una unidad de crisis. La lista de posibilidades es infinita, y ninguna trae buenas noticias.

Cuando pasa el tiempo, quienes han estado tratando con un ser querido que sufre una enfermedad mental pueden llegar al extremo de sentir que no pueden continuar. Se sienten como si estuvieran caminando sobre cáscaras de huevos, sin saber nunca qué puede servir de detonador para la persona enferma. Algunos familiares que han tratado todo sin obtener nada se sienten exhaustos y creen que deben cambiar su número de teléfono, irse a otra ciudad o cortar todo contacto. Pueden llegar a estar tan exasperados que desean que la persona enferma desaparezca o incluso que se muera.

Aunque a nadie le resulta aceptable el deseo de que se muera un ser querido, es una reacción común y es muy comprensible. Ser testigo del deterioro gradual o episódico de alguien a quien se ama es una verdadera tortura; hace que uno tenga la esperanza de que termine. Esto no significa que usted no ama a su familiar, sino que usted está experimentando inmenso dolor y se siente inerme, sólo puede pensar en que su propio sufrimiento y el de su familiar terminen de una vez. Es como si alguien deseara la eutanasia de la persona que sufre: no es una indicación de indiferencia. Más importante aún, lo que se esconde por debajo de este deseo es la esperanza perdida de que la persona enferma deje de sufrir en una recuperación completa.

Desdichadamente, muchas personas tornan algunos de estos sentimientos contra sí mismos y contra quienes los rodean. El dolor consume a los familiares que tienen sentimientos secretos de culpa y se consideran responsables por lo que ha ocurrido a su ser querido. Si pudiéramos recibir cinco centavos por cada noche que el familiar de una persona con trastornos mentales pasa sin dormir, probablemente reuniríamos dinero suficiente para encontrar una curación. Muchos describen cómo se despiertan en mitad de la noche, culpándose a sí mismos por no haber hecho algo diferente de lo que hicieron, pensando que podrían haber prevenido la enfermedad. Pasan horas preguntándose "*¿qué habría pasado si*...si yo hubiese insistido en sacarlo de la clase de la maestra de segundo grado a quien odiaba? Tal vez entonces no se habría enfermado". O peor todavía: "Si el padre hubiese sido más cariñoso con ella, entonces..." En lo que sigue de este capítulo hablaré de la culpa y de la manera de manejar estos sentimientos.

Las familias albergan resentimientos por la manera como los trastornos mentales desbaratan sus vidas. Hay padres que tenían la ilusión de retirarse, disminuyendo sus responsabilidades, pero tienen un hijo o hija de cuarenta años que todavía depende de ellos; o, por ejemplo, una hija adulta tiene que cuidar a su madre enferma, además de cuidar a sus propios hijos; una jovencita tiene un hermano enfermo que sigue requiriendo, la mayor parte del tiempo, la energía y las reservas financieras de sus padres. Estas personas no pueden dejar de recordar constantemente el impacto que la enfermedad mental tiene sobre sus vidas.

Hay además errores sociales muy generalizados que tiñen la interacción que tiene usted con amigos y parientes, quienes están sumamente ansiosos por darle consejos, en su mayor parte equivocados, sobre cómo tratar a su familiar enfermo. Lo que dicen implica, o lo expresan abiertamente, que usted ha causado el problema o usted lo perpetúa. El tío que le dice que debía haber sido más estricto o el maestro o la maestra que le dice que ha sido demasiado estricto, o el abuelo o abuela que le dicen que usted hace demasiado—aunque todos lo hacen con buenas intenciones, ninguno de ellos se imagina cuánto añaden a su dolor, a sus dudas y a sus temores sobre el papel que usted puede haber desempeñado en la enfermedad de su ser querido.

Vivir con alguien que tiene una enfermedad mental, o tener una persona así en la vida de uno, inevitablemente crea una vasta serie de sentimientos. Algunos de estos sentimientos disminuyen cuando usted aprende a manejar su estrés y a tratar más eficazmente a su familiar enfermo. Sin embargo, es de la mayor importancia recordar siempre que ninguno de sus sentimientos es inadecuado. Si usted reconoce esto, puede evitar el sufrimiento innecesario que surge de la culpa que siente por su propia rabia, frustración y desesperanza. A continuación se describen algunas de las reacciones más difíciles que tienen las familias y los amigos sanos, con sugerencias para manejarlas. Es natural cometer errores; solamente cometiendo errores podrá saber usted qué es lo que tiene resultado para su familiar enfermo. Si usted no está cometiendo erorres, probablemente no está explorando todas las posibilidades.

EL PROCESO DE DUELO

Cuando alguien exhibe por primera vez los síntomas de una enfermedad mental, por lo general quienes rodean a esa persona están confundidos, perturbados. Repentina o gradualmente, ven a su ser querido actuar y hablar de modos extraños y diferentes que no tienen sentido. Pueden pensar que la conducta desacostumbrada es una fase, una parte de la adolescencia, una reacción a drogas o una respuesta al estrés. Pero cuando los síntomas persisten, asisten a una transformación completa de su ser querido, y su temor, ansiedad, preocupación y sufrimiento aumentan.

Casi todos nosotros reaccionamos al diagnóstico de cualquier enfermedad seria, crónica, o que puede terminar la vida de un ser querido, con shock y negación. Nos parece imposible que alguien que hasta hace poco estaba sano y feliz haya recibido de pronto una sentencia de largo tiempo de sufrimiento. Pueden pasar días, semanas, meses, hasta años sin que podamos creer que esto ha ocurrido. Al principio todo parece irreal. Vamos de acá para allá aturdidos, pensando, "Esto no puede estar pasándome a mí, no puede pasarle a mi familia".

La mayoría de las personas en esta situación sienten también una gran tristeza. Quienes pueden llorar, lloran mucho. Los que no pueden llorar acarrean su pena escondida. Sentimos la tragedia de ver la devastación que esto trae a la vida de un ser querido. Es particularmente doloroso para los padres ver cómo su hijo o su hija, una persona joven, adulta, llena de promesas, recibe este golpe en la flor de la vida. Ven que va a tener una vida muy inferior a lo que ellos ambicionaban. Para todos los fines prácticos, han perdido al hijo o hija que tenían una vez. Y sin embargo cada vez que los ven recuerdan el potencial anterior, especialmente cuando se siente un poco mejor y se parece más a lo que solía ser. Los hermanos también sienten una pérdida muy especial cuando el hermano o hermana mayor a quien querían y tal vez veían como modelo, ya no puede funcionar bien y ha cambiado en muchos otros respectos.

Finalmente, por lo general, cuando nos sentimos inermes, sin recursos para mejorar los síntomas de la enfermedad, nos sobreviene muchísima frustración y rabia. La indignación puede dirigirse contra el sistema de salud mental, o contra las instituciones públicas, que no dedican fondos suficientes para investigación y tratamiento de las enfermedades mentales. Ésta es una de las maneras más productivas de sentir indignación, especialmente si el resultado es un esfuerzo para cambiar las prioridades de los gobiernos. Lamentablemente, más a menudo la rabia se dirige a la persona enferma o a los miembros de la familia que no están de acuerdo con nosotros en el modo de manejar la situación. Muchos conflictos familiares tienen como tema cómo manejar a la persona enferma o la crisis más reciente.

Los sentimientos descritos más arriba—negación, tristeza y rabia—son parte del proceso natural de duelo y son reacciones típicas ante una enorme pérdida. Una enfermedad mental mayor constituye en efecto una enorme pérdida. La persona a quien conocíamos rara vez volverá a estar con nosotros. Usted debe permitirse vivir este duelo.

En este país la mayor parte de la gente tiene mucha dificultad para lamentar la muerte o para estar con otros que estén lamentando la pérdida de alguien querido. Cuando muere alguien o cuando se acaba una relación personal importante, por lo general caemos repetidamente en negación, ira y depresión, hasta que finalmente llegamos a aceptar la pérdida. Este proceso es mucho más difícil para los familiares de alguien que tiene un trastorno mental, porque no se da la misma finalidad. La persona parece habernos abandonado, pero luego, cuando los síntomas amainan, nos parece que ha regresado, al menos parcialmente. Es inevitable que alentemos esperanzas, las cuales se desmoronan nuevamente cuando los síntomas vuelven a intensificarse. Es como una interminable montaña rusa. Justo cuando usted ha aceptado la situación tal como es, cambia. Los síntomas impredecibles y de severidad constantemente variable causan mucho sufrimiento a las familias.

El duelo, sin embargo, es un elemento necesario en el proceso de aprender a vivir con un familiar que tiene una enfermedad mental seria. Pasar por la negación, la rabia, la tristeza y la depresión que acompañan la pérdida de un ser a quien amamos lleva mucho tiempo. Lleva en realidad más tiempo de lo que usted quisiera, más de lo que usted espera, más de lo que usted piensa que debería llevar.

RECUPERACIÓN DE LA FAMILIA

Más arriba discutimos lo que significa la recuperación de una enfermedad mental para quienes están sobreviviendo síntomas psiquiátricos. Veamos ahora el proceso de recuperación que experimentan los miembros de la familia.

Cuando un miembro de la familia experimenta la transformación que ocurre en un trastorno mental y en un trastorno de adicción, la familia también vive su propio trauma. Hay un proceso de recuperación de ese trauma por el cual también pasa cada uno de los miembros de la familia. Este proceso implica reajustar nuestras actitudes, el modo como sentimos, lo que creemos, nuestra percepción de nosotros mismos, de otros familiares, y nuestras ideas sobre la vida. Es natural tener reacciones intensas frente a experiencias intensas, dolorosas o traumáticas. Al pasar por estas emociones ocurre en nosotros un proceso de auto-renovación que nos transforma. Es cierto que nos sacude hasta las fibras más íntimas, pero a menudo terminamos más fuertes y más conectados con lo que somos nosotros, con quienes nos son más queridos y con lo que es para nosotros lo más importante.

Las familias y los cuidadores deben tener en cuenta varias cosas. Como ocurre en cualquier proceso de recuperación, cada persona progresa a su propio paso. No es un proceso linear. Habrá transiciones entre las diferentes etapas y en cada una de ellas.

Frecuentemente la primera etapa es de negación, en que no podemos creer que pueda haber enfermedad mental o abuso de sustancias en nuestra familia, afectando a nuestro ser querido. Es una reacción natural cuando se recibe cualquier tipo de noticia abrumadora, especialmente el diagnóstico de una enfermedad seria. Todos los familiares y los profesionales tenemos que aprender a aceptar que va a ocurrir algún grado de negación. La mejor respuesta es compasión y empatía. Lo mejor para una persona que se encuentra en esta etapa es que comprendamos lo difícil que es aceptar que estén ocurriendo esos cambios o esos trastornos.

Gradualmente la gente termina reconociendo que los problemas son reales y que no se resolverán rápidamente. Pueden comenzar a sentir culpa, vergüenza, la pérdida de la persona y la pérdida de su propia vida como había sido anteriormente. Se puede ayudar a quienes pasan por esta etapa identificando el proceso de duelo como tal, y reconociendo los sentimientos que están teniendo lugar. Es útil también hablar sobre las crisis religiosas que pueden ocurrir. La gente puede muy bien cuestionar todas las ideas y creencias espirituales que se refieren al sentido y al orden que existen en la vida.

Cuando se procesan estos sentimientos, pasan al frente el deseo de sobreponerse a ellos y de recobrar la sensación de ser competente. Poco a poco la gente se concentra en encontrar soluciones e intervenciones eficaces. Los profesionales y otros pueden ser sumamente útiles si proporcionan información sobre las enfermedades, los servicios y tratamientos accesibles y las estrategias para hacerles frente. En este momento, como en otros momentos cualesquiera en que las familias están expuestas a estas penosas realidades, pueden surgir la frustración, la ira y el desaliento por la falta de servicios adecuados. Los profesionales harán bien en no tomar estos sentimientos como ataques personales; en cambio, deben concentrarse en la manera como todos los participantes pueden esforzarse conjuntamente para ayudar al consumidor a que se beneficie lo más posible de los recursos disponibles.

Con el tiempo, todos quienes participan de esta experiencia sienten mayor confianza y mayor capacidad para hacer frente a los millones de problemas que se les presentan. Avanzan en el proceso hasta alcanzar un nuevo nivel de comprensión de sí mismos, de su familiar y del sistema de servicios. Aun cuando los síntomas pueden continuar, las familias están en condiciones de liberarse de mucha culpa y mucha vergüenza y de concentrarse cada vez más en los mejores métodos para adaptarse. Son más optimistas con respecto a sí mismos, a su ser querido y a los profesionales. Pueden dirigir parte de su energía a abogar por cambios en los sistemas locales de servicios o pueden ayudar a otras familias a hacer frente a los problemas. Encuentran nuevas formas de vivir y aceptar los cambios en su ser querido y en la familia. Nuevamente pueden gozar de su relación con otra gente y de las actividades de su vida.

Hay, sin embargo, personas que tienen gran dificultad en transitar este camino. Tal vez necesitan ayuda psicológica individual y el apoyo permanente de un grupo. Pueden estar detenidos en una etapa de la recuperación o quizás están luchando con problemas de codependencia.

CÓMO MANEJAR EL ESTRÉS

Los sentimientos y las situaciones que experimentan las familias de personas con trastornos mentales aumentan considerablemente el estrés que sienten. Es un hecho que los familiares y amigos de esos enfermos muchas veces tienen dolores de cabeza y problemas digestivos. Pueden tener dificultad para dormir, comer, o en su vida social, y pueden experimentar todas las restantes manifestaciones de estrés que son tan comunes. El estrés de una enfermedad mental es capaz de destruir, y en efecto destruye, la unidad de muchas familias. Lamentablemente hay muchos divorcios entre los padres de quienes sufren un trastorno mental. Padres y madres suelen tener opiniones muy intensas y muy diferentes sobre la mejor manera de manejar las situaciones, sobre el grado de participación de los padres, y sobre los límites para cuidar a la persona versus animar a la persona a cuidarse a sí mismo o a sí misma.

Los investigadores han creado una escala para medir el estrés, evaluando diferentes acontecimientos según el grado de estrés que suelen causar. No es sorprendente que muchos de los acontecimientos que aparecen en la parte más alta de la escala de estrés ocurren en familias donde hay un miembro con un trastorno mental. Éstas son algunas de las categorías que muchas veces se aplican a los amigos y familiares de las personas con trastornos mentales:

- cambios en el estado de salud o la conducta
- cambios en la situación financiera
- cambios en el número de conflictos con el cónyuge
- dificultades sexuales
- un hijo o una hija se van de la casa
- problemas con los parientes políticos
- cambio en las condiciones de vida
- cambio en los hábitos personales
- cambio en los hábitos de recreación
- cambio en los hábitos de sueño
- cambio en los hábitos de alimentación
- cambio en las reuniones familiares
- separación matrimonial

Para aprender a manejar con éxito el estrés hay que dar varios pasos importantes. En primer lugar, usted debe comenzar por reconocer qué es lo que le produce estrés; segundo, cómo reacciona cuando está estresado; y finalmente, qué es lo que le ayuda a sentirse mejor. Si no encuentra maneras de manejar el estrés, ni usted ni otros miembros de la familia podrán ofrecer a su familiar la calidad de apoyo que necesita.

Esto es como darle sus herramientas a un carpintero que está agotado y fuera de sí, y pedirle que construya unos armarios. Vivir con esos armarios le resultaría a usted tan poco deseable como vivir con los resultados de su interacción con alguien que sufre un trastorno mental cuando usted se siente vacío y enojado. La Guía Rápida de Referencia con el título "HOJA DE TRABAJO PARA MANEJAR SU PROPIO ESTRÉS" puede ayudarle a lograrlo.

HOJA DE TRABAJO PARA MANEJAR SU PROPIO ESTRÉS

Identifique tres situaciones que crean estrés en su vida.

1. _____

2. _____

3. _____

¿Cómo se siente en cada una de estas situaciones (con ansiedad, depresión, irritación, rabia, dolor de cabeza, etc.)

1. _____

2. _____

3. _____

(sigue a vuelta de página)

Piense en lo que siente como consuelo o estímulo en esos momentos (hacer ejercicio, entrar en estado de hibernación, hablar con una persona amiga, partir de viaje, meditar, mirar la televisión).

1. _____

2. _____

3. _____

Lo que le sirve de consuelo debe pasar a ser parte de su rutina. Es importante que usted conozca y respete sus propios límites en la cantidad de estrés que puede tolerar, incluyendo el estrés de manejar a su familiar enfermo. Es normal querer hacer pausas o tomarse vacaciones en el cuidado de su familiar. Probablemente cuando vuelva estará en mejores condiciones para manejar a la persona enferma y también para manejar su propio estrés.

Las personas que sufren una enfermedad mental necesitan el amor y el apoyo de sus familias para mejorar la calidad de sus vidas y reducir el sufrimiento que padecen. Pero la única manera como una familia puede ofrecer amor y apoyo es dedicando tiempo y energía al propósito de mantener a los otros miembros de la familia lo más fuertes, sanos y felices que sea posible. El tiempo limitado pero positivo que se pasa con un familiar enfermo tiene mucho mejor resultado de largo alcance que lo que se obtiene con visitas diarias que se resienten y que lo dejan a usted drenado, exhausto.

No es fácil que usted se dedique a sí mismo y a los miembros de la familia que están sanos cuando su familiar enfermo tiene tanto menos que los demás. Tal vez no está en condiciones de salir de vacaciones, tal vez hay muy pocas cosas en su vida que pueda disfrutar. Usted debe recordar constantemente que la vida de su familiar no mejora cuando usted se priva de todo. Beneficia a la persona enferma que usted esté presente en su vida solamente si lo puede nutrir, amar y apoyar. Y usted puede ofrecer estas cosas solamente si es capaz de nutrirse y apoyarse a sí mismo.

Cuidarse a sí mismo significa realizar actividades placenteras sin la persona enferma. Usted necesita tomarse vacaciones sin él o ella, necesita tener intereses, actividades y amigos separados. Debe aprender a permitirse cierta distancia del familiar enfermo. Si no es capaz de hacerlo, nunca podrá ofrecerle la clase de amor y apoyo que él o ella necesitan. Mientras su ser querido necesita aprender a vivir la vida más plena que sea posible, él o ella también necesitan que usted viva la vida más plena posible.

Es cierto que quienes sufren un trastorno mental parecen a veces no tener conciencia de lo que ocurre a su alrededor, pero no es así. Por el contrario, suelen tener una percepción aguda del clima emocional que los rodea. Probablemente perciben perfectamente cómo se siente usted y cómo va su vida. Muchas personas con una enfermedad mental se sienten muy culpables por el modo como su enfermedad ha cambiado la vida de sus familias. Aunque la mayoría de ellos no pueden expresar claramente estos sentimientos, sienten alivio cuando los demás continúan viviendo sus propias vidas. La Guía Rápida de Referencia titulada "CÓMO MANTENER UNA VIDA PROPIA" le hará a recordar la importancia de fortificarse sí mismo a través de la dura prueba de tener un ser querido con una enfermedad mental.

CÓMO MANTENER UNA VIDA PROPIA

A veces a usted le parece imposible mantener sus propias esperanzas, ambiciones y el sentimiento de lograr algo, en medio del trauma cotidiano de lidiar con un familiar que sufre una enfermedad mental seria. No obstante, cuanto más difícil parezca este proyecto, más importante es luchar para alcanzar precisamente esas metas. A continuación se presentan diez maneras de manejar la desesperación y la depresión que son resultado de la enfermedad, las limitaciones y el sufrimiento de su ser querido.

1. Participe en actividades que sean solamente suyas—por ejemplo, trabajar, ir al teatro, hablar con amigos, irse de vacaciones.

2. Recuerde que si usted vive su propia vida, su familiar sentirá más respeto por usted.

3. Recuerde que usted tiene más energía interna de lo que se imagina.

4. Acepte los límites de lo que puede dar a su familiar o hacer por él o ella.

5. Acepte la realidad de la enfermedad y las limitaciones de su familiar sin sentirse culpable o culpar a los demás.

6. Aprenda a esperar lo impredecible y lo inesperado.

7. Continúe educándose a sí mismo y a otros y obtenga apoyo.

8. Trate de mantener buena salud física mediante una buena dieta y suficiente ejercicio. Haga cosas que disminuyan su nivel de estrés.

9. Haga esfuerzos por mantener contactos sociales.

10. Ofrezca apoyo, tiempo y energía a otros que se encuentren en situaciones similares a la suya.

Usted debe aprender a moderar su ritmo. La vida que tiene que vivir es como correr una maratón constante. A menos que reponga continuamente sus fluidos y vaya a una velocidad que su cuerpo pueda tolerar, usted se derrumbará. Muchas familias ponen todo lo demás en suspenso a fin de estar en condiciones de hacer lo más posible por el individuo enfermo. Cuando nada produce los resultados esperados, le vuelven la espalda al familiar enfermo. De la misma manera que la tolerancia para correr una maratón varía de persona a persona, así también es variable la cantidad de tiempo, energía, dinero y contacto que las personas pueden ofrecer a su familiar enfermo. Respete sus propios límites; tal vez usted desea ser la clase de persona que está en condiciones de ver a su familiar enfermo todas las semanas y de tenerlo como huésped en su casa para las fiestas. Pero si usted puede ofrecerle solamente un llamado telefónico dos veces por mes, esto resultará mejor a largo plazo, para ambos, que tratar de hacer más que lo que usted puede. La calidad del contacto tendrá mucho más valor que cualquier contacto mayor si está acompañado de resentimiento.

Es igualmente importante respetar la tranquilidad de otros miembros de su familia. Ellos pueden tener un ritmo diferente del de usted; puede ser diferente de lo que usted quisiese que fuera. Frecuentemente esto produce disputas y tensiones. Usted tiene bastante con tener que lidiar con su familiar enfermo. Si usted puede aceptar los diferentes grados de tolerancia que tienen otras personas para manejar los trastornos mentales, evitará un estrés adicional, innecesario, en su propia vida. Es fácil pensar que los demás están equivocados o que no son buenas personas porque no proceden como usted quisiera que procedan. Sin embargo la única manera de tener la armonía y el apoyo que usted necesita en la familia es aceptar opiniones y ritmos de acción diferentes.

CUÁNTO AYUDA APRENDER

Los miembros de una familia en que alguien sufre una enfermedad mental suelen dar de sí el máximo posible para manejarla; si obtienen instrucción y apoyo, ese máximo puede incrementarse mucho. Aprender sobre los trastornos mentales es una de las herramientas más críticas para sobrevivir cuando uno tiene que manejar estas enfermedades confusas y complicadas. Los síntomas son difíciles de reconocer, especialmente al principio. Los tratamientos también pueden producir confusión. El sistema de salud mental, y todos los procedimientos legales que involucra, son sumamente complejos y con frecuencia ilógicos. Si usted no tiene buena información básica sobre todo esto, vivirá mucho más frustrado y abrumado. Aunque los entendiera en su totalidad, tendría motivos para sentirse irritado, frustrado, dolorido, perplejo.

Las enfermedades mentales suelen ser impredecibles. Usted tendrá que aprender a esperar lo inesperado. Puede ahorrarse un gran desgaste si aprende de un instructor con empatía o de un consejero, en lugar de aprender a través de diez largos años de una dura experiencia. Leyendo, mirando videos, escuchando grabaciones o asistiendo a clases, usted puede comenzar a reconocer los signos que indican que su familiar está comenzando a empeorar. Una intervención temprana puede ahorrar a todos innecesario dolor y sufrimiento. De la misma manera, usted puede aprender a reconocer cuándo su familiar hace algún progreso significativo. Dado que el progreso a menudo ocurre a un paso mucho más lento de lo que quisiéramos, es fácil que pase desapercibido.

Familiarícese con los servicios de salud mental que existen donde usted vive. Ya sea que su familiar tenga o no interés en usarlos en este momento, es importante que usted los conozca. En medio de una crisis es dificilísimo tomar decisiones. Cuanto antes aprenda usted adónde dirigirse cuando se produce una crisis o cuando su familar decide aceptar ayuda, mejor preparado estará usted para manejar tales situaciones. Las familias más prudentes y mejor preparadas tienen a mano listas de direcciones y teléfonos de servicios psiquiátricos de emergencia, doctores, etc. Unos minutos que se ganen para poner fin a una situación de emergencia serán una bendición.

NAMI (sigla en inglés de la *National Alliance on Mental Illness*, Asociación Nacional para Enfermedades Mentales)

En los Estados Unidos de Norte América, en Canadá y en algunos países latinoamericanos, la mejor fuente constante de instrucción y apoyo que usted necesita se la ofrece NAMI. Este grupo fue organizado en 1979 por familias frustradas por la falta de servicios, tratamiento, investigación e instrucción disponibles para personas con trastornos mentales y para sus familiares. Se ha convertido en el organismo más importante y más extenso de apoyo y defensa para las personas con enfermedades mentales. Es una alianza que incluye a familiares, profesionales y consumidores de servicios de salud mental y que crece sin cesar. Las filiales varían en la frecuencia de las reuniones que organizan y en los servicios específicos que proveen, pero usted puede estar seguro de que encontrará gente con empatía y comprensión que ha pasado por experiencias muy similares a las que ha vivido usted. Generalmente pueden ofrecerle, o decirle dónde puede obtener, la ayuda que usted necesita para sí mismo o para su familiar. Muchas filiales ofrecen grupos de apoyo y programas educativos. Algunas tienen números telefónicos de emergencia para llamar en momentos de crisis o momentos de gran duda y desesperación. Algunas filiales ofrecen información y referencias para encontrar programas de tratamiento, vivienda, y otros servicios para su familiar, así como de programas de vivienda, alimentación y tratamiento. NAMI es el mejor vehículo para abogar por el aumento de financiación pública para la salud mental y por la modificación de las leyes relativas a la salud mental. La sede nacional se encuentra en Arlington, Virginia. Hay asociaciones locales, es decir filiales, prácticamente en todas las ciudades y condados del país. NAMI tiene 1.100 filiales estatales y locales en los cincuenta estados y en el Distrito de Columbia, Puerto Rico, American Samoa y Canadá. No deje de ponerse en contacto con una oficina local, estatal o nacional, hágase miembro de la organización y comience a recibir los boletines de NAMI, que son muy informativos. Hágalo llamando al número nacional: 1-800-950-6264, o visitando su sitio en el Internet: www.NAMI.org.

Tener un lugar donde encontrará apoyo y podrá platicar y aprender sobre los trastornos mentales puede ser el elemento más importante para mantener su propia cordura. Como son muy pocos los que comprenden lo que usted está experimentando, y aun menos los que saben *cómo* ayudarle, nada puede compararse a la posibilidad de hablar con otros que han tenido experiencias similares antes que usted. Hacerse miembro de un grupo de apoyo puede ser una de las mejores fuentes de consuelo que usted puede encontrar.

Hay mucho que aprender sobre las enfermedades mentales y sobre la manera de manejar a alguien que las sufre. Le llevará tiempo aprender a procesar todas las reacciones que usted y otros miembros de la familia van a tener. Tiene que aprender a ser tan paciente consigo mismo como lo es con su familiar enfermo. Así como es necesario que aprenda lo que puede esperar con realismo de su familiar enfermo, también tiene que aprender lo que puede esperar con realismo de sí mismo. La Guía Rápida de Referencia con el título "METAS Y EXPECTATIVAS REALISTAS PARA USTED MISMO" resume los objetivos que usted quiere tratar de alcanzar. No deje de reconocer que a algunas personas les llevará más tiempo que a otras llegar a lograrlos.

METAS Y EXPECTATIVAS REALISTAS PARA USTED MISMO

- Aprenda. Obtenga información sobre la enfermedad y sobre la manera de enfrentarla lo mejor que pueda.
- Desarrolle la capacidad de responder a su familiar con calma y consideración, no con reacciones fuera de control.
- Aprenda a reconocer cada vez más y a apreciar los signos de progreso, por pequeños que sean.
- Aprenda a reconocer los signos de deterioro sin entrar en grandes pánicos.
- Aprenda a gozar y a enriquecer la calidad de su propia vida a pesar de la tragedia que ocurre en su familia.
- Sea cada vez más capaz de separarse de su familiar manteniendo distancia con amor.
- No cese en la búsqueda del apoyo que necesita para poder lograr estas metas.

CULPA

Casi sin excepción, los familiares de quienes sufren enfermedades mentales sienten culpa por la vida de su ser querido o por la suya propia. Estos sentimientos van desde un sentimiento molesto de culpabilidad que persiste subconscientemente hasta una condición destructiva que invade a la persona de manera total. No hay ningún fundamento racional para los sentimientos de culpa por la enfermedad de un familiar. Aparentemente es parte de la naturaleza humana que nos sintamos responsables por aquellos a quienes amamos y por todo lo que les ocurre. Hay una parte en cada uno de nosotros que nunca supera completamente el sentimiento infantil de que somos el centro del universo y hemos causado mágicamente todo lo que ocurre en nuestras vidas— inclusive las cosas malas. Estos sentimientos pueden estar latentes hasta que ocurre una tragedia. Entonces se desencadenan con intensidad máxima.

Se habla también de la *culpa del sobreviviente* para referirse a otro tipo de culpabilidad que afecta a los familiares de alguien con una enfermedad severa o discapacitante. Es el sentimiento de que no merecemos tener una vida mejor que la de nuestros seres queridos. Es la otra cara de la pregunta del por qué a la gente buena le ocurren cosas terribles. Tratamos de comprender por qué nosotros tenemos vidas completas y otros no pueden. Ninguna de estas preguntas tiene una respuesta simple, pero la Guía de Referencia Rápida con el título "SENTIMIENTOS DE CULPA" resume un método práctico para tratarlas.

SENTIMIENTOS DE CULPA

Tarde o temprano, casi todos los familiares de personas con trastornos mentales sienten culpa por la situación del enfermo o por su propia situación.

Los sentimientos de culpa pueden ser causados:

    1. por lo que usted siente (especialmente la rabia), lo que piensa o lo que hace con respecto a su familiar enfermo

(sigue a vuelta de página)

---

2. por tener una vida mejor que la de su familiar (culpa del sobreviviente)
3. por el ostracismo de las familias donde hay alguien con un trastorno mental

Efectos de los sentimientos de culpa:

1. depresión, falta de energía para el presente
2. vivir en el pasado
3. disminución de la confianza en sí mismo y la autoestima
4. menos capacidad para resolver problemas eficazmente y para alcanzar metas
5. actuar como mártir, en un intento de compensar los pecados cometidos antes
6. sobreprotección del familiar, lo cual puede llevar a éste a sentirse más incapacitado y más dependiente
7. la calidad de la vida empeora

Enfrente los sentimientos de culpa desarrollando maneras más racionales y menos dolorosas de pensar en la situación:

1. Reconozca su sentimiento de culpa y exprésero hablando con alguien que pueda entenderlo.
2. Examine las suposiciones que sustentan su sentimiento de culpa. (Por ejemplo: "Debí haber llevado las cosas de manera diferente cuando era un niño"; "Debí haber notado antes los signos de la enfermedad y debí haber hecho algo para prevenirla"; "Nunca debí haberle dicho a ella lo que le dije").
3. Contrarreste estas ideas falsas, mediante la información que usted ha obtenido sobre las causas y el curso de las enfermedades mentales.
4. Trate de no vivir en el pasado.   (sigue)

5. Concéntrese en cómo poder mejorar el presente y el futuro
   para usted y para su familiar enfermo.
6. Recuerde que usted merece una buena vida, aun cuando su
   ser querido puede no haber tenido la suerte de poder vivir
   bien.

Si sus sentimientos de culpa son intensos y si lo perturban,
hable con alguien capaz de comprenderlo, para que no se
conviertan en un obstáculo importante que le impida vivir una
vida plena. Mantenerlos reprimidos sólo servirá para hacerlos más
intensos y para empeorar sus efectos. Una vez que usted
identifique las falsas ideas que sustentan la culpa, puede comenzar
a rechazarlas más racionalmente. Naturalmente, para esto es
necesario que usted haya aprendido lo necesario sobre las
enfermedades mentales: ésta es otra razón importante para recurrir
a este aprendizaje.

Para desarrollar nuevas maneras de pensar sobre la situación
usted necesitará tiempo, paciencia y un deseo de aprender y de
hablar con otros sobre su situación. Esto último puede ser difícil
por dos razones. Hay gente que piensa que los problemas deben
manejarse exclusivamente dentro de la familia, siempre que sea
posible. Creen que es una muestra de debilidad o que está mal
pedir ayuda fuera de la familia. Esta actitud conduce en muchas
familias a muchísimo sufrimiento innecesario. Ninguna persona ni
ninguna familia necesitan enfrentar solos ninguna tragedia. Es
imposible que las familias puedan manejar eficazmente
enfermedades complicadas a menos que tengan instrucción y
apoyo.

Además, los prejuicios y la ignorancia sobre las enfermedades
mentales que existen en nuestra cultura les hacen difícil a muchas
familias buscar apoyo. Para ellas es importante que encuentren
personas que pueden comprender la situación de las familias que

luchan con una enfermedad mental. Esta clase de personas tratarán la situación como tratarían la de alguien que repentinamente perdiese la vista o contrajese cáncer. Ofrecen todo el apoyo y el consuelo que pueden. Lamentablemente, la mayor parte de las personas no tienen tal comprensión, y tienden a alejarse o a incrementar los temores y los sentimientos de culpa de la familia.

El aspecto más triste del sentimiento de culpa es su persistencia. Aun las familias que han leído todos los libros sobre trastornos mentales y han aprendido todo lo que se puede aprender sobre sus causas biológicas, no encuentran paz. Ellos también dicen que se despiertan en mitad de la noche atormentados por preguntas irracionales sobre qué podrían haber hecho que fuese diferente.

Aunque puede no ser posible para todas las familias liberarse completamente de dudas constantes, es importante que pongan esas dudas en una perspectiva correcta. Recuerde que si permite que esas dudas lo dominen, seguramente va a disminuir lo que usted puede hacer para mejorar la vida de su familiar el día de hoy. Quienes viven en el pasado están demasiado trastornados para poder ofrecer mucha ayuda en el presente, y esto, irónicamente, da lugar a futuros sentimientos de culpa. Lo mejor es que cada miembro de la familia viva su vida lo más plenamente posible en el presente, que ofrezca lo más que pueda, y que evite hacer hincapié en las preguntas que no tienen respuesta. Es una meta a largo plazo, mucho más fácil de proponer que de lograr.

RABIA Y FRUSTRACIÓN

La rabia y la frustración suelen atormentar a las familias y amigos de personas con enfermedades mentales. Esto es especialmente cierto cuando las familias y amigos se enfrentan por primera vez con los síntomas, antes de poder comprender qué es lo que pasa. La rabia y la frustración pueden persistir también al reconocer las limitaciones del sistema de salud mental y su propia incapacidad

de lograr cambios significativos. A nadie le gusta sentirse inerme, especialmente cuando un ser querido sufre. Claro está, la rabia y la frustración también resultan de las conductas intolerables de las personas con enfermedades mentales.

El peligro más grande de estos sentimientos es que a veces se exteriorizan de maneras inapropiadas. Es fácil enojarse con el familiar enfermo, o con otros miembros de la familia, por no actuar de otra manera. Como sugiere la Guía Rápida de Referencia que lleva el título "HOJA DE TRABAJO PARA MANEJAR LA RABIA Y LA FRUSTRACIÓN," usted tiene muchas excelentes razones para enojarse. Es importante que se esfuerce lo más posible en identificar exactamente qué es lo que le resulta tan frustrante o tan irritante en su situación particular. Encuentre métodos para manejar la situación inmediata que provoca la rabia. Pueden incluir tomar como blanco de su rabia la enfermedad en lugar de dirigirla hacia quienes la sufren o hacia otros miembros de la familia. También es útil dirigir la rabia contra la falta de servicios públicos. Los legisladores tienen que oír suficientes voces para dar prioridad a la financiación que permita extender los servicios de salud mental.

HOJA DE TRABAJO PARA MANEJAR LA RABIA Y LA FRUSTRACIÓN

Lea las sugerencias que siguen, llenando los espacios con ideas que se apliquen a su situación.

Siento ira y frustración cuando:

1. Me encuentro impotente para calmar el sufrimiento de un ser querido.
2. Los servicios esenciales no son apropiados.
3. _____
4. _____
5. _____

(sigue a vuelta de página)

Las salidas rápidas y apropiadas que me resultan confortables son:

1. contarle a un amigo lo que pasa
2. hacer ejercicio
3. gritar en mi automóvil
4. patear una almohada en mi casa
5. golpear un colchón con una raqueta de tenis
6. _____
7. _____

Puedo encauzar mi ira hacia acciones de largo plazo, constructivas, si hago lo siguiente:

1. trabajar para NAMI
2. escribir a los legisladores
3. hacer tareas voluntarias con personas que sufren un trastorno mental
4. ayudar y dar apoyo a otros que se encuentran en situaciones como la mía
5. ofrecer información sobre las enfermedades mentales
6. _____
7. _____

REACCIONES DE LA FAMILIA Y LOS CUIDADORES

Cuando alguien tiene un diagnóstico doble, surgen otros sentimientos y otros problemas. Pueden ser reacciones a las "conductas de adicción" o a la manera como se comporta la gente que usa drogas o alcohol. La mutua confianza muchas veces se quiebra. Es natural que aquellos que han escuchado mentiras, han sido robados y manipulados repetidamente, sientan rabia, se sientan víctimas de un abuso, y pierdan la confianza. Cuando han ocurrido todas estas cosas, las familias tal vez necesiten una pausa en la relación con la persona. Pueden, prudentemente, decidir que van a limitar el contacto con alguien que está abusando activamente de las drogas o el alcohol.

Recuperar la confianza lleva tiempo. Las personas con diagnóstico doble que comienzan un tratamiento tienen esta experiencia. Empiezan a entender que son ellos quienes tienen que demostrar a sus familiares que están cambiando y que no van a volver a caer en conductas de adicción. Llegan a comprender que las personas a quienes han herido con sus acciones necesitan tiempo para recuperar la confianza que les tenían.

Cuando cambia la conducta de un miembro de la familia, los demás pueden no saber si se debe al abuso o a la enfermedad mental. No están seguros de cómo deben responder. Esto es comprensible, porque se trata de una parte difícil de lo que deben aprender los cuidadores. Las diferencias pueden ser sutiles. Solamente el paso del tiempo y las experiencias repetidas aclararán lo que realmente ocurre, y qué respuestas serán las más efectivas. Para una persona con trastornos simultáneos, cuando uno de los trastornos se intensifica, generalmente el otro también empeora.

7

Cómo equilibrar las necesidades de las personas enfermas y sanas en la familia

Hemos considerado las necesidades especiales y las experiencias de las personas que sufren un trastorno mental severo y las experiencias y sentimientos que probablemente tendrán quienes los rodean. Ahora vamos a explorar algunos de los problemas que surgen cuando alguien a quien el bienestar de la familia le es caro trata de encontrar un equilibrio entre las necesidades de un familiar enfermo y las necesidades de los demás, que están sanos.

Cuando hay que tomar decisiones sobre la distribución del tiempo, energía y recursos financieros, teniendo una persona con un trastorno mental en la familia, es difícil considerar las necesidades específicas de cada uno. Frecuentemente usted se sentirá tironeado desde diversos ángulos, o tratando de llevar a cabo un malabarismo complicado o imposible. Puede ser una tentación darle todo a la persona enferma. Con esta estrategia es inevitable que salga el tiro por la culata. Lo que usted necesita hacer es encontrar una manera de respetar y considerar las necesidades de cada uno, con plena conciencia de que van a cambiar en la medida en que la situación de cada uno vaya cambiando. Habrá días o períodos en su propia vida cuando usted podrá ofrecer más que en otros momentos. Al principio, tal vez usted podrá determinar sus límites solamente por el método de ensayo y error. La experiencia le mostrará qué es lo que tiene los mejores resultados para cada uno. La Guía Rápida de Referencia titulada "¿CUÁNTO TIEMPO DEDICAR A LAS PERSONAS ENFERMAS Y SANAS EN LA FAMILIA?" esboza algunos de los factores que se deben considerar para tomar esta decisión.

¿CUÁNTO TIEMPO DEDICAR A LAS PERSONAS ENFERMAS Y SANAS EN LA FAMILIA?

Para encontrar un equilibrio aceptable para usted, considere estas seis preguntas:

1. ¿Cuánto tiempo puede dedicar usted a su familiar enfermo sin sentir que es demasiado (por ejemplo, dos horas por día, una visita semanal o mensual, un llamado telefónico una vez por mes)?

2. ¿Cuánto tiempo necesita pasar con su familiar enfermo para mantener la relación en buenos términos a largo plazo?

3. ¿Cuánto tiempo necesitan y desean tener otros miembros de la familia? Que estén sanos no significa que lo merezcan menos.

4. ¿Cuánta influencia positiva necesita usted, sea pasando tiempo solo/a o con amigos y familiares que están bien?

5. ¿Cuán satisfactorio y valioso es el tiempo que usted pasa en compañía de su familiar enfermo? ¿Cómo se siente cada uno de ustedes después de estar juntos?

6. ¿Los otros miembros de la familia muestran señales de estrés (por ejemplo, síntomas físicos, perturbación de los hábitos de sueño y comida, depresión, etc?) Considere el precio que usted o ellos están pagando por la falta de tiempo y atención.

Es de importancia vital para usted y el resto de la familia que usted no sacrifique todos sus recursos, su tiempo, su energía y su dinero en favor de su familiar enfermo.

¿VIVIR EN CASA CON LA FAMILIA O NO?

Ésta es probablemente la decisión más difícil y dolorosa que tienen que tomar las familias: ¿la persona que sufre una enfermedad mental debe vivir en la casa con la familia? En algunos casos la respuesta es simple, pues los familiares enfermos necesitan estar en una institución con salida controlada. Aquellos que están en condiciones de vivir solos, y desean hacerlo, necesitan a la familia solamente como apoyo secundario. Son los millones de casos intermedios los que plantean el mayor problema—un problema que se podría resolver más fácilmente si el gobierno asignase fondos para una serie de servicios continua y más extensa, como para permitir a esas personas vivir en la comunidad con la mayor independencia posible en cada caso. Las familias podrían seguir ayudando a los enfermos pero no perderían la paz de sus propias casas y sus vidas separadas. Lamentablemente, dado que en este país el número de programas para personas con enfermedades mentales es mucho menor de lo que es necesario, las familias tienen que decidir por sí mismas cómo manejar tales situaciones.

Una vez más, los familiares y amigos de quienes sufren una enfermedad mental hacen frente a un desafío que no tiene soluciones claras ni simples. Cada situación se debe evaluar individualmente. Se deben sopesar el bienestar de la persona enferma y el de todos los demás a quienes afecta. Son muy pocos quienes quieren que su familiar viva en la calle o en un hotel desvencijado. Y sin embargo, tener en la casa a un familiar con un trastorno mental serio es una empresa mayúscula, que somete al resto de la familia a un enorme estrés. Inevitablemente, ello tiene un impacto significativo sobre las relaciones de todos quienes están involucrados en la situación. Jamás debemos ignorar la cantidad de energía que requiere. La Guía Rápida de Referencia titulada "¿LA PERSONA ENFERMA DEBE VIVIR CON LA FAMILIA?" esboza algunos de los factores que se deben considerar para tomar esta decisión.

¿LA PERSONA ENFERMA DEBE VIVIR CON LA FAMILIA?

No hay ninguna respuesta simple a la pregunta de si su familiar con una enfermedad mental debe vivir con la familia. La experiencia de la mayoría de las familias y profesionales sugiere que las personas con trastornos mentales por lo general aparentemente funcionan a nivel más alto, y tanto ellos como sus familias están mejor, cuando la persona enferma vive separada de la familia pero recibe apoyo de la familia y tiene contacto con ella. Antes de tomar una decisión al respecto, cada familia debe evaluar cuidadosamente su propia situación. Es más probable que tenga buen resultado vivir con un familiar enfermo cuando:

1. La persona enferma funciona a nivel relativamente alto, sin exhibir muchos síntomas visibles.
2. La persona enferma tiene amistades y actividades fuera de la casa.
3. La persona enferma es mujer.
4. No hay hermanos o hermanas en la casa a quienes pueda afectar negativamente la presencia del familiar enfermo.
5. Los familiares han recibido entrenamiento o son por naturaleza personas calmas, positivas, capaces de tratar a la persona enferma con respeto y sin juzgarla.
6. La persona enferma acepta participar en alguna forma de tratamiento y actividad estructurada.

No se recomienda en general que el familiar enfermo viva en la casa cuando:

1. Los síntomas de la persona enferma son tan perturbadores que la familia no puede llevar una vida razonablemente normal.
2. Hay hermanos o hermanas que viven en la casa a quienes afectaría negativamente convivir con el familiar enfermo.
3. Los miembros de la familia se enojan con quien está enfermo, le tienen miedo o lo critican.   (sigue)

4. El matrimonio o la relación entre los padres sufre intensos efectos negativos.

5. Los miembros de la familia caen bajo el control de la persona enferma y no pueden dedicarse a sus actividades y rutinas habituales.

6. La persona enferma no tiene actividades ni sistema de apoyo fuera de la casa.

7. En la familia hay solamente un padre o una madre que viven solos.

8. La persona enferma abusa activamente de las drogas o el alcohol.

Recuerde que cualquier decisión que usted tome podrá ser modificada con el tiempo cuando cambien las circunstancias suyas y el curso de la enfermedad. Convendrá que usted vuelva a evaluar su decisión sobre el lugar donde debe vivir la persona enferma y la medida en que usted está dispuesto a comunicarse con él o ella.

Muchos familiares luchan para medir el tiempo y la energía dedicados a la persona enferma a fin de que quede algo para el resto de la familia y para sí mismos. Otros tienen que luchar para dedicarse más a menudo a la persona enferma, aunque ello sea doloroso y difícil. A veces es necesario separarse totalmente de un familiar enfermo, cosa que no se puede hacer sin que produzca a su vez sufrimiento. La Guía Rápida de Referencia con el título "NORMAS PARA VIVIR EN LA CASA O VISITAR A LA FAMILIA" tiene el propósito de recordarle a usted que, independientemente de cuán extenso o cuán mínimo sea su contacto con el familiar enfermo, usted debe prestar atención a las necesidades de los demás. Si usted se limita a dar aquello que puede dar libremente y sin problemas, sin un esfuerzo excesivo, logrará mejores resultados tanto para usted como para su ser querido.

NORMAS PARA VIVIR EN LA CASA O VISITAR A LA FAMILIA

Guías generales para vivir en la casa o visitarla:

1. Ponga cualquier consideración especial que requiera su familiar enfermo en el contexto de los derechos que tienen todos los miembros de la familia.
2. Sea realista en sus expectativas con respecto a la conducta de su familiar enfermo.
3. Las decisiones sobre si su familiar debe vivir en la casa o cuánto tiempo deben durar sus visitas deben negociarse con esa persona y deben basarse en los siguientes factores:
   - lo que la persona enferma necesita y desea
   - lo que usted necesita y desea
   - la conducta de la persona enferma
   - en qué medida usted puede tolerar la conducta de la persona enferma
   - Adopte unas cuantas reglas claras y básicas (por ejemplo, nada de violencia, no se puede fumar en la cama, la radio o la televisión terminan a las 11 de la noche).
   - Haga que todo sea lo más predecible que se pueda.

Guías para las visitas:

1. Las visitas demasiado cortas son preferibles a las visitas excesivamente largas. Lo más importante es que su presencia sea cálida y comunique amor. Si su familiar está en un hospital o una institución con salida controlada, las visitas no necesitan ser de más de una hora.
2. Haga depender el tiempo de la visita de su familiar de la conducta general o específica que él o ella exhiban.
3. No programe excesivamente las visitas. Deje cierto tiempo libre además de las actividades estructuradas.
4. Si la visita de su familiar es más larga (uno o dos días), no descuide durante este tiempo el resto de su vida.   (sigue)

5. Aliente a su familiar a que dé sus propias ideas sobre la manera de pasar el tiempo de la visita.
6. Considere sus propias preferencias y necesidades y las de los otros miembros de la familia a la vez que las preferencias y necesidades del familiar enfermo.

Guías para vivir en la casa:

1. Usted y su familiar necesitan salir de la casa a diferentes horas y para actividades separadas.
2. Las violaciones de las normas deben tener consecuencias adecuadas a la seriedad del caso.
3. Siempre que sea posible, use consecuencias que surjan naturalmente de la violación cometida. Por ejemplo, si se abusa de un privilegio, suspenda ese privilegio.
4. Las normas y las consecuencias deben cambiar a medida que su familiar cambie.

CÓMO GOZAR DE ACTIVIDADES RECREATIVAS

Es muy difícil para muchos familiares y amigos de quienes sufren trastornos mentales encontrar la manera de que las actividades con el ser querido sean divertidas o agradables. Lamentablemente, no siempre puede uno divertirse. Algunas personas tienen una depresión tan seria o están tan preocupados por sus mundos internos y sus ideas delirantes que no pueden reírse o gozar de las actividades de recreación. Lo más que usted puede hacer por esas personas es ofrecer suficiente contacto y empatía como para que perciban que usted siente amor y preocupación por ellos, y alentarlos a que cumplan con cualquier tratamiento que les permita mejorar.

Muchos otros, en cambio, pueden tomar parte en actividades recreativas si usted dedica un mínimo de cuidado y atención al planearlas. La Guía Rápida de Referencia que se titula "CÓMO HACER AGRADABLES LAS ACTIVIDADES CON LA PERSONA ENFERMA" da algunas ideas al respecto. Las cuatro reglas más importantes para recordar son: todo irá mejor si sus expectativas son realistas; tenga un plan previo y específico; dé a su familiar una tarea o actividad concreta en que se pueda concentrar; y acepte la posibilidad de que cualquier día ocurra que su familiar no se sienta bien y no pueda realizar una actividad previamente planeada.

CÓMO HACER AGRADABLES LAS ACTIVIDADES CON LA PERSONA ENFERMA

Si usted planea una salida con su ser querido:

1. Tenga conciencia de lo que su familiar puede tolerar en términos de la cantidad de gente, el nivel de estimulación, la duración de los viajes, etcétera.
2. Tenga conciencia de lo que usted puede tolerar en términos de lo que puede hacerle sentirse incómodo, el tiempo que usted puede pasar con su familiar, y su nivel de ansiedad con respecto a él o ella.
3. Esté preparado para cancelar una actividad si su familiar no se siente bien.
4. Vaya a lugares donde la conducta y las diferencias de su familiar sean más aceptables (por ejemplo, vaya a comer a un restaurante menos formal).
5. No espere cumplimiento perfecto, conducta normal, o cualquier otra cosa que vaya más allá de lo que es la conducta de la persona enferma cuando está en una situación de cierto estrés.

Si usted planea una reunión en la casa:

1. Tenga en cuenta su propio nivel de tolerancia y el de su familiar.
2. Frecuentemente la mejor manera de pasar tiempo juntos es llevar a cabo juntos una tarea. Para las reuniones con otra gente de la familia, trate de asignar a su familiar una tarea específica, de tipo práctico (tal como poner la mesa, sacar fotografías, cuidar a los niños, etc.).
3. Dé instrucciones previas a los otros invitados con referencia a las necesidades de su familiar, la conducta que se puede esperar de él o ella, y cómo deben actuar las otras personas.   (sigue)

4. Permita que su familiar se vaya o haga pausas en cualquier momento que lo necesite.

Usted puede prevenir situaciones que lo perturben si hace lo siguiente:

1. comenzar de a poco y aumentar paulatinamente los niveles de tolerancia para compartir actividades recreativas
2. eliminar sorpresas y comentar con anticipación lo que, a su mejor entender, será el plan
3. tener un plan alternativo si surgen problemas
4. mantener expectativas realistas
5. ser flexible si las cosas no marchan como usted esperaba. No limite sus expectativas a ningún plan exclusivo.

Al programar una visita o una salida, tome en cuenta el nivel actual de función y los intereses de su familiar. Si hace poco que ha salido del hospital, ir a ver un partido de baseball puede ser muy perturbador a causa de la muchedumbre, aun en el caso de que su familiar sea aficionado a los deportes. Es una buena idea comentar de antemano los tipos de actividades en las que su familiar se siente cómodo.

Asimismo es importante tener en cuenta las actividades en las que usted se siente cómodo. Digamos que su familiar quiere ir a un restaurante elegante, pero usted sabe que a menudo se olvida de darse un baño, tiende a hablar en voz alta, es un tanto raro, y en un restaurante en que haya silencio usted se puede sentir incómodo. Si usted lleva a su familiar al lugar que él o ella elige, usted probablemente lo pasará muy mal. Le va a ir mucho mejor si lo lleva a un restaurante de ambiente familiar, o si sugiere un picnic en el parque o una visita al zoológico local. Sus propias necesidades son tan importantes como las de su familiar, así es que usted debe considerar ambas. Requiere cierto ingenio, pero ciertamente vale la pena.

La mayoría de las personas que sufren trastornos mentales se sienten incómodos en ocasiones sociales no programadas, durante las cuales no hay ninguna actividad en la cual concentrarse y todos están sentados, tratando de mantener una plática superficial. Situaciones como ésas tienden a subrayar aquello que falta o es problemático en la vida de ellos. Al cabo de un breve momento, nadie sabe de qué hablar y el nivel de ansiedad de todos comienza a subir. Sería mejor que usted encontrara algún interés común en el cual concentrarse: un partido, una película, un evento deportivo, una simple caminata o cualquier otra cosa que evite el estrés para la persona que trata de hablar de su propia vida o trata de llenar el silencio.

Cuánto tiempo pasa usted con su familiar tiene menos importancia que la calidad de la visita. Generalmente es mejor para todos si las visitas se mantienen cortas. El tiempo extra no permite lograr nada; uno u otro, usted o su ser querido, probablemente comenzarán a sentirse incómodos. Su familiar necesita saber que usted está presente y que tiene interés en su bienestar. Esto se puede lograr perfectamente con llamados telefónicos regulares o con una visita breve.

Festividades

Las festividades son especialmente difíciles para muchas familias de alguien que sufre un trastorno mental. Solemos tener la esperanza de que todos estarán contentos, se sentirán a gusto, y lo pasarán muy bien en las festividades compartidas. Estas expectativas no son realistas y por tanto pueden aumentar la depresión y la desesperanza de las personas con enfermedades mentales y de sus familiares. Pero hay algunas cosas que usted puede hacer para contrarrestar estos efectos.

Una norma importante es ser honesto consigo mismo y con su ser querido sobre los sentimientos que tienen él o ella y usted. Por ejemplo, si su familiar sabe que no hay problema en decirle a usted que no le produce alegría la idea de reunirse con todos sus primos y primas en Navidad, que no tiene suficiente dinero para comprar regalos, que de todos modos le disgusta ir de compras, y que no puede asegurarle que va a asistir a la gran celebración familiar de la fiesta, usted ha ganado mucho terreno. Si la persona piensa que tiene que simular que se siente muy bien al respecto, las cosas probablemente no irán bien. La persona probablemente sentirá más estrés, y sus síntomas fácilmente pueden empeorar.

Si usted puede comprender y aceptar que es probable que los cumpleaños, los aniversarios, y las fiestas de fin de año sean momentos un tanto dolorosos, ello mejorará considerablemente su relación con el familiar enfermo. Si le puede decir que lo ama y que le hará feliz que él o ella compartan las festividades, pero que también va a comprender que él o ella pueden sentirse demasiado incómodos para asistir, evitará las cicatrices que las fiestas pueden dejar en su relación con el ser querido.

Hay familias que prefieren cambiar la clase de celebración a fin de que la persona enferma se sienta más cómoda. Ello puede implicar reducir el número de invitados a una reunión, la duración y grado de formalidad de la reunión, y además no servir alcohol. Otras familias deciden organizar reuniones separadas—una más pequeña con la persona enferma, y otra más grande a la cual él o ella no asisten. Considere cualquier solución creativa que pueda tener buen resultado en su familia. No hay respuestas generales buenas ni malas para estas preguntas. Le recomendamos revisar la Guía Rápida de Referencia que lleva el título "CÓMO MANEJAR LAS FESTIVIDADES" antes de programar ninguna celebración mayor.

CÓMO MANEJAR LAS FESTIVIDADES

Las épocas de las fiestas tienden a crear estrés especialmente para quienes tienen un trastorno mental porque:

1. A menudo hay expectativas, implícitas e incluso explícitas, de ciertos tipos de conducta (por ejemplo, intercambiar regalos), sentimientos (alegría), y demás, que ellos tal vez no estén en condiciones de lograr.

2. Los grupos de muchas personas pueden crear exceso de estímulo y confusión.

(sigue a vuelta de página)

3. Las fiestas crean oportunidades para que quienes sufren una enfermedad mental se comparen a sí mismos desfavorablemente con otros familiares (tal vez más jóvenes) que funcionan a nivel más alto o han alcanzado más logros.

Usted puede ayudar a que su familiar reduzca el estrés de las maneras siguientes:

1. comente los planes de antemano

2. reconozca los sentimientos contradictorios que pueda tener su familiar. No dé por sentado cómo va a sentirse él o ella o cómo va a actuar.

3. mantenga sus expectativas en un plano realista, especialmente con respecto a que su familiar pueda tolerar una reunión, por cuánto tiempo, y qué clase de participación es capaz de tener

4. respete y apoye las opciones y decisiones de su ser querido sobre si puede o no sentirse bien si participa, y cómo puede participar

5. acepte sus propios límites y los límites de su familiar

6. ayúdele a pensar cómo podrá manejar parte del estrés (por ejemplo cómo la persona puede responder a las preguntas que le hagan, en qué tarea le gustaría concentrarse, cuánto tiempo quiere quedarse en la reunión, lugares donde pueda ir para hacer una pausa) si él o ella quiere y puede comentar el evento que se planea y hablar de sus propios sentimientos. Puede ser importante reconocer las necesidades, preferencias y límites de todos los miembros de la familia antes de alcanzar una solución exitosa.

CÓMO PUEDE LA FAMILIA RESOLVER PROBLEMAS Y TOMAR DECISIONES

Todas las familias y todos los grupos funcionan mejor si han llegado a un consenso sobre cómo se tomarán decisiones y cómo se resolverán los problemas. Si no hay claridad en estas áreas, hay más tensión en la vida y las relaciones tienden a deteriorarse. Dado que hay màs problemas, decisiones y estrés cuando existe una enfermedad mental, es particularmente importante desarrollar métodos constructivos para tomar decisiones y resolver problemas en esas situaciones.

La Guía Rápida de de Referencia titulada "PASOS PARA SOLUCIONAR LOS PROBLEMAS DE LA FAMILIA" propone una técnica que ha ayudado a muchas familias. Usted puede optar por seguirla exactamente o puede decidir modificarla de manera que resulte más adecuada a su familia. Lo que importa es que usted desarrolle una manera efectiva de manejar problemas que no agregue innecesario estrés a su vida. Tan importante como la técnica para resolver problemas que usted adopte es el mecanismo que permita a cada uno familiarizarse con esa técnica y sentirse razonablemente cómodo al respecto. Esto requiere tiempo y práctica. Si todos pueden estar de acuerdo en el hecho de que existe un problema y sobre el método para enfrentarlo, usted habrá avanzado bastante hacia una solución. Tal vez usted quiera establecer como norma básica que, si alguien siente que existe un problema, el problema existe.

PASOS PARA SOLUCIONAR LOS PROBLEMAS DE LA FAMILIA

1. Organice una reunión de la familia, incluyendo la mayor cantidad posible de miembros.
2. Defina el problema. Coméntelo. Escuche atentamente, haga preguntas, y después de obtener todas las opiniones, describa por escrito exactamente el problema.
3. Haga una lista de todas las soluciones posibles. Escriba todas las ideas, aun las que no son buenas. Logre que cada persona proponga al menos una solución posible.
4. Siga una por una la lista de soluciones propuestas, haciendo y recibiendo comentarios sobre las ventajas y desventajas de cada una.

(sigue a vuelta de página)

5. Elija la mejor solución posible o una combinación de soluciones.
6. Haga un plan para llevar a cabo la mejor solución, proponiendo un método paso a paso.
7. Modifique la solución si ello se hace necesario. No tenga temor de abandonar una solución que no da buen resultado y comenzar de nuevo este proceso.

Tal vez usted no quiera considerar cada problema paso a paso, pero recuerde que cuanto más organizado esté su intento de encontrar soluciones, mayores serán sus chances de tener éxito.

Definir el problema puede significar un gran progreso hacia la meta de que los miembros de la familia expresen abiertamente lo que les perturba. La gente suele ver las cosas desde ángulos diferentes y con perspectivas un tanto limitadas. Por ejemplo, alguien puede sentirse constantemente ignorado por otra persona. Tal vez recién cuando este problema se exprese claramente, va a sentirse libre la otra persona para decir que se siente objeto de críticas constantes. Es prudente considerar ambos puntos de vista como expresión de problemas y comenzar a buscar soluciones que hagan sentir a las dos personas que se les ha escuchado y considerado.

El siguiente paso importante es estimular la mayor cantidad de soluciones posibles. Aliente a cada uno a proponer tantas maneras de enfrentar el problema como pueda. Usted se va a sorprender viendo las soluciones realistas que surgen incluso a partir de las más absurdas.

A continuación, establezca una distinción clara entre un rápido intercambio de ideas y el paso siguiente, que consiste en discutir cada una de las ideas desde un punto de vista racional. Mantenga la actitud más positiva que pueda a lo largo de todo el proceso. Recuerde que la discusión de los problemas es, en definitiva, más importante que la solución de ningún problema específico. Será bueno alentar a cada uno a que participe y elogiar a todos por cualquier nivel de participación que hayan logrado. La persona que sufre un trastorno mental puede no ofrecer siempre las soluciones más prácticas, pero se le pueden ocurrir ideas más creativas o interesantes que a los demás. Trate de que la experiencia sea en general agradable y que incluya la mayor participación de todos que sea factible.

Al seleccionar la mejor alternativa o la mejor combinación de ideas, usted tendrá que ser específico en cuanto al modo como se va a implementar la solución: exactamente quién va a hacer qué, dónde, cuándo, y cómo. Deje lo menos posible librado a la imaginación.

Cuando usted se haya decidido por una solución, póngala a prueba una vez como ensayo. Es útil establecer de antemano un momento en que se va a evaluar la solución. Todos tienen que aceptar la posibilidad de que haya que revisar o modificar la solución de acuerdo con lo que dicte la experiencia. Es imposible prevenir de antemano todas las eventualidades. Cuanto más aliente a todos a considerar los problemas como grupo, dando una respuesta y una evaluación en común, más fácil les será a todos convivir.

Si con todo esto no puede llegar a un acuerdo sobre una solución, o si no dispone de tiempo para desarrollar este proceso, sin embargo necesita adquirir una idea clara del modo como se van a tomar decisiones. La Guía Rápida de Referencia que lleva el título "QUÉ HACER CUANDO NO HAY ACUERDO SOBRE LO QUE SE DEBE HACER" subraya el hecho de que se van a producir desacuerdos sobre cómo proceder y que usted va a necesitar métodos para resolver esas diferencias.

QUÉ HACER CUANDO NO HAY ACUERDO SOBRE LO QUE SE DEBE HACER

Será necesario que usted decida de antemano qué método para tomar decisiones será preferible para su familia. Se puede usar un método democrático (un voto por persona), se puede llegar a acuerdos o soluciones de compromiso, o puede haber una sola persona con autoridad que pide opiniones a los demás.

Recuerde que es natural que haya diferencias de opinión en las familias con respecto a cuestiones tales como cuánto se le debe pedir a su familiar enfermo que haga por sí mismo o por sí misma, dónde debe vivir, cómo lograr que su familiar cumpla con los pedidos que se le hagan o los acuerdos a que se haya llegado, cuán seria es una situación particular, cómo manejar una crisis, etcétera.

Al tratar de resolver las diferencias, recuerde que no hay respuestas siempre correctas o siempre inadecuadas. Piense en lo que puede dar el mejor resultado para su familiar y para los otros miembros de la familia.

Comente con la familia lo que usted imagina como la peor consecuencia de cada alternativa, sobre la base de experiencias pasadas.

Piense en las opciones que usted ha tratado ya y que no dieron buen resultado para sacar de ellas informaciones útiles. Usted actúa como un investigador; no puede tener todas las respuestas hasta que se hayan hecho todas las pruebas.

Con el tiempo es probable que los desacuerdos exhiban ciertos moldes constantes. Trate de tener paciencia consigo mismo y con el resto de la familia. Considere la posibilidad de que todos los puntos de vista tengan cierta validez. Con el paso del tiempo se harán evidentes los elementos fuertes y débiles de cada uno. Por ejemplo, un miembro de la familia puede encontrarse cómodo haciendo llamados telefónicos, mientras otro puede tener habilidad para manejar las crisis. Sin criticar a nadie, trate de hacer uso de las destrezas individuales.

LO QUE PREOCUPA ESPECIALMENTE A LOS HERMANOS E HIJOS DE QUIENES SUFREN UN TRASTORNO MENTAL

Una enfermedad mental afecta profundamente a toda la familia, pero las reacciones de cada miembro de la familia son un tanto diferentes. Los hermanos o hermanas de la persona enferma pueden tratar de distanciarse lo antes posible y pueden actuar como si no les concerniese en absoluto. Sin embargo, la enfermedad de un familiar suele ser una parte traumática de su infancia, y las cicatrices de ese trauma, así como las preocupaciones que crea, pueden teñir toda su vida durante años. Los adultos jóvenes a menudo temen enfermarse también. Cuando pasa el tiempo y tienen hijos, temen que éstos se enfermen. Es importante que se familiaricen con las estadísticas que se presentan en el capítulo 1, para saber qué probabilidad hay de que esto ocurra. Algunos tal vez quieran conversar con un experto en genética para confirmar en qué medida se aplican las estadísticas a su caso. Muchos hermanos o hermanas se distancian totalmente de la situación, con la consiguiente consternación de sus padres, y dejan que éstos se ocupen de todos los problemas que tienen que ver con el hermano o hermana enfermos. Con todo, estos hermanos viven en una constante ansiedad, anticipando el día en que sus padres ya no vivan. Saben que entonces pueden sentir la obligación de manejar los problemas.

Tener un progenitor o un hermano o hermana con un trastorno mental puede interferir en el proceso normal de desarrollo. Si mientras la familia está pasando por esa experiencia no hay recursos para que una persona en esa situación obtenga los conocimientos y la comprensión necesarios, más adelante puede necesitar apoyo específico o terapia que le ayuden a procesar esa experiencia.

Los límites y la tolerancia que tiene la gente para convivir con alguien que tiene un trastorno mental o una discapacidad varían

222   CUANDO UN SER QUERIDO SUFRE UNA ENFERMEDAD MENTAL

enormemente. Algunos necesitan días para reponerse de presenciar el sufrimiento de alguien. Lo mejor es respetar esas diferencias. El tiempo y el grado de madurez necesarios para que uno pueda ocuparse de un familiar enfermo difieren de persona a persona. La Guía Rápida de Referencia titulada "CRECER CON UN FAMILIAR QUE SUFRE UNA ENFERMEDAD MENTAL" resume los problemas específicos que tienen que enfrentar los hermanos o hijos de los enfermos mentales.

CRECER CON UN FAMILIAR QUE SUFRE UN TRASTORNO MENTAL

Los hermanos y los hijos de quienes sufren una enfermedad mental generalmente experimentan:

- negación
- confusión
- vergüenza
- tristeza
- culpa
- temor
- frustración
- rabia
- resentimiento

Tener un padre o madre o un hermano con una enfermedad mental interfiere con los siguientes aspectos de la vida o tiene un impacto significativo sobre ellos:

- relaciones sociales
- la imagen que uno tiene de su familia
- relaciones con los padres
- las actividades y responsabilidades que uno elige
- el bienestar emocional   (sigue)

Éstos son los momentos más difíciles:

1. cuando se declara la enfermedad
2. durante la adolescencia
3. durante los episodios agudos del familiar enfermo, cuando éste actúa de manera extraña, impredecible e inaceptable

Estas cosas ayudan:

1. una familia en que se habla abiertamente de la enfermedad y los efectos que tiene sobre todos
2. relaciones con personas que ofrecen apoyo, con quienes uno puede hablar de la situación
3. aprender sobre la enfermedad, especialmente sobre la probabilidad de que uno mismo, o sus hijos, se enfermen
4. concentrarse en las actividades y relaciones personales

Influyen sobre la medida y la clase de impacto que la enfermedad tenga sobre un hermano o hermana los siguientes aspectos de la persona enferma:

- que sea mayor o menor
- del mismo sexo o del sexo opuesto
- la diferencia en las edades
- que tenga una enfermedad muy seria o impredecible

En muchos casos, los hermanos o hijos adultos de un enfermo mental hacen frente a los problemas distanciándose de la familia y de la persona enferma por períodos de tiempo variables.

LOS NIÑOS

Cuando se da un problema de trastorno mental o de adicción en la familia, los adultos suelen preguntarse qué deben decirles, o si deben decirles algo, a los niños. Una persona enferma puede tener hermanos, sobrinos, nietos, etc., menores con quienes vive o entra en contacto. Es importante encontrar métodos para hablar con los niños sobre la persona enferma y su conducta. Hay maneras de hablar con niños de cualquier edad de modo tal que puedan comprender. Naturalmente, usted daría explicaciones diferentes a un muchacho de cinco años y a un adolescente de quince. Para hablar a menores de cualquier edad, tenga en cuenta hacer lo que sigue.

1. Reconozca que la persona tiene un problema con drogas o alcohol, o una enfermedad, y llámela por su nombre.
2. Explique que la enfermedad le hace decir y hacer cosas que de otra manera no diría ni haría. Los adolescentes pueden escuchar y comprender que la enfermedad afecta el pensamiento, los sentimientos, la conducta y la capacidad crítica de la persona.
3. Mencione que la enfermedad no es contagiosa. No deben preocuparse por enfermarse ellos.
4. Asegúreles que no tiene nada que ver con ellos ni con nada que ellos hayan dicho o hayan hecho.
5. Asegúreles que la persona enferma sigue queriéndolos a ellos y que ellos son importantes para él o ella aunque la enfermedad le haga decir o hacer cosas que puedan dar la impresión contraria.
6. Dé instrucciones específicas sobre cómo actuar en torno a la persona, incluso si deberían hacer o decir cosas diferentes de las que harían o dirían con otros.

Los menores también necesitan una oportunidad de hablar de lo que significa para ellos estar con la persona. Si viven con él o ella, los muchachos pueden tener rabia, vergüenza, confusión, desengaño, etcétera. Si tienen la posibilidad de expresar estos sentimientos con un adulto comprensivo dentro de la familia o con un profesional fuera de ella, la enfermedad no les va a afectar tanto como lo haría si tuviesen que sufrir en silencio. Las familias capaces de mantener conversaciones frecuentes sobre la situación, y de oír y reconocer el impacto que tiene sobre todos, tienden a lograr mejores resultados que quienes toleran en silencio el peso de la enfermedad. Escuchar y validar los sentimientos de los niños es un gran paso para ayudarles a enfrentar situaciones difíciles. Tal vez usted no pueda resolver todos los problemas, pero podrá mejorar algunas de las dificultades inherentes en la situación.

También se debe recomendar a los menores que continúen con sus actividades y amistades normales tanto como sea posible. Es importante darles permiso para pasar tiempo y gastar energía fuera de la familia, en la escuela, en actividades extracurriculares y con amigos. Hay que asegurarles que no tienen la responsabilidad de "arreglar" a la persona enferma o resolver otros problemas que son el resultado de tener una persona enferma en la familia. Sería bueno asimismo que usted reconociese la tristeza que usted siente porque ocuparse de las crisis y de la enfermedad a veces reduce el tiempo, la energía y los recursos que de otro modo usted les dedicaría a ellos.

CÓMO SOLUCIONAR LOS PROBLEMAS ENTRE PADRES E HIJOS

Suele existir un tipo especial de tensión entre el padre o madre de una persona con un trastorno mental y el hermano o hermana de esa persona enferma. Muchos padres e hijos se han esforzado intensa y largamente para encontrar el nivel de participación que cada uno desea tener con la persona enferma. Mientras los padres suelen sentir emociones intensas con respecto a la falta de participación de sus hijos con un hermano o hermana enfermos, los hijos pueden tener emociones igualmente intensas sobre la participación excesiva de los padres.

La Asociación de hermanos e hijos adultos, que era con anterioridad un subgrupo de NAMI, dedicó considerables esfuerzos a la meta de restablecer la conexión entre los padres y los hijos normales. La Guía Rápida de Referencia titulada "CÓMO PUEDEN AYUDAR LOS PADRES A SUS HIJOS NORMALES Y QUÉ ES LO QUE NO PUEDEN HACER POR ELLOS" está basada fundamentalmente en los esfuerzos de este grupo. Las sugerencias que se dan aquí se pueden aplicar asimismo a otros miembros de la familia, y sirven para subrayar las penosas limitaciones que existen en nuestra capacidad de resolver situaciones con las que todos tenemos que lidiar.

CÓMO PUEDEN AYUDAR LOS PADRES A SUS HIJOS NORMALES Y QUÉ ES LO QUE NO PUEDEN HACER POR ELLOS

Los padres pueden:

- tener conciencia de que la enfermedad del ser querido afecta a todos los miembros de la familia.
- tener conciencia de las diversas actitudes que pueden adoptar los hermanos y hermanas—por ejemplo, alejarse o involucrarse excesivamente.
- hablar de sus emociones y alentar a los hermanos a que hagan lo propio.
- informarse sobre la enfermedad y así disminuir la ansiedad de la familia.
- evitar que la persona enferma se convierta en el centro alrededor del cual gira la familia. Esto es perjudicial tanto para la persona enferma como para los demás miembros de la familia.
- promover la reforma del sistema de salud mental para que haya más opciones para el cuidado de los enfermos mentales después de la hospitalización.
- leer libros y artículos sobre las relaciones de hermanos y hermanas para llegar a comprender mejor cuál es esa experiencia, y ofrecer esos recursos a los hermanos y hermanas si están interesados.

No pueden:

- eliminar el hecho de que la enfermedad mental de un hijo o hija tiene un impacto sobre sus hermanos.
- disminuir ese impacto evitando hablar de eso.
- proteger a los hermanos de las emociones que ellos sienten.
- determinar la actitud que cada uno de los hermanos puede adoptar para lidiar con la situación.   (sigue)

- liberar a los hermanos del proceso de duelo experimentándolo ellos. Cada uno de los hermanos debe pasar por el proceso de duelo, que generalmente incluye negación, depresión, rabia, y finalmente, aceptación, y cada uno de ellos debe hacerlo en su propio estilo y en su propio ritmo.
- forzar a los hermanos a que reciban ayuda psicológica durante la etapa de negación.
- esperar que los hermanos no experimenten una serie de emociones negativas, tales como culpa, temor, dolor, resentimiento y celos.

Los escritos sobre codependencia han resultado útiles para algunos hermanos. Por ejemplo, *Hidden Victims* (Las víctimas ocultas), por Julie Johson, está dedicado específicamente a los hermanos e hijos adultos de personas con trastornos mentales, y *Troubled Journey: Coming to Terms with the Mental Illness of a Sibling or Parent* (Difícil tránsito: aceptar la enfermedad mental de un hermano o un padre o madre), por Diane March y Rex Dickens, contienen materiales aplicables no solamente a hermanos o hermanas sino también a otros miembros de la familia. Muchos padres y madres encuentran útil la participación en los programas de doce pasos tales como CoDA (*Co-Dependents Anonymous,* Codependientes Anónimos) y Al-Anon (Alcohólicos Anónimos).

ESPOSOS Y COMPAÑEROS

Los problemas que enfrentan los cónyuges y compañeros de las personas con enfermedades mentales se parecen en parte a los problemas de los padres, hijos adultos y hermanos/as, pero también acusan diferencias. Como grupo, los esposos y compañeros en general han recibido menos apoyo y se han sentido menos conectados uno con otro y con los parientes que otros miembros de la familia. Ello es lamentable, pues sus necesidades, sus problemas y el dolor que sienten son tan intensos como los de cualquiera que tenga un ser querido con un trastorno mental.

Quien está en pareja con una persona enferma necesita encontrar la manera de campear con el sufrimiento, el estigma, el estrés y la confusión que provocan las enfermedades mentales. Enfrentan problemas adicionales, financieros y sociales. Necesitan aprender sobre la enfermedad y los tratamientos, y aprender a separar la persona de la enfermedad. Estarán en mejores condiciones para hacer frente a todo esto si encuentran la manera de comprender los síntomas y la resistencia al tratamiento, sin tomarlos como ataques personales o verlos como una falta de consideración o una traición. Los esposos y compañeros tienen que tratar de encontrar el apoyo y la solidaridad que necesitan, y también elaborar modos de separarse momentáneamente de la persona enferma y buscar alivio para el estrés adicional que los abruma.

Entre las cuestiones más difíciles que enfrentan los esposos y compañeros se encuentra si deben continuar o no la relación. Muchas personas deciden que no son capaces de tolerar síntomas persistentes, o que no pueden vivir con alguien que no puede mantener la clase de relación que querían encontrar al principio y que creyeron haber alcanzado. Se trata de una decisión dificilísima. Hasta pensar en abandonar a alguien que está enfermo y necesita cuidado los desgarra y se sienten muy culpables. Pueden tener amor por la persona enferma, puede importarles muchísimo su bienestar, y sin embargo deciden que no pueden o no quieren entrar en la clase de acomodación y compromiso necesarios para vivir con alguien que sufre una enfermedad debilitante. Cada uno tiene que decidir cuáles son sus límites y qué es lo que le resulta tolerable. Y cualquier cosa que decidan, es raro que lo puedan decidir sin gran ambivalencia y sentimientos muy contradictorios.

Los que se quedan, tal vez porque sienten la necesidad de mantenerse fieles a las promesas conyugales o al compromiso que han adquirido, muchas veces tienen que cambiar sus vidas y sus expectativas en la relación significativamente. Deben encontrar maneras de aceptar la vida con un compañero que periódicamente requiere extensos cuidados, que no siempre está en condiciones de retribuir el apoyo y la atención que exige, y que no puede cumplir consistentemente con su parte en las responsabilidades de la pareja. Tal vez tengan que alterar sus ideas sobre los roles en la familia, por ejemplo, el padre puede tener que tomar a su cargo las responsabilidades primarias en el cuidado de los hijos, o la esposa debe esforzarse por aceptar el hecho de que su esposo a veces necesita la clase de atención y las respuestas que se dan más a menudo a los niños.

Frecuentemente los esposos tienen que hacerse cargo de miles de decisiones, grandes y pequeñas, como por ejemplo, si se deben invitar visitas o si deben tener hijos. Como ocurre con muchos problemas en las familias, no hay respuestas simples. Algunas personas con un trastorno mental pueden funcionar como padres o madres, otros no. Ello sin duda agrega un nivel significativo de estrés a los individuos y a las relaciones. Los esposos a veces se sienten como si no tuvieran un cónyuge, sino un niño más. Tienen que decidir si deben o no tomar a su cargo el control de las finanzas. Se trata de decisiones complicadas y difíciles.

Estar en una relación con alguien que sufre repetidos episodios agudos consume una enorme cantidad de tiempo, energía y paciencia. A veces el período que sigue a una hospitalización y el regreso a la casa puede ser aun más estresante que una crisis. Cuando una persona tiene un episodio agudo, los esposos y compañeros tienden a acudir en su ayuda y mantienen un nivel bajo de expectativas. Normalmente se anticipa que habrá un período de recuperación cuando un enfermo vuelve a la casa. Cuando la recuperación resulta un proceso más largo y más lento de lo que se esperaba, las dificultades pueden incrementarse. Todos están agotados por lo que ha ocurrido y la paciencia puede desvanecerse. La pareja puede tener que luchar con problemas para que la persona enferma se reintegre a la vida familiar. Puede no estar claro qué niveles de expectativas son realistas. En este momento un esposo o compañero puede necesitar tanto apoyo como el consumidor—un hecho que pasa fácilmente desapercibido.

En esta situación los cónyuges deben prestar particular atención para satisfacer sus propias necesidades. Esto se puede conseguir a través del contacto con amigos y familiares que les den apoyo, o bien procurando ayuda profesional. Tanto durante los episodios agudos como inmediatamente después, las relaciones sufren serio estrés y crisis. Con el tiempo ello debe ir disminuyendo. Si se ve que el estrés y la crisis no disminuyen, o si empeoran, es aconsejable procurar consejo profesional para la pareja.

Rara vez ocurre que un cónyuge se sienta cómodo funcionando exclusivamente como cuidador del otro. Casi todos también quieren sentir que tienen una relación en la cual pueden recibir, a su vez, amor y apoyo. Cuando el amor y el apoyo faltan durante largos períodos, es natural que se vayan creando resentimientos. Estos sentimientos tardarán en disiparse.

Recobrar la confianza es otro problema que crea dificultades a las parejas. La confianza puede quebrarse y la relación se puede dañar—especialmente durante episodios maníacos o cuando hay abuso de una sustancia. Para repetir, a menudo se necesita mucho tiempo y paciencia para reparar el daño. Cada esposo puede sentirse enfadado o frustrado porque la relación tarda en repararse. Si estos sentimientos persisten, nuevamente recomiendo a las parejas que procuren la ayuda profesional de un terapeuta informado sobre la enfermedad de que se trate.

En muchas ocasiones un esposo puede beneficiarse si obtiene consejo profesional mientras maneja la enfermedad de su pareja. Estos momentos incluyen el breve período después de declararse una enfermedad y el que sigue a los episodios agudos (como se describe más arriba). Durante estos períodos es cuando los esposos necesitan más apoyo y más conocimientos sobre las enfermedades mentales, y asimismo asistencia para tomar algunas de las complicadas decisiones que enfrentan. No es ni necesario ni aconsejable que un cónyuge se aísle durante estos momentos difíciles. Aunque a veces tal parece ser el camino de la menor resistencia, no es el que lleva al mejor resultado. Los esposos deben luchar contra la inclinación que muchos sienten a sufrir en silencio o solos. Sintiéndose abrumados por las decisiones y responsabilidades que enfrentan, les resulta fácil olvidar que hay muchas personas que se encuentran en situaciones similares. Llegar a conocerlos y conversar con ellos puede brindar enorme consuelo y apoyo. Los esposos tienen una necesidad especial de aprender las estrategias que se presentan en este capítulo y en los capítulos 4, 5, y 6 para llegar a afrontar el nuevo estrés que les ha sobrevenido en la vida. Hay grupos de discusión en el Internet donde los esposos, hermanos e hijos adultos de personas con enfermedades mentales pueden encontrar apoyo y comunicarse con quienes enfrentan problemas como los suyos.

CÓMO MANTENER LA SALUD DE LA FAMILIA

Todas las familias pasan por experiencias conflictivas al luchar por encontrar un equilibrio entre las necesidades de un miembro seriamente discapacitado y las necesidades de los demás. Los desacuerdos son inevitables, dado el nivel de estrés e inseguridad que producen las enfermedades mentales. Recuerde, lo mejor que usted puede hacer es llegar a un acuerdo sobre cómo manejar los problemas a medida que éstos surgen, y luego ponerse de acuerdo en que a veces no habrá consenso sobre la mejor manera de proceder.

Para preservar la salud de la familia es necesario considerar las preferencias y limitaciones de cada uno en el momento de tomar decisiones. Sea que ustedes consideren cómo pasar juntos unas horas los domingos o dónde debe vivir su familiar, preste cuidadosa atención a las necesidades de todas las personas involucradas y trate de lograr un equilibrio que sea razonablemente aceptable para todos. Nadie puede obtener todo lo que quiere todo el tiempo. Todos tienen que estar dispuestos a hacer concesiones y adaptarse para mantener las relaciones; cuando es parte de la ecuación una enfermedad mental, ello ocurrirá en mucho mayor grado.

8

Cómo elegir profesionales e instituciones de la salud mental

No es nada fácil abrirse camino a través del laberinto del sistema de salud mental. Las familias suelen descubrir que en sus interacciones con los profesionales y las instituciones se encuentran desde confundidos y frustrados hasta enfurecidos e insultados. Para comprender por qué la situación es tan difícil es importante conocer parte de la historia del sistema, cómo y cuándo se han desarrollado diversos métodos de tratamiento, y el impacto que tienen sobre el sistema diversos factores legales, políticos y económicos.

BREVE HISTORIA DEL SISTEMA DE SALUD MENTAL

En los Estados Unidos de Norte América no hay un sistema de servicios para los ciudadanos que sufren enfermedades mentales que se pueda considerar bien organizado. Durante la mayor parte del siglo pasado, se mantenía a las personas con enfermedades mentales en instituciones de gran escala, para no verlos ni pensar en ellos. Hacia 1950 se descubrieron los medicamentos antipsicóticos, y un número significativo de personas mejoraron su nivel funcional. Esto abrió la posibilidad de que las personas con enfermedades mentales pudieran vivir con un nivel de cuidado mucho menor que el que ofrecían las instituciones.

En la década de los años sesenta, durante la administración del presidente John F. Kennedy, se desarrolló un plan para cerrar esas instituciones y crear un sistema más humanitario para cuidar a los enfermos mentales en sitios dentro de la comunidad donde la atmósfera fuera más semejante a los hogares. Desgraciadamente, después de más de cuarenta años, se ha realizado ese noble plan nada más que a medias: muchas instituciones han sido clausuradas. Y a pesar de que hemos aprendido a cuidar a los enfermos mentales dentro de la comunidad, a través de programas de apoyo para proveerles lugares para vivir, entrenamiento, cuidado caso por caso, y programas de socialización, existen pocos programas de esta clase, y no se ha provisto financiación para crear más.

Esta lamentable situación se complica aún más por las leyes que rigen los derechos de los padres. A mitad del siglo veinte no era muy difícil forzar a alguien a internarse como paciente en un hospital mental. Muchas personas fueron víctimas de las leyes que lo permitían. Eventualmente, los esfuerzos de pacientes, ex-pacientes, y quienes abogaban por sus derechos se combinaron para tratar de hacer cambiar las leyes. Tuvieron éxito—pero, como ocurre tan a menudo, las leyes injustas fueron reemplazadas por leyes tan extremas que crearon una serie de nuevos problemas.

La consecuencia positiva es que los derechos de los pacientes actualmente están bien protegidos. La consecuencia negativa es que actualmente es casi imposible forzar a alguien a entrar en tratamiento contra su voluntad. Puede haber pruebas contundentes de que están mucho más felices y sus vidas funcionan mucho mejor cuando reciben medicación. Puede haber indicaciones claras de que está por desencadenarse un episodio psicótico y que la medicación o una breve hospitalización podrían reducir la seriedad y la duración del episodio. Nada de esto es suficiente para forzar a una persona con un trastorno mental a que reciba tratamiento. En la mayoría de los estados, a menos que represente un peligro evidente y real para sí mismo o para los demás, el enfermo tiene el derecho de rechazar el tratamiento. Ésta es una fuente de frustración para los profesionales de la salud mental y para las familias. Actualmente se están considerando modificaciones a estas leyes.

Las teorías psicológicas sobre las enfermedades mentales que eran populares en las décadas de los años cincuenta y sesenta también han tenido un efecto duradero sobre los familiares y amigos de las personas con trastornos mentales. Teóricos como Gregory Bateson, Jay Haley, Don Jackson y John Weakland tendían a culpar a las familias—especialmente a las madres—como causa de los problemas. Muchos profesionales de la salud mental recibieron estas enseñanzas y, en consecuencia, trataban con desdén a las familias. Muchas familias sufrieron profundo daño en manos de estos profesionales mal orientados.

Las tendencias han cambiado fundamentalmente. Actualmente la mayoría de los profesionales, y especialmente aquellos que tratan a personas con trastornos mentales severos, piensan que estas enfermedades son biológicas y que no son consecuencia del ambiente familiar. Por lo tanto, tienden ahora a tratar a las familias con respeto, compasión y franqueza. Aun dentro de las limitaciones de un sistema insuficientemente financiado e inadecuado, están más dispuestos a aceptar a los familiares como aliados en la lucha con enfermedades que son trágicas.

Para obtener información sobre la historia, las dimensiones política y económica del sistema de salud mental en los Estados Unidos de Norte América, recomiendo el libro de Rael Isaac y Virginia Armat, *Madness in the Streets: How Psychiatry and the Law Abandoned the Mentally Ill* (Locura en las calles: cómo los enfermos mentales fueron abandonados por la psiquiatría y la ley). También es muy informativo el artículo de Douglas Polcin, *"Administrative Planning in Community Mental Health,"*

("Planeamiento administrativo para la salud mental de la comunidad"), publicado en el *Community Mental Health Journal*.

QUIÉNES FORMAN EL EQUIPO

El enfoque más avanzado en el tratamiento de personas con un trastorno mental severo incluye el trabajo en equipo. Deben formar parte del equipo el consumidor, la familia, y varios profesionales con especialidades, antecedentes y capacitación diversos. Entre los profesionales se encuentran:

El psiquiatra. Se lo solía considerar el director del equipo. El psiquiatra debe tener un diploma que indique que ha completado sus estudios como médico y que se ha especializado en psiquiatría (una especialidad como la de medicina pediátrica, medicina interna, o muchas otras). Sólo los médicos pueden recetar medicación. No todos los psiquiatras han recibido una capacitación específica o tienen mucha experiencia en el tratamiento de adultos con una enfermedad mental seria.

El psicólogo. Un psicólogo ha tenido de seis a ocho años de capacitación de posgrado. Un psicólogo también es un *doctor,* pero es porque ha obtenido un grado de "doctor en filosofía" (*Philosophy Doctor, Ph.D.*). Los psicólogos generalmente trabajan como consejeros o administran tests psicológicos. No pueden prescribir medicamentos, pero en muchos programas tienen una función similar a la de un psiquiatra.

El trabajador social. Por lo general los trabajadores sociales tienen al menos dos años de estudios de posgrado y una maestría como asistentes sociales (M*aster in Social Work,* M.S.W.) En la mayoría de los estados de los Estados Unidos de Norte América hay también diplomas y licencias similares para los terapistas de parejas y familias (*Master in Family Therapy*, M.F.T.).

Estos profesionales pueden tener una práctica privada en la cual ofrecen psicoterapia, aceptando diversas formas de seguro médico. Sin embargo, se aconseja que usted se informe sobre las personas que ofrecen estos servicios, pues la capacitación que reciben puede incluir o no experiencia con personas que sufren enfermedades mentales serias. Actualmente se está tratando de obtener que todos los programas médicos incluyan información sobre las enfermedades mentales, pero muchas universidades con escuelas de medicina aun no han adoptado esta iniciativa.

Hay muchos otros profesionales que trabajan con personas que sufren enfermedades mentales serias, como parte de equipos multidisciplinarios de tratamiento. Pueden ser miembros de hospitales, programas residenciales, centros de tratamiento de pacientes externos, y otros similares. Por lo general necesitan tener por lo menos dos años de capacitación a nivel universitario. Entre ellos se encuentran terapistas, terapistas especializados en ocupaciones, recreación, enfermeros psiquiátricos y técnicos psiquiátricos. Los terapistas generalmente han adquirido experiencia trabajando con personas que tienen enfermedades mentales y también, o alternativamente, tienen un diploma de bachillerato universitario o un diploma asociado (en un programa de dos años) en psicología, terapia verbal, o un campo asociado con éstos.

Cuando se trata de otras enfermedades, un médico controla la marcha general del tratamiento. No es así cuando se trata de un trastorno mental. El psiquiatra que trata al paciente puede estar afiliado con un hospital, pero puede no estar en condiciones, o puede no estar dispuesto a continuar el control de la enfermedad una vez que el paciente ha salido del hospital.

Otro excelente método alternativo, que se practica en muchos lugares, es tener un administrador del caso clínico, una vez que queda establecido que una persona va a necesitar asistencia continuada. Algunos administradores de casos clínicos son profesionales que tienen un diploma de bachillerato o de maestría como asistentes sociales, psicólogos o terapistas. Otros pueden estar en un campo asociado con éstos, o pueden ser paraprofesionales que se han capacitado llevando a cabo estos tipos de tratamientos. Tienen a su cargo coordinar los servicios con los enfermos cuando éstos cambian de programa o de servicio, y ayudarles en las transiciones. El personal que colabora en estos programas trabaja con las personas enfermas ayudándoles a satisfacer sus necesidades vocacionales, sociales y prácticas (vivienda, dinero, actividades estructuradas y demás). Si una persona puede vivir independientemente, el administrador del caso tal vez ofrezca ayuda para responder a las necesidades básicas y para ubicar a profesionales de la salud mental u otros, tales como terapistas, médicos y dentistas, para obtener medicamentos y asistencia financiera, y para tener acceso a otros recursos que permitan a la persona continuar estables en la comunidad, minimizando la necesidad de hospitalizaciones o de cuidado más intenso.

Los programas de administración intensa de casos clínicos que se han implementado en varias partes de este país han tenido extraordinario éxito. Un administrador de caso clínico que tiene buena preparación y se preocupa por los pacientes puede crear una diferencia significativa en la vida de una persona con un trastorno mental serio, puede mejorar dramáticamente la calidad de su vida y puede reducir al mínimo las crisis y las hospitalizaciones.

Ahora bien, rara vez las cosas funcionan tan bien. En la actualidad no hay suficientes servicios de administración de casos clínicos, y muchas personas con enfermedades mentales se niegan absolutamente a ir al hospital o a los servicios de emergencia psiquiátricos. El resultado es que mucha gente sufre sin tener el tratamiento que podría aliviarlos. Los familiares, amigos, doctores, terapistas y los miembros de los servicios de tratamiento no pueden intervenir, tienen que contemplar, con las manos atadas, cómo las personas por quienes se preocupan se van deteriorando.

Lamentablemente, muy a menudo la familia dirige su ira contra el personal de los hospitales o los programas porque no logran que su familiar mejore. Lo que más quisieran los miembros del hospital es conseguir precisamente eso. Pero generalmente se encuentran trabajando en un programa sin financiación suficiente, en el cual no hay bastante personal, están agotados por el exceso de trabajo, o reciben remuneración insuficiente. Comparten la frustración y la indignación que sienten las familias por lo inadecuados que son los servicios disponibles.

Cuando alguien sufre una enfermedad mental seria, y por esa razón constituye un peligro para sí mismo o para otros o no está en condiciones de satisfacer sus propias necesidades básicas de alimento, ropa y vivienda, se puede otorgar a otra persona la autoridad legal para satisfacer las necesidades del enfermo y para tomar ciertas decisiones sobre su vida y, a veces, su propiedad. Esta estructura legal se conoce como *custodia* o *tutela*. Quien recibe esta autoridad es el *custodio* o *tutor*. Puede ser un empleado del condado o un miembro de la familia; la decisión se toma en una audiencia judicial.

El custodio puede decidir dónde va a vivir una persona, si debe estar o no en un hospital o un programa de tratamiento, quién manejará su dinero y, en algunos estados, puede determinar si la persona está en condiciones de viajar, conducir un automóvil o entrar en acuerdos contractuales. Únicamente a través de una custodia o tutela se puede forzar a alguien a un tratamiento involuntario de cualquier duración. Para averiguar cómo son las custodias en el estado donde usted vive, consulte a la filial local de NAMI o a las autoridades públicas que administran la custodia.

Nombrar a un custodio para una persona que no puede cuidarse a sí misma tiene ventajas y desventajas. Decidir si un miembro de la familia debe tomar a su cargo esta responsabilidad es una cuestión casi de tanto peso como decidir si la persona enferma debe vivir con la familia. Justifica que se la considere con la misma seriedad y prestando la misma atención a la situación individual.

La Guía Rápida de Referencia titulada "DIVISIÓN DE RESPONSABILIDADES EN LA VIDA Y EN EL

TRATAMIENTO DE SU FAMILIAR" da una síntesis de la responsabilidad que, en un sistema de servicios ideal, corresponde a cada uno de los que se ocupan de una persona con un trastorno mental. Naturalmente, la mayoría de los sistemas están lejos de ser ideales. Así es que suele ocurrir que una de las personas claves tenga que tomar a su cargo la función que debería cumplir otra persona. A menudo no hay administradores del caso clínico accesibles, puesto que los fondos públicos son insuficientes. El resultado puede ser que un miembro de la familia o del personal o el doctor termine haciendo todo o casi todo. O bien un aspecto puede quedar sin atención, con la consecuencia de que los servicios o el tratamiento tienen lugar de manera caótica, desorganizada. El propósito de esta guía es que usted tome conciencia del tipo de sistema que queremos lograr, ayudándole a evaluar el nivel de servicios disponibles en su comunidad.

DIVISIÓN DE RESPONSABILIDADES EN LA VIDA Y EN EL TRATAMIENTO DE SU FAMILIAR

El familiar enfermo:

- asume el máximo posible de responsabilidad por su propia vida y su conducta
- hace todo lo que puede para vivir una vida que le resulte satisfactoria
- se propone metas y trabaja con quienes le proveen servicios y con la familia para lograrlas

La familia:

- ofrece amor y una relación constante de apoyo dentro de límites realistas
- alienta al familiar a que participe en el tratamiento y los servicios y coopere con ellos
- encuentra la manera de apoyar el tratamiento
- hace todo lo que puede para proteger al familiar de peligros serios
- da información a los miembros de la familia sobre la enfermedad y el sistema de salud mental   *(sigue)*

El doctor o terapista:

- ofrece una relación terapéutica continuada a largo plazo
- ofrece diagnóstico, pronóstico e información sobre la marcha general de la enfermedad
- prescribe y controla la medicación
- provee información sobre los medicamentos
- facilita la hospitalización cuando sea necesario

El administrador del caso clínico:

- asiste a la persona enferma para que pueda satisfacer sus necesidades materiales y permanecer estable en la comunidad
- da referencias sobre diversos programas de tramiento y recursos públicos y ayuda en la transición de un programa o servicio a otro
- da información histórica a los proveedores de servicios y ofrece continuidad a la persona enferma cuando ésta transita a través del sistema de salud mental y los recursos públicos
- provee intervención en las crisis cuando no hay otros miembros del equipo de tratamiento

El personal del programa de tratamiento ofrece un contexto terapéutico que puede incluir:

- apoyo continuado, relaciones terapéuticas y asistencia para establecer metas y planes realistas
- instrucción, entrenamiento y consejos en áreas tales como las destrezas necesarias para la vida diaria, las metas vocacionales, las destrezas interpersonales, cómo manejar los síntomas, y la aceptación de limitaciones
- intervención en crisis
- documentación sobre el curso del tratamiento y el progreso alcanzado
- supervisión de la medicación

Recuerde que nadie, ni siquiera la familia con más amor y más conocimientos, ni el profesional más experto, pueden asumir completa responsabilidad por la vida o el bienestar de otro adulto. Lo ideal es que todos los participantes en el equipo de tratamiento se pongan en contacto periódicamente para coordinar el cuidado que recibe su familiar. Esto se puede hacer por teléfono o en reuniones periódicas para planear el tratamiento. Los programas más evolucionados invitan a los miembros de la familia a participar en algunas de estas reuniones o en todas ellas. Lo que es probable que ocurra allí se describe en la Guía Rápida de Referencia titulada "REUNIONES DE PLANIFICACIÓN." Se recomienda leer esta guía antes de asistir a una reunión, especialmente si lo hace por primera vez.

REUNIONES DE PLANIFICACIÓN

¿Por qué, cuándo y dónde se realizan las reuniones de planificación? El propósito de estas reuniones es permitir a todos aquellos involucrados en el tratamiento o la vida de un cliente que:

1. compartan información actual e histórica sobre el cliente
2. produzcan un plan y un enfoque coherentes para trabajar con el cliente

Lo ideal es programar conferencias con intervalos de pocos meses o cuando ocurran cambios significativos en la vida o situación de una persona. Se llevan a cabo en los lugares, días y horas más convenientes para todos. Generalmente no duran más de una hora.

¿Quién asiste, por lo general, a estas conferencias?

1. el médico o terapista que está tratando al paciente
2. representantes del personal de los programas en que participa el cliente—por ejemplo, programas residenciales, de pacientes externos, programas vocacionales o servicios hospitalarios psiquiátricos de emergencia
3. el administrador del caso

Lo ideal es que se invite al cliente y a los miembros de la familia a asistir a toda la reunión o parte de ella.   *(sigue)*

¿Qué ocurre por lo general durante una reunión?

1. Se intercambia información. Cada persona da una visión del progreso (o la falta de progreso) desde la última reunión o desde que él o ella ha comenzado a trabajar con el cliente. Además puede ser necesario que describan los servicios que ellos o sus programas ofrecen, los procedimientos correspondientes, etcétera.
2. Cada persona explica cómo ve la dinámica del cliente, sus puntos fuertes y débiles, sus problemas y sus metas.
3. Generalmente se pide al cliente, si está presente, que dé su propia opinión sobre los temas mencionados en 2. y se le informa cuáles son las preocupaciones y las recomendaciones del equipo.
4. Se conversa y se llega a un acuerdo sobre un plan que contempla:
   - qué áreas requieren atención y cómo trabajarán los miembros del equipo con el cliente para lograr las metas que se hayan identificado
   - qué cambios son necesarios, tales como ubicación, medicación, etcétera, y cómo se implementarán
   - cuándo se llevará a cabo la próxima reunión

Qué pueden hacer los miembros de la familia para prepararse y para contribuir a las reuniones de planificación?

1. Lleve cualquier información histórica importante que usted piensa que los demás participantes no conocen.
2. Describa concisamente conductas recientes de su familiar, especialmente los cambios que usted haya observado.
3. Prepare o presente explicaciones breves sobre:
   - preocupaciones que usted tenga sobre su familiar y / o el tratamiento que está recibiendo
   - recomendaciones sobre la mejor manera de responder a estas u otras preocupaciones

COMUNICACIÓN CON EL PERSONAL DE SALUD MENTAL

La relación que usted establezca con los profesionales que tratan a su ser querido tiene importancia. Pensar de antemano cómo se va a comunicar con ellos puede tener gran influencia sobre la manera como ellos le respondan. Los elementos básicos que hay que tener en cuenta se resumen en la Guía Rápida de Referencia titulada "CÓMO COMUNICARSE CON LOS PROFESIONALES E INSTITUCIONES DE SALUD MENTAL." Son sugerencias que parecen obvias, pero que suelen olvidarse en medio de una crisis o una situación difícil.

CÓMO COMUNICARSE CON LOS PROFESIONALES Y LAS INSTITUCIONES DE SALUD MENTAL

Para optimizar su relación con los profesionales y con el personal:

1. Sea cortés. La cortesía le da una ventaja como consumidor y como abogado defensor de su familiar.

2. Ofrezca información.

3. No les haga perder tiempo.

4. Pregunte cómo puede participar usted para servir de apoyo.

5. Cuando lo crea necesario, solicite reuniones, con o sin la presencia de su familiar. Además, usted puede preguntar cuál es el diagnóstico y cuál es el plan de tratamiento, puede pedir información sobre la medicación y el pronóstico (aunque tal vez sea necesario el consentimiento de su familiar).

6. Espere ser tratado con respeto y consideración.

7. Tenga en cuenta las frustraciones y limitaciones que enfrentan los profesionales, por ejemplo:
   - que no pueden ayudar a los pacientes que no aceptan tratamiento

(sigue)

- el estigma, los prejuicios y la ignorancia con respecto a las enfermedades mentales que enfrentan tanto ellos como sus clientes
- las expectativas de las familias que no son realistas, tales como la curación
- el hecho de que hay pacientes que no mejoran debido al limitado conocimiento que existe sobre el tratamiento de las enfermedades mentales
- la falta de financiación adecuada para programas y personal y también para atender a las necesidades esenciales de los pacientes
- las leyes que regulan la privacidad

Recuerde, no se debe evaluar una institución sobre la base de una sola interacción. Hay grados muy diversos de competencia y empatía dentro de cada programa. Por lo demás, usted tiene más en común con el personal de lo que tal vez imagina. Ellos también quieren lograr lo que es mejor para su familiar, aun cuando usted tal vez no esté de acuerdo en la definición de lo que es mejor. Se sienten tan frustrados, enojados y entristecidos por la situación de las enfermedades mentales en este país como lo está usted. Si usted los ve como aliados, probablemente sus interacciones con ellos serán mucho más satisfactorias. Si trabajamos todos juntos, podremos hacer que el sistema funcione al máximo de sus posibilidades. Si usted descarga contra ellos su rabia y su frustración, sólo consigue hacerles más difícil la tarea e incitarlos a ser menos francos con usted, dándole menos apoyo.

Además, tenga en cuenta que probablemente usted va a obtener respuestas más detalladas e informativas de los profesionales si demuestra que tiene ciertos conocimientos sobre la enfermedad, los tratamientos y el sistema de salud mental. No trate de pasar por experto, pero haga preguntas basadas en información. Preguntar cómo está el paciente no es tan eficaz como hacer preguntas tales como las siguientes: "¿Usted cree que éste es un episodio aislado o parte de una enfermedad de largo plazo, como la esquizofrenia o el trastorno bipolar?", "Doctor, tiene usted un diagnóstico preliminar? ¿Cuál es en su opinión el pronóstico?", "¿Cuánto anticipa usted que va a durar la hospitalización? ¿Hay una fecha prevista para darle de alta?", "¿La medicación parece ayudarle mucho?", "¿Qué probabilidad hay de que pueda cuidarse a sí mismo después de la hospitalización?", "¿Usted cree que va a necesitar un programa de rehabilitación una vez que salga del hospital?", o "¿Cuál es el enfoque que usted considera más efectivo para tratarlo?"

En este libro he insistido desde el comienzo en lo importante que es mantener sus expectativas en un plano realista tanto con respecto a su familiar enfermo como a usted mismo. Lo mismo se aplica a las expectativas relativas a los profesionales de salud mental y a los programas e instituciones de tratamiento. Estas personas y estos programas tienen limitaciones en los servicios que pueden ofrecer, y las enfermedades mismas limitan su eficacia. Es razonable tener la esperanza y la expectativa de que la participación de su familiar en un programa reducirá sus síntomas, pero el programa no puede hacerlos desaparecer por completo. Tiene mucha imprtancia que usted se familiarice con los servicios específicos disponibles en su área. Las dos Guías Rápidas de Referencia que siguen: "LUGARES DE TRATAMIENTO Y SERVICIOS" y "PROGRAMAS RESIDENCIALES DE TRATAMIENTO" describen algunos tipos de servicios disponibles en este país.

LUGARES DE TRATAMIENTO Y SERVICIOS

PROGRAMAS RESIDENCIALES (el cliente vive en la institución)

Hospitales. Supervisión durante veinticuatro horas; los pacientes tienen responsabilidades mínimas para satisfacer sus propias necesidades básicas. Pueden admitir pacientes que necesitan cuidado a largo plazo, con enfermedades crónicas (son generalmente hospitales públicos) o unidades para la atención a corto plazo de casos agudos, las cuales son administradas en forma privada por una ciudad o un condado. Pueden tener las puertas cerradas o abiertas.   *(sigue)*

Instituciones de cuidado a largo plazo. Veinticuatro horas de supervisión; los pacientes tienen mínima responsabilidad para sus necesidades básicas. Generalmente ofrecen cuidado a largo plazo. Puertas cerradas.

Casas de transición y programas residenciales de tratamiento. Generalmente de tiempo limitado.

Casa y comida. Viviendas con ambiente familiar, o casas más amplias que toman clientes pagos, donde un "padre o madre" de la casa, el dueño o el operador, se ocupa de que las necesidades básicas estén satisfechas. Requiere un cierto nivel de cuidado independiente y control sintomático.

Vivienda independiente asistida o programas residenciales asistidos. Diversos planes que incluyen alquilar casas o departamentos administrados individualmente o en cooperativa. Requiere un alto grado de responsabilidad y cuidado independiente. El personal puede estar disponible para ayudar a que las cosas funcionen sin problemas, pero no están presentes veinticuatro horas por día. Se da en este caso una colaboración de agencias que proveen cada una diferentes servicios especializados, tales como enfermeros y consejeros para adicción o para problemas mentales.

SERVICIOS EXTERNOS (el cliente vive fuera de la institución)

Clínicas. La administración puede ser privada o a cargo de ciudades o condados; a veces se llaman centros comunitarios de salud mental. Pueden ofrecer terapia individual, de grupo y de familia, así como controlar la medicación.

Servicios de administración de casos. Administración pública o privada. Ofrecen ayuda y apoyo para que las personas se puedan mantener dentro de la comunidad.

Programas de tratamiento externo. Ofrecen actividades terapéuticas, grupos y salidas a gran variedad de clientes.

Programas vocacionales. Preparan, aconsejan y entrenan a las personas cuando buscan empleo en la comunidad y una vez que lo obtienen. Algunos tienen vacantes para empleos dentro del programa y en talleres protegidos.

(sigue a vuelta de página)

Programas de socialización. Algunas veces se los llama centros de vida creativa o programas modelados como clubes. Administrados por consumidores o profesionales. Ofrecen actividades recreativas, grupos de autoayuda y otras actividades muy variadas.

Servicios de emergencia. Incluyen unidadees psiquiátricas de emergencia (frecuentemente parte del hospital del condado), servicios de comida y vivienda, "líneas telefónicas rojas," para llamados de urgencia cuando hay peligro de suicidio, y departamentos de policía.

Servicios sociales. Hay en la mayor parte de los condados y ciudades un departamento que en algunos casos ofrece numerosos servicios a las personas con enfermedades mentales.

Servicios legales. Para obtener consejos sobre cuestiones legales se puede recurrir a los abogados que defienden los derechos de los pacientes, a los defensores públicos, a la Legal Aid Society ("Sociedad de ayuda legal"), a la oficina pública de Custodia, o consultar a abogados en forma privada.

PROGRAMAS RESIDENCIALES DE TRATAMIENTO

Servicios que proveen:

1. El personal está disponible durante siete días, veinticuatro horas a la semana. Quienes trabajan en la mayoría de las casas tienen sincero interés en los enfermos mentales y han sido entrenados para trabajar con ellos. Su nivel académico va desde unos pocos años en la universidad a un doctorado.

2. Hay una atmósfera familar en un contexto comunitario.

3. Asisten a los residentes para organizar tareas domésticas tales como hacer las compras, cocinar y limpiar.

4. Les dan consejos individuales, sobre temas tales como problemas personales, aceptación de la enfermedad, higiene, manejo del dinero e intereses vocacionales o educacionales.   *(sigue)*

---

5. Intervienen en casos de crisis.

6. Planifican y coordinan, junto con un médico, un administrador de casos, y a veces otras personas que son parte del tratamiento.

7. Controlan la medicación.

8. Dan oportunidades para la interacción social de los residentes entre sí, lo cual les permite aprender y practicar destrezas sociales.

9. Ofrecen actividades estructuradas.

Lo ideal es programar conferencias con intervalos de pocos meses o cuando ocurran cambios significativos en la vida o situación de una persona. Se llevan a cabo en los lugares, días y horas más convenientes para todos. Generalmente no duran más de una hora.

Servicios que no proveen:

1. constante atención individual

2. supervisión cuando los residentes están fuera del sitio del programa

3. la tranquilidad y seguridad que da una institución cerrada con llave

4. control completo de las acciones y la conducta de los residentes: por ejemplo, un programa residencial no puede asegurar que los clientes están tomando sus medicamentos o están viendo a su doctor.

5. garantía de éxito

6. (en la mayoría de los casos) habitaciones privadas

Cada programa tiene ciertos requisitos mínimos que los residentes deben respetar para tener derecho a participar. Suelen incluir tareas que deben llevar a cabo, así como abstenerse de acciones violentas y del uso de drogas ilegales.

La mayoría de los programas tratan de ayudar a las personas a aceptar sus limitaciones y a adquirir destrezas básicas vitales e interpersonales. Algunos necesitan readquirir destrezas que tenían anteriormente, otros tienen que adquirir destrezas que nunca tuvieron porque su enfermedad se declaró a edad temprana.

Pueden aprender a reconocer mejor y a manejar el estrés y los síntomas que experimentan cuando se desencadenan las crisis. Un programa eficaz también les enseña cómo fijarse metas realistas y cómo formular los pequeños pasos que deben tomar para lograr esas metas. Participar en un programa generalmente lleva a los clientes a desarrollar un sistema social de apoyo. Conocen a otras personas con las cuales tienen mucho en común y que se convierten en amigos y amigas.

Las familias tienen una misión crucial aquí: alentar a su ser querido a que participe en un programa con el que esté asociado, sea el que fuere, y que contribuya a ese programa. El apoyo que usted le dé a su familiar puede ayudarle a tener éxito en un programa. Darle mensajes confusos sobre el programa o hablar mal del personal puede minar las bases de ese posible éxito. Usted tiene que verse a sí mismo y al personal del programa como dos grupos parentales. Si los dos grupos trabajan juntos, la vida se desliza con mucha más armonía que si un grupo (usted) se torna competitivo o actúa abiertamente en conflicto con el otro (el personal del programa). Así como los niños tratan de poner al padre y a la madre en mutuo conflicto para evitar llevar a cabo lo que les dicen, las personas en programas de tratamiento tratan de hacer que los padres o amigos se opongan al personal del programa. Ésta es una recomendación que quiero subrayar: chequee la situación con el personal antes de dejar que la queja o el informe que escucha de labios de su familiar lo perturben demasiado. Es difícil saber qué es lo que ha ocurrido en realidad sin escuchar a ambas partes y determinar el contexto en que ha ocurrido un incidente. Recuerde que las personas con enfermedades mentales tienen a confundirse y a distorsionar la realidad, aun con las mejores intenciones.

Por ejemplo, Ruth, una mujer que se encontraba en un programa residencial de tratamiento, llamó a sus padres para pedirles que vinieran a buscarla porque su consejero le había dicho que podía dejar el programa y vivir por su cuenta. Al investigar, los padres descubrieron que la conversación que había ocurrido en realidad era más o menos como sigue:

RUTH: Odio este lugar. Odio que me digan lo que tengo que hacer y odio estar con toda esta gente loca. Quiero irme y tener mi propio departamento.

CONSEJERO: No estoy seguro de que puedas hacer eso todavía. Parece que estás enojada con la persona del equipo de mantenimiento que te acaba de decir que hagas tu cama.

RUTH: (gritando) No tengo que hacer mi cama si no quiero. Yo podría tener mi propio departamento y hacer lo que se me ocurra y ustedes no me lo pueden impedir. Yo firmé para entrar en este lugar y podría firmar para salir, ¿no es así?

CONSEJERO: Sí, podrías hacerlo, pero creo que no sería muy buena idea que lo hicieras en este momento. ¿Por qué no te sientas por un momento hasta calmarte? Luego podemos seguir hablando de esto.

RUTH: Está bien, pero primero quiero hablar con mi familia. Los voy a llamar ahora mismo.

Aunque lo que Ruth dijo a sus padres sea literalmente correcto, no es lo que el consejero le recomendó. Pero la única manera de que los padres llegasen a saberlo era hablar con el consejero.

Esto no significa que todas las quejas o preocupaciones que tiene un familiar carecen de base y deben ignorarse. Puede haber cosas inapropiadas o incorrectas que ocurren, y usted necesita estar informado. Investigue la queja y luego informe al director del programa o a otra autoridad, si ello es necesario. Trate, sin embargo, de asegurarse de que su información es lo más correcta que sea posible.

PRIVACIDAD

La privacidad es un tema delicado en la relación entre las familias y los profesionales.   Es una excelente idea que su familiar firme un documento indicando que da permiso a una persona en particular o a una institución para darle información a usted sobre su tratamiento, diagnóstico y pronóstico.   Usted puede redactar este documento o puede usar una copia de la "Autorización para divulgar información confidencial" que se da a continuación. Cuando usted tiene en mano un documento como éste, los profesionales no necesitan preocuparse por los obstáculos legales para que divulguen información confidencial.

AUTORIZACIÓN PARA DIVULGAR
INFORMACIÓN CONFIDENCIAL

El abajo firmante, _____
(nombre del paciente)

autoriza a _____ a dar información a

_____, su _____,
(doctor, terapista o institución)

a _____, su _____,
(su nombre)   (su relación con el paciente)

con referecia a su condición médica y su tratamiento.

Esta autorización es válida indefinidamente ☐ (marque con una cruz

si no hay fecha terminal) o hasta   _____
(fecha terminal)

_____   _____
(firma del paciente)   (fecha)

Claro está, su familiar puede negarse a cooperar. En ese caso el personal está obligado por ley a respetar la privacidad del caso. No obstante, hay maneras de que los profesionales puedan pasarle información a usted, si así lo desean: por ejemplo, hablando en términos generales o con cierta vaguedad. Un médico que acaba de ver a su hijo puede decirle que a menudo las personas que sufren este tipo de enfermedades también tiene problemas, por ejemplo, con drogas halucinógenas. Así puede sugerirle datos importantes sin traicionar el secreto que su hijo le haya comunicado a él.

Por otra parte, la relación entre el terapista y el paciente también debe ser respetada. Si una persona es paranoide o no puede confiar en nadie y se entera de que el terapista ha estado hablando con miembros de la familia, esto puede arruinar su relación con el terapista. Hay maneras de salvar estos obstáculos, si el profesional piensa que es importante mantener abiertas las líneas de comunicación. Repito, obtener la autorización escrita de su familiar con anticipación hará más probable que los profesionales compartan con usted la información. Trate de obtener ese consentimiento cuando usted y su familiar estén tranquilos y en buena relación.

Tampoco está mal llamar a un hospital o a un programa de tratamiento y pedir un informe general de la marcha del tratamiento. Una vez más, será útil que usted pueda decir que tiene una autorización firmada por su familiar. No dude en llamar si la institución no le ha hablado a usted. El personal tal vez está muy ocupado y no han tenido tiempo de hablarle. Usted no quiere molestarlos, pero quiere que el personal sepa que usted se preocupa por su familiar y que desea tener informaciones periódicas a fin de poder estar disponible si puede ayudar con el plan de tratamiento.

MANTENER UN REGISTRO DEL TRATAMIENTO

En el mejor de los mundos posibles, se mantendría para cada persona con una enfermedad mental el registro de un tratamiento modelo, que estaría a disposición de todos los profesionales que vieran a esa persona. Pero en este mundo, que está lejos de ser perfecto, casi nunca existe tal registro. Aun cuando hay algo que se le aproxima, no siempre está disponible inmediatamente. Transferir los registros de una institución a otra lleva tiempo. En consecuencia, otra función fundamental para las familias es mantener un registro como ése. Le aconsejo encarecidamente que lo haga. Como es natural, usted no puede tener conocimiento de cada paso de su familiar en un hospital o en un programa. Pero si usted mantiene el mejor registro que pueda y lo hace conocer cada vez que lo admiten a un programa nuevo o cada vez que comienza a trabajar con un terapista o un proveedor de servicios nuevo, la información que usted ofrezca será invaluable. (No deje de notar que el personal puede estar o no en libertad de expresarle a usted su reconocimiento.)

El registro no necesita ser largo ni extremadamente detallado; lo que usted quiere ofrecer es una visión de conjunto. La Guía de Referencia Rápida titulada "CÓMO MANTENER UN REGISTRO DEL TRATAMIENTO" bosqueja lo que debe incluir. Un registro como éste puede también ser útil para justificar la necesidad de tratamiento o de custodia.

CÓMO MANTENER SU PROPIO REGISTRO DEL TRATAMIENTO

Incluya en su registro la siguiente información:

1. Nivel de funcionamiento antes de declararse la enfermedad. El más alto nivel de educación que la persona haya completado, la experiencia de trabajo, el nivel de las destrezas para la vida diaria (cocinar, limpiar, manejar dinero, experiencia de vida independiente), destrezas sociales y relación con sus pares, capacidades especiales y metas alcanzadas con éxito.

2. Síntomas. Cuándo comenzaron, cuáles son, las maneras más efectivas de manejarlos, fechas de los episodios más severos.

3. Tratamiento. Fecha de la primera hospitalización o tratamiento psiquiátrico. Cuánto duró. Diagnóstico. Cuánta mejoría se produjo después. Qué medicación psiquiátrica se ha probado,

(sigue)

cuándo, si fue efectiva, y si tuvo efectos secundarios serios. Incluya información similar para cualquier hospitalización o participación en tratamientos posteriores.

4. Nivel de funcionamiento entre las hospitalizaciones o los programas de tratamiento.

5. Nombres, direcciones y teléfonos de todos los doctores, terapistas y proveedores de servicios que hayan tenido Intervención en el caso.

6. Seguro médico y número de la póliza.

COLABORACIÓN

Pocos programas e incluso pocos hospitales para personas con enfermedades mentales tienen principios explícitos y claros o guías para las relaciones del personal con las familias. Son todavía más raros los que han considerado cuál podría ser el papel de los miembros de la familia si todos nosotros trabajáramos juntos para lograr una meta común.

Hay que dar por sentado que todos nosotros queremos que las personas que tienen un trastorno mental puedan funcionar lo mejor que sea posible y que todos deseamos tener la mejor relación posible con las familias. La mejor probabilidad de que esto ocurra depende de que la interacción de programas y hospitales con las familias siga estas pautas:

1. Durante el proceso de admisión o pre-admisión (si existe), se informa a los futuros pacientes o clientes cuáles son los principios y las reglas de contacto con las familias.
2. Los documentos de admisión reflejan estos principios.
3. Se informa a las familias cuando un miembro es admitido en un programa. Se debería proveer información sobre el

programa y sobre la manera como pueden participar las familias, en forma escrita y en reuniones de orientación con las familias.

4. Se pide información histórica a la familia.

5. Se provee instrucción sobre enfermedades mentales, grupos de apoyo y entrenamiento para que los miembros de la familia puedan tratar a la persona con una enfermedad mental; o bien se ofrecen referencias sobre los lugares donde se puede encontrar tal instrucción y apoyo.

6. Se establece un foro donde se mantengan comunicaciones periódicas entre los miembros de la familia y del personal con los siguientes propósitos:

   • explicar a la familia cuál es el centro de atención corriente del tratamiento y qué pueden hacer para apoyarlo

   • compartir la preocupación por el progreso del paciente

   • actualizar la información sobre planes para dar de alta al paciente

7. Cada vez que se hagan reuniones de planificación, se considera la participación de miembros de la familia o se les pide que den sus opiniones. Se informa a la familia sobre cualquier resultado significativo de una reunión, cuando no ha asistido a ella ningún miembro.

8. Las familias reciben información en forma rutinaria sobre cualquier cambio significativo en la situación de un cliente en el programa.

Este proceso se podría establecer fácilmente sin divulgar los detalles de ninguna información personal que los pacientes comuniquen en sesiones individuales o de grupo. Habitualmente las familias no quieren esa clase de información, ni necesitan tenerla. Necesitan y quieren tener solamente una idea general del tipo de tratamiento o de servicios que recibe su familiar, quieren saber qué pueden hacer para apoyarlos, y cuándo es probable que su familiar sea dado de alta. De la misma manera, es útil para el personal del programa saber qué clase de interacciones están ocurriendo entre los consumidores y sus familias. Obtener una autorización para comunicar la información resolverá los problemas de privacidad entre la institución y las familias. Aunque nuestro sistema de salud mental tiene en la actualidad recursos y financiación muy insuficientes, tengo plena confianza en que puede mejorar si las familias y los proveedores unen sus fuerzas y sus recursos. Si usted sigue las sugerencias que se ofrecen en este capítulo y en las Guías Rápidas de Referencia, tendrá mejores chances de obtener los mejores servicios disponibles actualmente en este país. Como he expresado insistentemente, usted debe tener conciencia de lo que puede esperar con realismo y cómo puede entenderse con las personas y las instituciones existentes.

9

Cómo manejar los problemas prácticos. Vivienda, trabajo, dinero y los estigmas

Las preocupaciones y las necesidades que tienen las personas con enfermedades mentales, sus amigos y sus familiares serían excesivos para cualquiera. Lamentablemente, no son los únicos problemas que requieren su atención. Hay también cuestiones de tipo práctico, como qué decir a los amigos, familiares, vecinos y colegas en el trabajo sobre la enfermedad de su familiar y los problemas que crea en su propia vida. Otras cuestiones incluyen proveer la ayuda que pueda necesitar su familiar para manejar sus finanzas y para encontrar vivienda o trabajo adecuados. En cada uno de estos campos usted encuentra comúnmente la ignorancia y los prejuicios que rodean a las enfermedades mentales y los estigmas que las marcan. Este capítulo ofrece sugerencias para hacer frente a estos problemas.

CÓMO HABLAR CON OTRA GENTE

En su mayoría, los estereotipos y los prejuicios sobre la enfermedad mental resultan de la falta de información correcta o de experiencia directa. Por lo tanto, la mejor manera de responder a esas personas, cuando usted las encuentra, es hablarles con conocimiento de causa. La Guía Rápida de Referencia con el título "CÓMO COMBATIR LOS ESTIGMAS Y PROMOVER ACEPTACIÓN" resume la información que le puede ser útil para corregir casi todas las concepciones erróneas que usted va a encontrar en el público.

CÓMO COMBATIR LOS ESTIGMAS Y PROMOVER ACEPTACIÓN

Los prejuicios y los estigmas se fundan en ignorancia y en mitos. Los mejores antídotos son la instrucción o la experiencia directa. Usted se encuentra en una situación ideal para ofrecer a la gente cierta información básica que calme los temores, disipe las concepciones erróneas, y les haga abrir su corazón hacia quienes luchan con una enfermedad mental. Cuando usted hable con la gente sobre enfermedades mentales, tenga en cuenta lo que sigue:

- Los trastornos mentales tienen un importante componente biológico.
- Las enfermedades mentales afectan el pensamiento, la conducta, los sentimientos y el juicio.
- Hay variaciones notables en la capacidad que las personas que las sufren tienen para funcionar.
- Las enfermedades mentales no son contagiosas ni peligrosas.
- Las enfermedades mentales son muy comunes. Más de veinticuatro millones de personas en los Estados Unidos sufren las enfermedades mentales consideradas en este libro. Estas personas ocupan más camas en los hospitales que los pacientes con cáncer, artritis y enfermedades cardíacas combinados.
- La ciencia médica es muy limitada con respecto a las enfermedades mentales.
- Los tratamientos pueden reducir a veces los síntomas de algunas personas, como ocurre con el cáncer o la diabetes.   (sigue)

- Las enfermedades mentales son muy serias y tienden a producir recaídas.
- Las enfermedades mentales imponen una presión enorme, emocional y financiera, a las familias y al país.
- Hay lamentable escasez de fondos para investigación, servicios e instituciones de tratamiento.

Recuerde que usted puede explicar su situación y la situación de su familiar con diversos grados de detalle; no es necesario que explique siempre todos los aspectos de su problema.

Usted necesita y merece recibir compasión y apoyo. Su propia aceptación de la enfermedad puede inspirar a amigos y familiares a imitarla. Luche contra los prejuicios y los estigmas y mejore la situación de quienes sufren trastornos mentales mediante cualquiera de las siguientes acciones:

- Continúe educándose a sí mismo y educando a otros.
- Mantenga y comunique una actitud con la mayor aceptación y compasión posibles.
- Participe en las entidades federales, estatales y locales de NAMI (*National Alliance on Mental Illness*).
- Responda activamente a la información incorrecta o basada en prejuicios que aparezca en los medios o que usted encuentre entre amigos y familiares.
- Escriba a los legisladores para que se incremente la financiación, se mejoren las condiciones para el tratamiento de las enfermedades mentales, etcétera.
- Trabaje como voluntario o voluntaria con las entidades que ofrecen servicios a los enfermos mentales o con los grupos de apoyo para los familiares y amigos de éstos.
- Ofrezca apoyo a las familias que luchan con situaciones similares.
- Ponga en acción cualquier talento especial o recursos que usted tenga (para escribir, para el cine o el arte) para fomentar la instrucción y aumentar la compasión que se dedica a las enfermedades mentales.

Es triste que, además de todas las otras cosas con que usted tiene que lidiar, también tenga que instruir a la gente sobre lo que son las enfermedades mentales. Por una parte, usted ya tiene tanto estrés en su vida que le queda poca energía para esta tarea. Por otra, su experiencia directa lo pone en una posición desde la cual puede hablar con autoridad y compasión. Quienes le tienen afecto probablemente prestarán atención a lo que usted dice porque toman a pecho las necesidades de su familia.

Tal vez le resulte útil preparar varias maneras de describir su situación. En cada caso puede elegir lo que convenga más a su estado de ánimo y a la situación. Cuando habla con amigos íntimos o con familiares, puede dar explicaciones detalladas sobre lo que ha ocurrido con su familiar enfermo y el impacto que ha tenido sobre usted y el resto de la familia. Usted puede hablar del diagnóstico y el pronóstico, compartir la información que usted haya obtenido sobre las enfermedades mentales y explicar la confusión, la angustia y la tristeza que usted ha experimentado.

Con gente a la que no conoce muy bien, o con sus vecinos, tal vez usted quiera dar una versión muy abreviada. Solamente necesitan saber que su hijo sufre una enfermedad biológica que a veces afecta el modo como se comporta. Usted puede asegurarles que no es peligroso y decirles que si lo ven afuera solamente necesitan saludarlo, aun si les parece que está hablando consigo mismo.

Piense también qué dirá a sus colegas si atienden el teléfono cuando llama su familiar enfermo. Lo único que tiene que decir es que está enfermo, a veces en crisis, y que usted quiere hablar con él cuando llama. Si usted se encuentra con quienes han sido amigos anteriormente ya sea suyos o de su familiar enfermo, recuerde que puede dar mucha o poca información, tanto como usted quiera. Puede decir que su familiar ha pasado malos momentos pero que usted no se siente como para hablar de la situación. O puede entrar en detalles, refiriéndose al diagnóstico y dando un resumen de la historia del caso. La única norma es hacer lo que le resulte mejor a usted.

La gente comúnmente sabrá cuánto comentar sobre la situación de acuerdo con su ejemplo. No espere que sus amigos le pregunten cómo está su hijo enfermo si usted nunca saca el tema. Es prudente suponer que la mayoría de las personas que le tienen afecto a usted comprenden lo que experimentan usted y su familia, pero también es prudente suponer que no tienen idea de cómo pueden manifestar esa comprensión. Quienes tienen un familiar con una enfermedad mental a menudo se sienten heridos cuando sus amigos están incómodos por la situación y, con las mejores intenciones, hacen o dicen algo que no deberían.

Informar a sus amigos, colegas y familiares pone otro peso sobre sus hombros, pero quiero poner énfasis en que usted debe aceptarlo y hacerlo suyo, al menos con respecto a unas pocas personas importantes en su vida. Si no lo hace, se va a encontrar en la posición demasiado frecuente de sentirse aun más aislado y resentido con sus amigos y familiares. Si usted toma la decisión de que no puede hablar a nadie acerca de una de las partes más importantes de su vida, inevitablemente tendrá que pagar un precio por esa decisión. La mayoría de sus amigos y familiares no necesitan oír más que una pequeña parte de los elementos básicos que se resumen en la Guía de Referencia que sigue. Si quieren saber más, ponga en sus manos este libro o algún otro medio de información mencionado en la Lista de Recursos.

También es importante decir a la gente cómo pueden darle apoyo. Tiene que explicar las cosas claramente si quiere que sus amigos y familiares le pregunten sobre la situación. Si recibir consejos de la gente no le resulta útil, usted tiene que decírselo. Hágales saber que a usted le reconfortan los esfuerzos que ellos hacen para alentarlo.

Usted puede decir a sus amigos y familiares que manejar una enfermedad mental se parece, en varias de las siguientes maneras, a manejar diabetes o cáncer.

- Los síntomas pueden ser intermitentes.
- Nadie sabe exactamente qué es lo que causa las enfermedades.
- Hay numerosos tipos diferentes de cáncer, diabetes, desórdenes afectivos y esquizofrenia.
- Algunos casos son mucho más serios que otros.
- Hay un significativo factor hereditario.
- No se conocen curas.
- Hay tratamientos que ayudan a algunos pacientes.
- Los efectos secundarios de los tratamientos pueden ser sumamente desagradables.
- Las enfermedades son muy serias y suelen tener un impacto devastador en las vidas de quienes las sufren y también de los que están ligados a ellos.
- Quienes tienen un trastorno mental y sus familiares y amigos necesitan muchísimo apoyo y comprensión.

Hoy en día la mayor parte de la gente está informada sobre el cáncer y la diabetes, y se ha vuelto socialmente aceptable hablar de estas enfermedades. La mayor parte de la gente entiende mejor cómo apoyar a los amigos y familiares de los pacientes con cáncer y diabetes. Entonces, comparando las enfermedades mentales con el cáncer y la diabetes, usted puede dar a la gente una idea más apropiada de lo que usted está pasando y del modo como pueden ofrecerle apoyo.

Otra manera de ayudar en la lucha contra la ignorancia, el estigma y el prejuicio que rodean a la enfermedad mental es participar en NAMI. Muchas filiales locales, así como los grupos estatales y nacionales, llevan a cabo una campaña para eliminar el estigma asociado con la enfermedad mental. Algunos grupos organizan equipos que se mantienen alerta para responder a historias difundidas por televisión, radio, o en revistas y diarios, que den información incorrecta o prejuiciosa sobre las enfermedades mentales. NAMI también ofrece instrucción al público y a profesionales sobre enfermedades mentales. Los comités legislativos se ocupan de preparar y promover legislación local y nacional que afecte a quienes sufren trastornos mentales y a sus familias. Si usted cree que este tipo de participación le puede resultar satisfactorio, NAMI podría canalizar admirablemente su energía.

Es igualmente importante recordar los límites de los cambios que está a su alcance promover entre sus familiares, amigos, y en el público en general. Muchos miembros de una familia que se unen activamente a la lucha por los derechos de quienes sufren trastornos mentales quisieran que todos los demás en su familia los imitaran. Como he sugerido en capítulos anteriores, es esencial que cada miembro de la familia respete el modo como otros familiares enfrentan la situación en un momento dado. Usted no debe olvidar que, por más que un familiar de un enfermo mental trate de distanciarse del problema, no puede escapar completamente a su impacto. Cada persona debe buscar su propio camino para aceptar al familiar enfermo. El camino y el tiempo que requiera ese itinerario varían de persona a persona.

EMPLEO Y VIVIENDA

Hay en este país legislación federal creada con el propósito de proteger de discriminación a varios grupos, incluyendo a las personas discapacitadas, en áreas que incluyen empleo y vivienda. El Título VIII del Acta de Derechos Civiles de 1968 (*Title VIII of the Civil Rights Act of 1968*) se conoce como Acta de equidad en la vivienda *(Fair Housing Act)* y el Acta para Americanos con discapacitación *(Americans with Disabilities Act, ADA)* de 1990 son dos actas legislativas que las familias deben conocer. La mayoría de las leyes definen a un individuo discapacitado como una persona que tiene un obstáculo físico o mental que limita una o más de sus actividades vitales principales, como caminar, hablar, oír, ver, aprender, llevar a cabo tareas manuales, cuidarse a sí mismo, pensar, concentrarse y comunicarse con otras personas.

El ADA reconoce que la existencia continuada de discriminación y prejuicios injustos niega a las personas con discapacitación la oportunidad de competir sobre una base de igualdad y cuesta a este país miles de millones de dólares en gastos que resultan de la dependencia y la falta de productividad. El propósito que enuncia el ADA es prohibir la discriminación basada en la discapacitación, asegurar iguales oportunidades, participación total, vida independiente y autosuficiencia económica a los individuos discapacitados, y proporcionar estándares que sean claros, vigorosos, consistentes y que se puedan hacer cumplir, según los cuales se pueda determinar que hay discriminación.

La parte más relevante para las personas con discapacitación psiquiátrica, el Título I del ADA, se aplica a empleadores privados que tengan quince o más empleados, así como a oficinas de las administraciones estatales y locales, agencias de empleos y uniones laborales. Les prohibe discriminar en contra de personas discapacitadas que tengan las condiciones necesarias para desempeñar sus tareas cuando solicitan trabajo, cuando se los emplea, despide, o se los promueve; en cuanto a la compensación del trabajo, entrenamiento, y otros aspectos y privilegios del empleo. La ADA requiere que los empleadores proporcionen *acomodación razonable* relativa a las limitaciones físicas o mentales de un individuo calificado que sufre una discapacitación, a menos que ello imponga *dificultades excesivas* a la empresa del empleador.

Un *empleado o solicitante calificado* con una discapacitación es alguien que puede llevar a cabo las funciones esenciales de un trabajo, sea con acomodación razonable o sin ella. Algunas *acomodaciones razonables* que se aplican a las personas con discapacitación psiquiátrica incluyen reorganizar las tareas, modificar los horarios de trabajo o darles tiempo parcial, reasignarlos a un puesto vacante, adaptar o modificar los exámenes, materiales de entrenamiento, o los reglamentos. Las universidades e instituciones educacionales suelen tener una oficina para estudiantes discapacitados. Allí los estudiantes obtienen asistencia para obtener acomodaciones razonables de modo de poder completar sus cursos. Una *dificultad excesiva* se define como una acción que obliga a obstáculos o gastos significativos, en consideración del tamaño o los recursos financieros de la empresa, así como la naturaleza de sus operaciones. No se le exige al empleador que disminuya la calidad o los estándares de producción para realizar una acomodación. Los empleadores pueden no preguntar a quienes solicitan empleo si tienen una discapacitación o cuál es su naturaleza o severidad. Los solicitantes pueden tener que responder preguntas sobre su habilidad para llevar a cabo funciones específicas del empleo. El ADA no protege a empleados y solicitantes que usen drogas ilegales.

El Acta de equidad en la vivienda *(Fair Housing Act)* se aplica a casi todas las viviendas, excepto, tal vez, algunas viviendas pequeñas, ocupadas por sus dueños. Prohíbe discriminar, por ejemplo, negarse a alquilar o vender viviendas, anular la disponibilidad de las viviendas, establecer reglas o privilegios diferentes para vender o alquilar una vivienda, manifestar que una vivienda no está disponible para alquilar o comprar cuando ello no es verdad, y negar acceso o participación en los servicios relativos a la venta o alquiler de una vivienda.

Se pueden presentar quejas sobre discriminación referente a vivienda o empleo llamando al Departamento de vivienda y desarrollo urbano *(Department of Housing and Urban Development,* abreviado como HUD) o a la Comisión de oportunidad equitativa en el empleo *(Equal Employment Opportunity Commission).* Los teléfonos donde se puede obtener información sobre las oficinas locales son, respectivamente, 1-800-669-9777 y 1-800-669-4000.

Si tuviésemos toda la financiación necesaria para prestar servicios a las personas con enfermedades mentales, las familias no tendrían que intervenir en el proceso de ayudar a un familiar con un trastorno mental a que encuentre trabajo o vivienda. Por el contrario, estos asuntos prácticos los manejarían los coordinadores de servicios, los asistentes sociales o los consejeros vocacionales. En algunas áreas tales recursos están disponibles, pero en la mayor parte del país la familia termina haciéndose cargo. La Guía rápida de referencia titulada "CÓMO SOLICITAR

TRABAJO Y VIVIENDA" da un resumen de los elementos esenciales más comunes.

CÓMO SOLICITAR TRABAJO Y VIVIENDA

Contestar las preguntas en una solicitud de empleo o vivienda puede ser una tarea sumamente perturbadora y difícil para personas que han sido clientes del sistema de salud mental, tienen una historia de empleo discontinua, han sido hospitalizados o están tomando medicación. Ello depende en gran parte de la situación y de lo que cada persona puede aceptar sin sentirse incómodo.

La ley permite al empleador que pregunte sobre una discapacidad únicamente en la medida en que ésta pueda impedir las funciones del trabajo. En consecuencia, uno tiene que dar explicaciones sobre una discapacidad solamente si impide la ejecución del trabajo. El curriculum se puede escribir sin dar fechas específicas usando frases como "un año de experiencia como lavaplatos."

No es aconsejable mentir sobre la duración del empleo, los puestos que se han desempeñado, y demás, por las siguientes razones:

1. Si las mentiras se descubren, pueden ser motivo de despido inmediato.

2. Las mentiras pueden ocasionar ansiedad y confusión, lo cual puede crear problemas tales como presentar información contradictoria.

Se pueden usar en las respuestas frases como éstas:

- *hospitalización:* "Sí, estuve en el hospital por un trastorno médico. La recuperación llevó cierto tiempo."

- *intervalos entre los empleos:* "Estaba participando en un programa de rehabilitación"; "Estaba desarrollando destrezas vocacionales"; "Estuve en un programa de entrenamiento"; "Estaba tomando cursos".

- *finanzas* (en las solicitudes de vivienda): "Recibo dinero garantizado por discapacitación". Si alguien pide más detalles, generalmente responder que uno tiene una discapacidad pone fin a las preguntas.   (sigue)

---

* *medicación*: la mayor parte de los medicamentos se pueden describir como recursos para controlar los nervios o la ansiedad (muchos remedios antipsicóticos están clasificados como tranquilizantes), o para aumentar la energía (los antidepresivos).

Los empleadores o administradores de viviendas que terminan discriminando contra las personas que parecen diferentes o que tienen una historia de trastornos mentales generalmente lo hacen en la parte inicial del proceso. Previas llamadas telefónicas permiten eliminar muchos rechazos cara a cara y las consiguientes heridas creadas por la discriminación.

Es útil que las personas que solicitan empleo o vivienda reciban consejo y ensayen las entrevistas. No es siempre evidente para la gente con trastornos mentales cuáles son la ropa y la conducta adecuadas. En lugar de llenar las solicitudes en el momento de la entrevista es preferible prepararlas de antemano. También es prudente tener duplicados en caso de que se necesite más de una, o si una se pierde o se mancha, o si se presenta una nueva oportunidad.

Los administradores de viviendas que tienen curiosidad por saber qué hace durante el día una persona que recibe dinero por discapacitación quedan conformes, por lo común, si se les dice que la persona está asistiendo a una escuela o a un programa vocacional o de entrenamiento. Las referencias también deben considerarse de antemano. Los familiares pueden atestiguar que la persona estará en condiciones de pagar el alquiler regularmente, o pueden referirse al nivel de responsabilidad de la persona si tienen familiaridad con esos aspectos de su vida.

Es conveniente alentar a la persona enferma a que participe activamente en el proceso de búsqueda de trabajo o vivienda, en la medida en que pueda hacerlo. Usted tiene que verse a sí mismo como un entrenador, y no como la persona que busca trabajo o departamento. También es razonable suponer que el proceso creará en el familiar enfermo ansiedad o temor. Si usted le ayuda a asistir a las entrevistas, le estará dando apoyo moral. Es muy útil hacer que se vista como para la entrevista a manera de ensayo. Actúe como si usted fuera el administrador de la vivienda o el empleador. Haga que la persona ensaye el proceso completo, desde el contacto inicial hasta la aceptación o rechazo. Alabe todos los esfuerzos aun si el resultado es desalentador, para que su familiar no vaya a abandonar totalmente el esfuerzo.

CUESTIONES FINANCIERAS

Manejar el dinero puede ser un problema muy grande para las personas con trastornos mentales. Puede resultarles difícil obtener los fondos a los cuales tienen derecho, y pueden no estar en condiciones de manejar el dinero una vez que lo reciben.

Hay algunos fondos públicos disponibles para ayudar a pagar los gastos diarios y los tratamientos de las personas con enfermedades mentales, tales como *Supplemental Security Income (SSI), Social Security Disability Insurance (SSDI), General Assistance (GA),* y *Medicaid.* Lamentablemente, estos fondos no son fácilmente accesibles y quienes los administran no toman en consideración necesariamente la naturaleza de la enfermedad mental. El hecho de que los trastornos mentales afectan la capacidad de pensar, juzgar y organizarse hace que algunas personas que reúnen los requisitos necesarios para recibir la ayuda no la obtengan. Por ejemplo, para cumplir con los requisitos para recibir SSI, una persona tiene que jurar que no está en condiciones de trabajar y continuará en esa situación durante doce meses debido a un trastorno mental. Dar falso testimonio al respecto tiene consecuencias penales. Esto es difícil para quienes sufren un trastorno mental pero no están convencidos de que ello es así.

Otros sienten mucha vergüenza por tener una enfermedad mental, o tienen demasiado orgullo para depender de la caridad pública. Y también están los que se encuentran demasiado confusos para poder prestar ningún juramento sobre lo que va a ocurrir dentro de una hora, y menos aún en los doce meses siguientes

La burocracia oficial puede ser motivo de frustración e irritación hasta para el más sano de los graduados universitarios. A menudo la burocracia crea obstáculos insuperables para las personas con un trastorno mental, que habitualmente no tienen la paciencia ni la claridad mental para abrirse paso a través del proceso de las solicitudes. Llenar los formularios y tener entrevistas puede producir estrés, ser complicado y crear confusión. Además, los solicitantes necesitan un domicilio donde puedan recibir los cheques. Las personas con enfermedades mentales que viven en la calle o en lugares transitorios no siempre pueden dar una dirección postal permanente.

En el mejor de los mundos posibles, los asistentes sociales o administradores de casos clínicos ayudarían a la gente discapacitada a sortear el papeleo oficial. Dado que normalmente no es éste el caso, usted puede tener que ponerse en contacto con la oficina local de Social Security o de servicios sociales para averiguar qué beneficios financieros y médicos están disponibles donde usted vive y cómo se pueden solicitar. Una vez que obtenga esta información, debe estar dispuesto a ayudar a su familiar a través de todo el proceso. Es rarísimo que una persona que sufre un trastorno mental pueda solicitar SSI o pedir admisión al programa médico oficial sin ayuda.

La Guía rápida de referencia que lleva el título "OPCIONES PARA FINANCIAR LOS GASTOS DIARIOS Y DE TRATAMIENTO" da una síntesis de los recursos y programas disponibles para ayudar a pagar los gastos diarios y de tratamiento de quienes sufren una enfermedad mental.

OPCIONES PARA FINANCIAR LOS GASTOS DIARIOS Y DE TRATAMIENTO

Los gastos diarios se pueden financiar de una o más de las siguientes maneras:

1. SSI (*Supplemental Security Income*, Seguro de ingreso suplementario*)*: para quienes no pueden trabajar por un mínimo de doce meses debido a una discapacidad, que incluye un trastorno mental.
2. SSDI (*Social Security Disability Insurance*, Seguro de discapacidad del seguro social*)*: para quienes han tenido previamente experiencia de empleo pero en la actualidad no pueden trabajar.
3. pensión de la *Veterans Administration,* Departamento de asuntos para los veteranos.
4. ahorros o un trust fund (fideicomiso)
5. apoyo familiar

El tratamiento se puede financiar de una o más de las siguientes maneras:

1. programas estatales o federales tales como Medicare (para quienes tengan más de 65 años) y Medicaid
2. programas médicos de los condados (para quienes no reúnen los requisitos para los programas estatales)
3. seguro médico privado
4. beneficios del Departamento de asuntos para los veteranos (*Veterans Administration*)
5. programas de salud mental financiados por los estados
6. agencias privadas o agencias que tienen contratos con los condados
7. fondos privados

Cómo se tomen decisiones sobre dinero, vivienda y tratamiento dependerá, en parte, de los siguientes factores:

1. a quién son pagables los fondos
2. si hay o no un custodio o tutor legal que tiene autoridad para controlar el dinero de una persona o imponer tratamiento (sigue)

Algunos métodos para manejar las finanzas:

1. El padre o madre, esposo o esposa (u otra persona que pueda tomar esa responsabilidad) puede manejar todos los fondos. Así se minimizan los riesgos, pero se maximiza la dependencia y los problemas interpersonales.
2. Un familiar o alguien a quien sean pagables los fondos puede pagar algunas cuentas esenciales como el alquiler y dar una cuota mensual o semanal a la persona enferma.
3. La persona enferma puede manejar todos los fondos. Este arreglo maximiza tanto la independencia como los riesgos.

Es aconsejable pasar de la primera a la tercera opción de forma muy gradual, a medida que la persona enferma demuestre la capacidad de manejar una creciente responsabilidad financiera.

Usted puede establecer la seguridad personal de su familiar mediante las siguientes acciones:

1. dejando dinero a otros que cubrirán las necesidades de su familiar
2. nombrando a un familiar o amigo que controle un fideicomiso (trust)
3. nombrando a una organización sin fines de lucro como control de un fideicomiso. NAMI ha creado una Red sobre custodia y fideicomisos. Este grupo tiene información sobre estos temas y datos de organizaciones que ofrecen servicios como guardianes cuando no hay miembros de la familia que lo hagan. Para averiguar si hay una organización como ésta en su estado, póngase en contacto con NAMI, 2107 Wilson Blvd, Suite 300, Arlington, Virginia, 22201-3042, o llame a (703) 524-7600
4. creando un fideicomiso (trust) bancario
5. dejándole una vivienda a la persona

En el aspecto financiero, así como en otras áreas descritas en este libro, lo mejor es que las personas enfermas asuman el máximo de responsabilidad posible, en su propio beneficio. Como cuando se trata de dinero los riesgos son grandes; probablemente en este campo será necesaria más asistencia. Si no se maneja adecuadamente el dinero, puede ser imposible mantener una situación decente de vivienda, la participación en un programa de tratamiento, y asegurarse de que la persona toma la medicación. Por lo tanto, el manejo del dinero justifica asistir a la persona si él o ella no puede hacerlo independientemente. Las dificultades en el manejo del dinero y los consiguientes problemas burocráticos, junto con la falta de financiación de servicios adecuados y la falta de viviendas de costo accesible, contribuyen al gran número de personas con problemas mentales que no tienen dónde vivir.

Muchas familias desean que su ser querido tenga acceso a financiación pública para poder dedicar los recursos que la familia pueda tener en reserva a bienes y servicios adicionales que mejoren la calidad de vida de la persona enferma. Si bien éste es un propósito comprensible, no siempre es fácil de alcanzar y puede requerir complicados planes financieros. Si su familia tiene algunos recursos financieros disponibles, es crucial que usted consulte uno de los libros sobre el tema que se mencionan en la Lista de Recursos, o que vea a un abogado con experiencia en esta área de gran especialización, para descubrir cuál es la mejor manera de dar seguridad financiera a su familiar no sólo mientras usted vive, sino después. Las leyes varían de estado a estado. Las familias de las personas con discapacidades cognitivas han trabajado en esto durante décadas. Han abierto el camino que ahora siguen los familiares de personas con enfermedades mentales. Estos planes pueden ayudarle a usted a evitar el sufrimiento que experimentan las familias que, por no prever el futuro, terminan viendo cómo desaparecen enormes sumas de dinero y cómo finalmente a su familiar no le queda nada.

He tratado de presentar en este libro todos los elementos que la mayoría de las personas necesitan comprender sobre las enfermedades mentales y sobre cómo cuidar a un ser querido que las sufre. Quienes están a cargo de manera más directa de alguien que tiene un enfermedad mental mayor, probablemente necesitan mucha más información que la que puede ofrecer un libro, cualquiera que sea, y les recomiendo que usen los recursos adicionales que he enumerado en las listas.

Yo siento el dolor de todos quienes tienen un ser querido con una enfermedad mental. Ustedes necesitan extraordinario valor y fortaleza para hacer frente aun a las exigencias que les presenta la vida cotidiana. Les ruego que recuerden que sus vidas tienen mucho más estrés que las de la mayoría de la gente, y por eso necesitan y merecen apoyo y ayuda adicionales para poder de veras prosperar. Por favor, no dejen que el orgullo o la vergüenza les impidan encontrar personas y lugares para hablar de los millones de problemas que presenta la vida con alguien que tiene un trastorno mental.

También recuerden que no deben culparse a sí mismos por no saber más de lo que saben acerca de las enfermedades mentales. Hasta hace bastante poco, esta información no era accesible. Si usted se siente deprimido o enojado porque no sabe bastante, trate de que esos sentimientos no se dirijan contra usted mismo o contra quienes lo rodean. Por el contrario, use su energía para enseñar a alguien que lo necesite o para luchar por mayor financiación de la investigación y más servicios para las personas con trastornos mentales y sus familias. Hay mucho trabajo por realizar, y usted ha sufrido ya más de lo que se merece.

Solamente podremos mejorar las vidas de la gente con enfermedades mentales y las vidas de sus familias si nos unimos todos, si hacemos oír nuestras voces y exigimos que se dé más prioridad a los fondos para la investigación y los servicios para quienes sufren estas enfermedades tan misteriosas, crueles y discapacitantes.

Apéndice: Medicamentos

La información presentada en este apéndice tiene el propósito de servir de guía a las familias, los amigos y los pacientes. Está muy lejos de ser exhaustiva. No incluye todos los medicamentos que se usan ni todos los posibles efectos secundarios. Se ofrece para familiarizar al lector con muchos de los medicamentos más frecuentemente usados en el tratamiento de trastornos mentales severos, y con sus efectos secundarios más comunes. No puede reemplazar las directivas de un médico a quien se consulte personalmente. *Todos los medicamentos recetados se deben tomar únicamente bajo la supervisión de un médico. Sería imprudente variar la dosis o interrumpir abruptamente la medicación sin consultar a un doctor.* Algunos de los efectos secundarios probablemente aumenten con un cambio abrupto de la dosis.

La medicación para los trastornos mentales es un tema complicado; algunos medicamentos se agrupan aquí según su composición química. Por ejemplo, entre los antidepresivos podemos distinguir los tricíclicos y los *Selective Serotonin Reuptake Inhibitors,* abreviados como *SSRI* (Inhibidores selectivos de la recaptación de la serotonina (ISRS). Los medicamentos que tienen composiciones químicas más similares tienden a tener efectos secundarios similares. Probablemente ninguno va a producir todos los efectos secundarios incluídos en estas listas, y probablemente ninguna persona va a experimentar todos los efectos secundarios mencionados en cada una de las categorías de medicamentos. Muchas personas experimentan pocos efectos secundarios, o ninguno, cuando toman medicación psiquiátrica. Se deben mencionar al doctor los efectos secundarios que se experimenten.

Para determinar la dosis más eficaz para un individuo se requiere tiempo, y además depende de factores como edad, peso, grupo étnico, severidad de los síntomas, y la respuesta de la persona a la medicación. Las dosis que se mencionan en estas listas están en miligramos y representan aquellas que se usan habitualmente para pacientes externos. Para pacientes internados en el hospital y para emergencias, a menudo se usan dosis más altas durante períodos breves.

Si la dosis de una medicación prescrita para su familiar es diferente de la que se menciona aquí, hable con el doctor. Puede haber una razón valedera que indique una dosis menos habitual. Para más información sobre estas medicaciones, consulte uno de los libros mencionados en la Lista de Recursos.

También es variable el tiempo que tardan en manifestarse los efectos terapéuticos. Ciertos medicamentos (por ejemplo, los medicamentos para la ansiedad o para el mal de Parkinson, los narcóticos y los antipsicóticos) pueden tener efecto en el curso de una hora. Los antidepresivos y algunos medicamentos que se recetan para el trastorno bipolar generalmente tardan alrededor de dos semanas en tener algún efecto, y el efecto terapéutico pleno puede llevar hasta seis semanas.

Es igualmente muy variable el tiempo que se retienen los medicamentos en el organismo. Algunos se disipan a las pocas horas, en tanto otros continúan produciendo un efecto terapéutico durante días después de haber sido interrumpidos.

NOMBRE COMÚN	NOMBRE GENÉRICO	DOSIS PARA PACIENTES EXTERNOS	EFECTOS TERAPÉUTICOS	POSIBLES EFECTOS SECUNDARIOS
	**MEDICACIÓN ANTIPSICÓTICA ATÍPICA (más nueva)**			
Clozaril	clozapina	200—900	Reduce síntomas psicóticos y reduce efectos negativos de la esquizofrenia (e.g. falta de motivación)	Agranulocitosis (requiere test semanal de control), somnolencia, babeo, mareo, dolor de cabeza, baja presión arterial, aumento de peso, aumento de azúcar en la sangre.
Risperdal	risperidona	.05—8	Como arriba	Sedante, náusea, constipación, temblores, rigidez muscular, disfunción sexual, irregularidad menstrual, algún aumento de peso, aumento del colesterol, aumento de azúcar en la sangre.
Zyprexa	olanzapina	5—20	Como arriba	Sedante, aumento de peso, aumento del colesterol, aumento de azúcar en la sangre.
Seroquel	fumarato de quetiapina	300—800	Como arriba	Sedante, algún aumento de peso, dolor de cabeza, mareo, constipación, boca seca, aumento del colesterol, aumento de azúcar en la sangre.

NOMBRE COMÚN	NOMBRE GENÉRICO	DOSIS PARA PACIENTES EXTERNOS	EFECTOS TERAPÉUTICOS	POSIBLES EFECTOS SECUNDARIOS
MEDICACIÓN ANTIPSICÓTICA ATÍPICA (más nueva) : CONTINUACIÓN				

MEDICACIÓN ANTIPSICÓTICA ATÍPICA (más nueva) : CONTINUACIÓN

NOMBRE COMÚN	NOMBRE GENÉRICO	DOSIS PARA PACIENTES EXTERNOS	EFECTOS TERAPÉUTICOS	POSIBLES EFECTOS SECUNDARIOS
Geodon	ziprasidona	80—160	Reduce síntomas psicóticos y reduce efectos negativos de la esquizofrenia (e.g. falta de motivación)	Ansiedad, molestias estomacales, debilidad, constipación, diarrea, boca seca, falta de apetito, dolor muscular, inquietud, aumento del colesterol, aumento de azúcar en la sangre. Puede producir irregularidades cuando se toma conjuntamente con otros medicamentos, que incluyen el Mellaril
Abilify	aripiprazol	10—30	Como arriba	Ansiedad, dolor de cabeza, insomnio, náusea, aturdimiento
Invega	paliperidona	6—12	Reduce síntomas psicóticos	Efectos similares a los de Risperdal
Risperdal Consta	risperidona intramuscular	12.5—50 cada dos semanas	Inyección intramuscular de efecto prolongado. Reduce síntomas psicóticos	Efectos similares a los de Risperdal. Dolor, irritación en el lugar de la inyección

Comparados con los antipsicóticos tradicionales, todos los anteriores tienen un riesgo mucho menor de síntomas de tipo Parkinson, síntomas extrapiramidales (EPS), tales como temblores, músculos duros o rígidos, inquietud, pérdida de expresión facial, y un riesgo menor de dyscinesia tardía, a veces irreversible, consistente en movimientos anormales, generalmente de la lengua y la boca.

NOMBRE COMÚN	NOMBRE GENÉRICO	DOSIS PARA PACIENTES EXTERNOS	EFECTOS TERAPÉUTICOS	POSIBLES EFECTOS SECUNDARIOS
MEDICACIÓN TRADICIONAL ANTIPSICÓTICA (tranquilizantes mayores)				
Prolixin Decanoato de Prolixin (inyección de acción prolongada)	flufenazina	5—60 12.5—100 cada 2—4 semanas	Alivia síntomas psicóticos como las alucinaciones, ideas delirantes y pensamiento confuso. También mejora la concentración y reduce ansiedad y agitación.	Los más comunes: diarrea, boca seca, constipación, dificultad para orinar, visión borrosa, inquietud, temblores, rigidez muscular (baja presión sanguínea), sensibilidad al sol, disminución del movimiento, aumento de peso. Los menos comunes: pérdida de períodos menstruales, instinto sexual, lactancia.
Haldol Decanoato de Haldol (inyección de acción prolongada)	haloperidol	2—30 25—200 una vez por mes		

Marcas menos comunes (con los nombres genéricos) y dosis:
Thorazina (clorpromazina) 100—800, Mellaril (thioridazina) 100—600, Trilafon (perfenazina) 8—64, Stelazine (trifluoperazina) 5—40, Navane (thiothixena) 5—30, Serentil (mesoridazina) 100—400, Loxitane (Loxaprinea) 60—250.

MEDICACIÓN PARA EFECTOS SECUNDARIOS (Antiparkinsoniana)				
Cogentin Artane Akineton Kemadrin Benadryl	benzotropina trihexifenidil biperidina prociclidina difenilhidramina	1—8 1—15 1—8 7.5—20 25—100	Reduce: rigidez muscular, caminar arrastrando los pies, falta de expresión facial, babeo, mirada "fija" hacia arriba	Boca seca, visión borrosa, mareo, náusea.

NOMBRE COMÚN	NOMBRE GENÉRICO	DOSIS PARA PACIENTES EXTERNOS	EFECTOS TERAPÉUTICOS	POSIBLES EFECTOS SECUNDARIOS
MEDICACIÓN ANTIDEPRESIVA (ISRS)				
Prozac Paxil Zoloft Luvox Celexa Lexapro	fluoxetina paroxetina sertralina fluvoxamina citalopram escitalopram	10—80 20—50 50—200 50—300 40—60 10—20	Reduce: depresión, letargo, fatiga crónica	Mareo, aumento de transpiración, visión borrosa, sensibilidad al sol, aumento de peso, náusea, vómito, insomnio, dolor de cabeza, agitación, disfunción sexual.
Tricíclicos				
Elavil o Endep Norpramin Tofranil Aventyl o Pamelor Vivactil Sinequan o Adopin	amitriptilina desipramina imipramina nortriptilina protriptilina doxepina	75—150 75—200 30—200 30—150 10—60 25—300	Como más arriba	Sedante, mareo, aumento de presión sanguínea, visión borrosa, aumento de peso, sensibilidad al sol, ritmo cardíaco acelerado.
Composición química diferente de la de los tricíclicos o ISRS				
Wellbutrin Wellbutrin SR (de acción prolongada)	bupropión	150—450 150—300	Como más arriba	Agitación, boca seca, insomnio, dolor de cabeza, erupción, constipación, temblor, náusea.
Pristiq (SNRI)	desvenlafaxina	50—100	Reduce la depresión	Efectos similares a los de Effexor
Cymbalta (SNRI)	duloxetina	30—120	Reduce la depresión. Reduce el dolor crónico	Náusea, boca seca, insomnio, mareo, sedante, fatiga, sudor, efectos sexuales secundarios, aumento de presión sanguínea

NOMBRE COMÚN	NOMBRE GENÉRICO	DOSIS PARA PACIENTES EXTERNOS	EFECTOS TERAPÉUTICOS	POSIBLES EFECTOS SECUNDARIOS
MEDICACIÓN ANTIDEPRESIVA (continuación) Composición química diferente de la de los tricíclicos o ISRS				
Desyrel	trazodona	50—400	Como más arriba	Boca seca, mareo, náusea, somnolencia, dolor muscular y óseo. Raramente: erección prolongada dolorosa.
Serzone	nefazodona	200—600	Como más arriba	Sedante, náusea, vómitos, dolor de cabeza, mareo. Menos común: problemas que afectan al hígado.
Remeron	mirtazapina	15—60	Como más arriba	Sedante, aumento de peso, boca seca, mareo.
Effexor Effexor XR (de acción lenta)	venlafaxina	75—375	Como más arriba	Similar a los ISRS, y puede aumentar la presión sanguínea.
Emsam (MAOI)	selegilina transdérmica	parche de 6—12 mg	Reduce la depresión	Restricciones alimenticias (peligro de presión sanguínea muy alta), irritación de la piel, dolor de cabeza, insomnio, mareo, problemas intestinales

Los inhibidores de la monoamina oxidasa (MAOI´s) como Marplan (isocarboxazida), Nardil (fenelzina) y Parnate (tranilcipromina) en la actualidad se usan rara vez porque requieren restricciones alimenticias

NOMBRE COMÚN	NOMBRE GENÉRICO	DOSIS PARA PACIENTES EXTERNOS	EFECTOS TERAPÉUTICOS	POSIBLES EFECTOS SECUNDARIOS
MEDICACIÓN PARA TRASTORNO BIPOLAR (ESTABILIZADORES DEL ESTADO DE ÁNIMO)				
Depakote	sodio divalproex	500—3000	Ayuda a moderar tanto los altibajos maníacos como los depresivos	Náusea, fatiga, indigestión, diarrea, irritación de la piel, vómitos, mareo, dolor muscular, aumento de peso, constipación, pancreatitis, pérdida de apetito, problemas hepáticos, anomalías congénitas si se toma durante el embarazo.
Eskalith, o Lithane, o Lithobid, o Lithonate, o Lithotabs	carbonato de litio	600—1.800	Como más arriba	Trastornos digestivos, náusea, diarrea, vómitos, acné, temblor en las manos, aumento de peso, anomalías congénitas si se toma durante el embarazo, hypotiroidismo (baja función de la tiroides), aumenta frecuencia de micción, fatiga, gusto metálico en la boca.
Tegretol	carbamazepina	400—1.600	Reduce los altibajos del estado de ánimo. Generalmente se toma con litio o Depakote, a veces solo.	Sedante, mareo, pérdida del equilibrio, cambios en la visión, náusea, vómitos, trastornos sanguíneos, ritmo cardíaco irregular, irritación de la piel, trastornos hepáticos, anomalías congénitas si se toma durante el embarazo.
Trileptal	oxcarbazepina	600—1200 dos veces por día	Ayuda a moderar tanto los altibajos maníacos como los depresivos	Mareo, sedante, cambios en la visión, fatiga, dolor de cabeza, náusea, bajo nivel de sodio

NOMBRE COMÚN	NOMBRE GENÉRICO	DOSIS PARA PACIENTES EXTERNOS	EFECTOS TERAPÉUTICOS	POSIBLES EFECTOS SECUNDARIOS
ESTABILIZADORES DEL ESTADO DE ÁNIMO (CONTINUACIÓN)				
Neurontin	gabapentina	300—3.600	Como más arriba (Se usa también para ansiedad y dolor crónico)	Sedante, mareo, cambios en la visión, pérdida de equilibrio.
Topamax	topiramato	100—400	Como más arriba. Generalmente se toma con otros tranquilizantes.	Demora la actividad psicomotriz, dificultad para concentrarse, confusión, debilidad, somnolencia, mareo, pérdida de memoria, pérdida de peso, temblores, cambios en la visión, pérdida de equilibrio. Raramente: cálculos renales.
Lamictal	lamotrigina	50—500	Como más arriba. Efectivo en la prevención de la depresión bipolar	Mareo, sedante, dolor de cabeza, cambios en la visión, pérdida de equilibrio, náusea, aumento de peso, severa irritación de la piel
Seroquel	fumarato de quetiapina	300—800	Como arriba	Sedante, algún aumento de peso, dolor de cabeza, mareo, constipación, boca seca, aumento del colesterol, aumento de azúcar en la sangre.

NOMBRE COMÚN	NOMBRE GENÉRICO	DOSIS PARA PACIENTES EXTERNOS	EFECTOS TERAPÉUTICOS	POSIBLES EFECTOS SECUNDARIOS
	MEDICACIÓN ANSIOLÍTICA (tranquilizantes menores) Composición química diferente de la de los tricíclicos o ISRS			
Valium Librium Serax Tranxene Ativan Xanax Klonopin	diazepam clordiazepóxido oxazepam clorazepato lorazepam alprazolam clonazepam	5—40 5—100 30—120 7.5—60 1—6 1—10 .5—4	Reducen ansiedad.	Dependencia psicológica y-o física, síntomas de abstinencia cuando se interrumpen, aumentan los efectos del alcohol, somnolencia, malestar al despertarse por la mañana, síntomas gastrointestinales, falta de coordinación.
	Marcas menos comunes: Centrax, Paxipam, Equanil, Miltown. <div align="center">Diferente composición química</div>			
BuSpar	buspirona	20—60	Como más arriba	No produce adicción. Náusea, dolor de cabeza, inquietud.
Dalmane Restoril Halcion Desyrel Ambien	flurazepam temazepam triazolam trazodona zolpidem	15—30 15—30 .125—.25 25—100 5—10	Alivian el insomnio.	Como los tranquilizantes menores
Benadryl	difenhidramina	25—50	Antihistamínico sedante	Boca seca, somnolencia persistente, dificultad para concentrarse. No produce adicción.

Algunos medicamentos mencionados más arriba y algunos medicamentos antidepresivos, como Trazodone y Elavil, pueden prescribirse en dosis menores para mitigar el insomnio.

LISTA DE RECURSOS

A través de este libro hemos insistido en que los familiares y amigos de las personas que sufren enfermedades mentales necesitan apoyo e información para poder manejar eficientemente su situación. En esta sección encontrará usted una lista de recursos disponibles. Aunque no podrá utilizar todas las opciones, por favor explore algunas de ellas. Como se menciona repetidamente en el curso del libro, el recurso más importante es NAMI (National Alliance on Mental Illness), la Alianza nacional para enfermedades mentales. Si no puede hacer ninguna otra cosa, anótese en la lista postal de la filial local de NAMI (mejor aún, de la filial de su estado y de NAMI nacional). Sería una idea excelente asistir a una reunión de NAMI, donde usted puede platicar con otra gente que se encuentra en situación similar a la suya. También así podrá saber adónde recurrir cuando surgen preguntas específicas o crisis.

Si no puede ubicar a la afiliada local de NAMI en la guía telefónica local, llame a la oficina nacional, al (703) 524-7600. Le enviarán información sobre grupos de apoyo en su área. NAMI tiene un número de ayuda gratis: 1-800-950-NAMI. En el sitio de NAMI en el Internet hay un caudal de información:

www.NAMI.org. En muchas ciudades hay también un curso de doce semanas, para los familiares y cuidadores de personas con enfermedades mentales serias. Quienes los enseñan han sido entrenados por NAMI, que provee sin costo la instrucción y los materiales. Este curso ha beneficiado enormemente a muchas familias, a través de los Estados Unidos de Norte América.

Posiblemente la filial local de NAMI tiene una biblioteca que le puede prestar libros y videos sobre enfermedades mentales que no estén disponibles en las bibliotecas públicas. Algunos de los videos aquí mencionados se pueden obtener a través del *Mental Illness Education Project.*

Pida, en una librería local, que le encarguen libros que no tengan en los estantes. Igualmente, usted puede pedir a la biblioteca local que le consiga libros o videos que ellos no tengan en sus catálogos. Esto también cumple el propósito de hacer este material más accesible para otras personas que lo necesiten.

La que sigue es una lista parcial de libros, revistas, sitios del Internet y videos que tratan de enfermedades mentales. Le van a proporcionar un punto de partida. Cuando comience a explorar estos recursos, encontrará información sobre otros. Usted decidirá cuánto quiere dedicarse a leer, oír o ver sobre las enfermedades mentales. Los materiales disponibles son sumamente variados, tanto en cuanto al medio (libros, videos, etc.) como al estilo de la presentación. Algunos son objetivos, otros incluyen relatos más personales. Hay trabajos más cortos, escritos para el lector no especializado, y otros más extensos, escritos para profesionales, con todos los grados intermedios que uno pueda imaginar. Escoja lo que le convenga más a usted.

SOBRE ESQUIZOFRENIA

Torrey, E Fuller, M.D., *Surviving Schizophrenia: a Manual for Families, Consumers, and Providers,* 4a edición. Harper-Collins 2006. El autor es una autoridad en el campo de la esquizofrenia, y tiene una hermana que sufre esta enfermedad. Muchas familias de una persona con esquizofrenia consideran este libro una biblia. Tiene un muchísima información útil.
Walsh, Maryellen: *Schizophrenia: Straight Talk for Families and Friends.* Warner Books 1986. Como escritora, M. Walsh ha investigado exhaustivamente el tema, pero también escribe como madre. En este libro el lector encuentra sentimientos conmovedores, mucha comprensión, consejos prácticos y sentido del humor.
Mueser, Kim, Ph.D. y Susan Gingerich, M.S.W. *Coping with Schizophrenia: a Guide for Families.* New Harbinger 1994. Numerosas y útiles hojas de trabajo y sugerencias prácticas. Puede ayudar expecialmente a quienes tienen un familiar con esquizofrenia que vive en la casa.

SOBRE TRASTORNO BIPOLAR Y DEPRESIÓN

Copeland, Mary Ellen, M.S., *The Depression Workbook: a Guide for Living with Depression and Manic Depression,* 2a edición. New Harbinger 2002. Incluye una presentación breve de los síntomas y las circunstancias que afectan a los consumidores, así como también los tratamientos; luego se concentra en excelentes estrategias de autoayuda para sobrellevar los trastornos afectivos.
Quinn, Briann, Ph.D., *The Depression Sourcebook,* 2a edición. McGraw–Hill 2000. Una buena guía básica para comprender qué son los trastornos afectivos, cómo se pueden aliviar los síntomas y cuáles son las causas. Esta segunda edición ofrece nueva información sobre psicoterapia, trastornos bipolares, la depresión en niños y en pacientes de edad avanzada, medicación y opciones de tratamiento tales como ejercicio y nutrición.

Rosen, Laura, Ph.D., y Xavier Amador, Ph.D., *When Someone You Love is Depressed: How to Help your Loved One Without Losing Yourself.* Fireside Press 1996. Se concentra en los familiares, particularmente en las parejas. Sugiere métodos para minimizar el impacto que tiene la depresión sobre las relaciones íntimas entre personas.

Golant, Mitch, Ph.D. y Susan K. Golant, *What to Do When Someone You Love is Depressed.* Henry Holt 1996. Considera con empatía cómo reconocer y manejar de la mejor manera posible la depresión en un ser querido. Se recomienda especialmente para las familias que han enfrentado recientemente este problema. Incluye ejemplos de las reacciones que experimentan los familiares y expone mitos sobre las enfermedades mentales.

Lammoglia, Ernesto, *Las máscaras de la depresión:vivir sufriendo y sufrir viviendo.* Grijalbo 2003.

Muñoz, Rodrigo y Marilyn Martin, *Hielo y fuego entre las latinas,* Hilton 2004.

Lozano-Vranich. Belisa y Jorge Petit, *Las siete creencias: Una guía para ayudar a las latinas a reconocer y superar la depresión.* HarperCollins 2003.

SOBRE LAS ENFERMEDADES MENTALES EN GENERAL

Amador, Xavier, Ph.D., *I Am Not Sick, I Don't Need Help!.* Vida Press 2000. Un libro excelente, el primero en considerar, desde un punto de vista tanto científico como práctico, el problema de la falta de autoconciencia de las enfermedades mentales. Los familiares de alguien que no comprende que tiene una enfermedad y necesita tratamiento encontrarán en este libro empatía y sugerencias. Este libro se ha publicado en español. *Ver el título siguiente.*

Amador, Xavier, Ph.D. y Ann-Lisa Johanson, *No Estoy Enfermo! No Necesito Ayuda!* Vida Press 2003.

Karp, David, *The Burden of Sympathy: How Families Cope with Mental Illness.* Oxford University Press 2000. Este libro, escrito por un profesor de sociología que sufre de depresión severa, está basado en entrevistas con sesenta familias. Se dirige a las familias que tienen una persona con una enfermedad mental seria, y capta profundamente lo que significa la responsabilidad de ser sus cuidadores.

Bernheim, Kayla, Richard Lewine y Caroline Beale, *The Caring Family: Living with Chronic Mental Illness.* Random House 1982. No describe específicamente diferentes tipos de enfermedades, pero da buenos consejos a las familias con respecto a los sentimientos y los problemas prácticos que resultan de tener un familiar con una enfermedad mental seria y persistente.

Andreasen, Nancy C., M.D., *The Broken Brain: The Biological Revolution in Psychiatry.* Harper & Row 1984. Ofrece una consideración fácil de leer de los aspectos biomédicos de las enfermedades mentales serias. Incluye una descripción del funcionamiento del cerebro.

Cia, Alfredo Ah, *Trastorno de ansiedad: Manual diagnóstico, terapéutico y de autoayuda,* Polemos 2004.

Koldobsky, Néstor, *Trastorno borderline de la personalidad,* Polemos 2005.

SOBRE MEDICACIÓN

Gorman, Jack M., M.D., *The Essential Guide to Psychiatric Drugs.* 4a edición. St. Martin's Press 2007. Es una excelente guía de referencia. Ofrece consideraciones generales sobre los medicamentos psiquiátricos y también información básica sobre la mayoría de los que se usan para depresión, ansiedad, trastorno bipolar, esquizofrenia, insomnio y abuso de sustancias.

Preston, John, Psy.D., John O'Neal, M.D. y Mary Talaga, R.Ph., *Consumer's Guide to Psychiatric Drugs. Pocket Books/A Division of Simon & Schuster, Inc. 2009.* Otro libro que ofrece una buena guía de referencia para temas generales relacionados con la medicación, y también descripciones extensas de un buen número de medicamentos psiquiátricos y algunas "estrategias no farmacéuticas".

PARA HERMANOS E HIJOS

Moorman, Margaret, *My Sister's Keeper: Learning to Cope with a Sibling's Mental Illness.* Norton 1992. Describe con gran intuición los efectos de la enfermedad mental en una familia y la aceptación a que llega una hermana.

Swados, Elizabeth, *The Four of Us: A Family Memoir.* Farrar, Straus, Giroux 1991. Extensa consideración del impacto de la enfermedad mental de una persona sobre un hermano y sobre los padres.

Marsh, Diane I., Ph.D. y Rex M. Dickens, *Troubled Journey: Coming to Terms with the Mental Illness of a Sibling or Parent,* Tatcher/Putnam 1997. Interpretación teórica y profunda empatía por los hermanos e hijos.

Olson, Laurie Samsel, *He Was Still My Daddy: Coming to Terms with Mental Illness.* Ogden House. 1994. Una descripción conmovedora, personal y franca de lo que es crecer con un padre que se enferma de esquizofrenia paranoide.

Anthony, E. James y Bertram J. Cohler, *The Invulnerable Child.* Guilford Press 1987. Explora en profundidad el impacto que tiene para un niño ser criado por un padre psicótico. Describe muy bien la máscara "invulnerable" detrás de la cual se oculta un hijo aparentemente bien adaptado.

Hyland, Betty, *The Girl with the Crazy Brother.* Franklin Watts 1987. Un relato fácil de leer y apreciar, escrito para lectores jóvenes, sobre una estudiante de escuela secundaria tironeada en varias direcciones por el amor a su hermano, las reacciones de sus amigos y la preocupación por sí misma.

Cooney, Caroline, *Don't Blame the Music.* Pacer Books 1986. La historia del regreso al hogar de una hermana mayor que sufre una enfermedad mental.
Riley, Jocelyn, *Only My Mouth Is Smiling.* William Morrow & Co. 1982, y su secuela, *Crazy Quilt.* Bantam 1986. Merle, de trece años, oculta cada vez más a sus compañeros de clase, su nuevo novio y su abuela los sentimientos que le inspira la conducta extraña de la madre. En la secuela, ella y sus hermanos terminan comprendiendo la ira y la confusión que les produce la enfermedad mental de su madre.
Reynolds Naylor, Phyllis, *The Keeper.* Athencum 1986. Cuando la paranoia de su padre empeora seriamente, Nick, que tiene dieciséis años, finalmente busca ayuda profesional.

DESCRIPCIONES PERSONALES DE LA EXPERIENCIA DE UNA ENFERMEDAD MENTAL

Nasar, Sylvia, *A Beutiful Mind: The Life of Mathematical Genius and Nobel Laureate John Nash.* Touchstone 1998. Relato, muy bien escrito, de la experiencia del brillante matemático que se enfermó de esquizofrenia cuando tenía veintitantos años. John Nash recibió el Premio Nobel de Economía en 1994.
Duke, Patty y Gloria Hochman, *A Brilliant Madness: Living with Manic Depressive Illness.* Bantham Books 1992. Además de relatar la lucha de Patty Duke con su trastorno bipolar, este libro presenta información sobre los síntomas, posibles causas y tratamientos.
Shehan, Susan, *Is There No Place on Earth for Me?* Random House 1983. Un relato candente y realista de la experiencia de una mujer que sufre una enfermedad mental. Incluye una buena descripción de los factores históricos y políticos que han influído sobre los tratamientos, las reglamentaciones legales y la financiación.

Cronkite, Kathy, *On The Edge of Darkness: Conversations about Conquering Depression*. Doubleday 1994. Una serie de entrevistas con personas muy conocidas, por ejemplo Joan Rivers y Mike Wallace, sobre sus experiencias personales de depresión. También incluye las opiniones de profesionales sobre la enfermedad y sus tratamientos.

Kytle, Elizabeth, *The Voices of Robby Wilde*. Seven Locks Press 1987. La lucha de Robby con la esquizofrenia que se inició con alucinaciones a la edad de nueve años. Alternan los puntos de vista biográfico y autobiográfico. Un libro conmovedor, que captura la atención del lector.

Redfield Jamison, Kay, *An Unquiet Mind: A Memoir of Moods and Madness*. Knopf 1995. Relato personal, convincente, penetrante y elocuente de la vida con un trastorno bipolar, escrito por un psicólogo que es una autoridad en trastornos afectivos.

Ender, Norman, *Holiday of Darkness*. Wiley & Sons 1982. La jornada personal de un psicólogo a través de su trastorno bipolar. Incluye consideraciones sobre tratamientos.

Duke, Patty y Kenneth Turan, *Call Me Anna*. Bantam 1987. Una autobiografía de Patty Duke, que relata cómo luchó con el trastorno bipolar y cómo eventualmente pudo aceptarlo.

LIBROS SOBRE NIÑOS Y ADOLESCENTES O DIRIGIDOS A ELLOS

Johnson, July, *Understanding Mental Illness for Teens Who Care about Someone with Mental Illness*. Lerner Publications 1989. Con un lenguaje y en un estilo que los adolescentes comprenden, este libro aclara errores comunes y describe las enfermedades mentales, sugiriendo estrategias para que las familias puedan manejarlas.

McElroy. Evelyn, *Children and Adolescents with Mental Illness: A Parent's Guide*. Woodbine House 1988. Considera de modo realista y práctico los problemas que enfrentan los padres de un hijo con una enfermedad mental, y ofrece sugerencias para tomar las múltiples decisiones que son necesarias.

Monreal, Violeta. *Nerviosismo.* Ediciones Gaviota.
Shaffer, David, *Las múltiples caras de la depresión en niños y adolescentes.* Rba Libros 2003.
Allenbaugh, Kay, *Chocolate para el alma de la mujer,* Simon & Schuster 1999.

EXPERIENCIAS PERSONALES DE LAS FAMILIAS DE QUIENES SUFREN UNA ENFERMEDAD MENTAL

Nacklar, Patricia, *The Family Face of Schizophrenia: Practical Counsel from America's Leading Experts.* Tarcher/Putnam 1994. Siete relatos sobre las familias de personas que sufren de esquizofrenia. A cada uno siguen consejos de profesionales sobre los problemas considerados.
Vine, Phyllis, *Families in Pain: Children, Siblings and Parents of the Mentally Ill Speak Out.* Pantheon Books 1982. Entrevistas con familiares de personas con una enfermedad mental, que pintan un retrato vívido del impacto que tiene sobre todos los miembros de la familia.
Wyden, Peter, *Conquering Schizophrenia.* Knopf 1998. Relata la lucha del hijo del autor, de veinticinco años, con su esquizofrenia. La búsqueda de tratamientos efectivos se describe a través de las experiencias del hijo, sus esperanzas y sus frustraciones. Concluye positivamente, con los resultados excelentes del uso de Zyprexa.
Berger, Diane y Lisa, *We Heard the Angels of Madness: One Family's Struggle with Manic Depression.* William Monrow & Co. 1991. Una madre relata el regreso de la universidad de su hijo de dieciocho años al declarársele el trastorno maníaco-depresivo.

PLANEAMIENTO FINANCIERO

Russell, L. Mark (ed.) *Planning for the Future: Providing a Meaningful Life for a Child with a Disability after Your Death.* 5a. edición. Planning for the Future, Inc 2005. Incluye valiosa información sobre los beneficios del gobierno, testamentos, fideicomisos, herencia, poder legal, etc. Especialmente útil para los padres que se preocupan pensando en lo que ocurrirá con su hijo/a cuando ellos ya no estén.

INVESTIGACIÓN, LITERATURA Y LIBROS ESCRITOS PARA PROFESIONALES

Lefley, Harriet y Mona Wasow (eds.), *Helping Families Cope with Mental Illness.* Harwood Academic Publishers 1994. Relaciones entre familias y profesionales, servicios para las familias, capacitación e investigación, y direcciones futuras.

Anthony, William, *Psychiatric Rehabilitation.* Boston University 1990. Un panorama general de las actitudes, elementos programáticos y estrategias de la rehabilitación psicosocial.

Amenson, Christopher, Ph.D., *Schizophrenia: Family Education Methods.* Pacific Clinics Institute 1998. Panorama y guía para tratar con las familias de personas con diversas enfermedades mentales serias.

Lefley, Harriet, *Family Caregiving in Mental Illness.* Sage 1996. Una consideración extensa de los papeles que cumplen los familiares en el cuidado de quienes sufren enfermedades mentales. Trata de perspectivas históricas, se refiere a diferentes miembros de la familia, y a tópicos que pertenecen al ciclo de vida.

Spaniol, LeRoy, Anthony Zipple, Diane Marsh y Laurene Finley (eds.), *The Role of the Family in Psychiatric Rehabilitation.* Center for Psychiatric Rehabilitation, Boston University 2000. Responde a la intención de proporcionar un instrumento didáctico para profesionales. Ofrece una manera sistemática de dirigirse a los profesionales sobre las necesidades de los familiares. Consiste principalmente en publicaciones previas de los editores.

Spaniol, LeRoy et al. (eds.), *An Introduction to Psychiatric Rehabilitation.* International Association of Psychiatric Rehabilitation 1997. Los mejores artículos publicados en el curso de veinte años por el *Psychiatric Rehabilitation Journal*, y además artículos y perspectivas más recientes de autores muy importantes en el campo.

Bernheim, Kayla y Anthony F. Lehman, *Working with Families of the Mentaly Ill.* Norton 1985. Una excelente presentación general que describe cómo tratar con las familias, en vista de la literatura y la experiencia que existe sobre lo que las familias desean y necesitan.

Hatfield, Agnes, *Family Education in Mental Illness.* American Psychiatric Press 1990. La autora es educadora, investigadora y pionera en el área de tratar con las familias. Este libro, basado en los resultados de investigaciones, tiene la intención de enseñar a los profesionales que tratan enfermedades mentales cómo relacionarse con las familias.

McFarlane, William R. (ed.), *Family Therapy in Schizophrenia.* Guilford 1983. Describe varios métodos educacionales y de terapia familiar para tratar la esquizofrenia. El capítulo de I.R.H. Falloon y R.P.Liberman, *"Behavioral Family Interventions in the Management of Chronic Schizophrenia"* trata de la investigación sobre la influencia que tienen la educación familiar y la creación de destrezas en las familias sobre la proporción de recaídas en las personas con esquizofrenia.

Anderson, C.M., D.J. Reiss y G.E. Hogarty, *Schizophrenia and the Family: A Practitioner's Guide to Psychoeducation and Management.* Guilford 1986. Describe cómo trabajan los investigadores con las familias para ofrecerles apoyo, ayudarles a comprender la enfermedad y crear un entorno familiar de bajo estrés que minimiza la probabilidad de recaídas.

Falloon, I. y C. McGill, *Family Care of Schizophrenia*. Guilford 1987. Presenta un panorama de la literatura, la investigación, varias teorías y técnicas para trabajar con las familias y educarlas con respecto a las enfermedades mentales.

ABUSO DE SUSTANCIAS, RECUPERACIÓN, CONDICIONES CONCURRENTES Y AUTOAYUDA

Gorski, Terence y Merlene Miller, *Staying Sober: A Guide for Relapse Prevention*. Herald House/Independence Press 1986. En español: *Sobriedad: Una guía para la prevención de recaídas*. Herald House/Independent Press 2005. Una de las descripciones más claras, concisas y exhaustivas de la adicción y el proceso de recuperación, dirigida a quienes están luchando con adicciones y a sus seres queridos.

Gorski, Terence, *Manual de ejercicios*. Herald House/Independent Press 2005.

Gorski, Terence, *Cómo empezar un grupo de autoayuda: Prevención de Recaídas*. Herald House/Independent Press 1989.

Gorski, Terence, *Recuperación familiar:crecimiento detrás de la adicción*. Herald House/Independent Press 1994.

Copeland, Mary Ellen, *Wellness Recovery Action Plan (WRAP)*, Peach Press 1997, rev. 2000) y *Wellness Recovery Action Plan (WRAP) for Dual Diagnosis*, Peach Press 2001. En español: *Plan de acción para la recuperación del bienestar*, 2005. Excelentes herramientas para los consumidores que están dispuestos a hacerse responsables de su recuperación de enfermedades mentales o de condiciones concurrentes. Trata de la mejor manera de incluir en el proceso a la familia y otras personas que puedan brindar apoyo.

Drake, Robert E., *Readings in Dual Diagnosis*. International Association of Psychosocial Rehabilitation Services 1997. Este libro reúne información obtenida de muchos de los más destacados investigadores y clínicos en el difícil campo de las enfermedades mentales y el abuso de sustancias concurrente.

The Dual Disorders Recovery Book. Hazelden Information and Education Services 1993. Ayuda a los individuos con condiciones concurrentes a desarrollar un plan para la vida diaria. Incluye historias personales y consejos profesionales para crear una base que haga posible el éxito en la vida cotidiana.

Hamilton, Tim y Pat Samples, *The Twelve Steps and Dual Disorders.* Hazelden Educational Materials 1994. Una guía para usar los doce pasos en la recuperación de adicción y enfermedad mental.

Greenberger, Dennis y Christine A. Padesky, *El control de tu estado de ánimo:Manual de tratamiento de terapia cognitiva para usuarios.* Paidós 1998.

Burns, David, *Sentirse bien: una nueva terapia contra las depresiones.* Paidós Autoayuda 2005.

Caplan, Gerald, *Aspectos preventivos en salud mental.* Paidós Ibérica 1998.

Roberto Federico, *Nuestra salud mental.* San Pablo 2008.

Fontecha Fresno, Marisol, *La salud mental también se aprende.* Pirámide 1993.

Calle, Ramiro A., *Guía práctica de la salud emocional.* EDAF 2002.

Deepak Chopra, *Tú eres inmortal.* EDAF 1999.

CODEPENDENCIA

Beattie, Melody, *Codependent No More.* 2a. edición. Hazelden Information and Education Services 1993. En español: *Ya no seas codependiente,* Grupo Patria Cultural 1991. Una excelente descripción del sindrome de codependencia. Los efectos problemáticos de la concentración excesiva y prolongada en otra persona (tal como un familiar enfermo) y cómo recuperarse de tales situaciones.

Johnson, Julie T., *Hidden Victims: An Eight-Stage Healing Process for Families & Friends of the Mentaly Ill.* 2a. edición. PEMA 1994. Colmado de relatos personales y vívidos y de historias de casos, este libro se concentra en la codependencia y cómo ser positivo como cuidador sin perder de vista sus propias necesidades.

DE-INSTITUCIONALIZACIÓN Y POLÍTICA GUBERNAMENTAL

Isaac, Rael y Virginia Armat, *Madness in the Streets: How Psychiatry and the Law Abandoned the Mentally Ill.* The Free Press 1990. Bien documentada descripción e historia de las leyes que conciernen la hospitalización involuntaria y la de-institucionalización. Explica cómo han contribuído estas leyes a que tantas personas con trastornos mentales no tengan dónde vivir.

Polcin, Douglas. "Administrative Planning in Community Mental Health", en *Community Mental Health Journal,* Vol 26, pp. 181-192, 1990. Resume bien la historia del sistema comunitario de salud mental en los Estados Unidos de Norte América en las últimas décadas, y explica las fuerzas políticas que tuvieron influencia en ese sistema.

VIDEOS

Hay numerosas grabaciones y videos sobre estos temas, y la lista aumenta constantemente. En los últimos años, investigadores, terapeutas, autores de videos documentales y de ficción han contribuido a educar al público sobre las enfermedades mentales. Si usted prefiere aprender o ayudar a otras personas que usted conozca a informarse a través de estos medios, póngase en contacto con la oficina de su NAMI local para pedir información sobre la compra o el alquiler de videos.

Bonnie Tapes: Mental Illness in the Family, The Video, 26 minutos. *My Sister is Mentally Ill, The Video*, 22 minutos. *Recovering from Mental Illness, The Video*, 27 minutos. *The Mental Illness Education Project, Inc.* 1996. Diez personas hablan del impacto de tener un familiar con esquizofrenia o trastorno bipolar. Incluye ejemplos de errores que se pueden evitar, sugerencias a los miembros de la familia, cómo establecer límites y mantener una vida propia. Si bien su finalidad es proporcionar apoyo a las familias, también puede mostrar a los profesionales cúales son las necesidades de las familias cuando sobreviene una enfermedad mental.

Uncertain Journey: Families Coping with Serious Mental Illness. 45 minutos. (Duke University Medical Center 1996). Describe los efectos de las enfermedades mentales serias desde el punto de vista de la familia. A través de las historias de tres familias, promueve sensibilidad sobre la experiencia familiar de las enfermedades mentales severas.

Understanding Schizophrenia, Depression, and Addiction. 60 minutos. (Adult Science Literacy Project for Mental Health and Addiction, 1995). Un programa de tres segmentos, cada uno de 20 minutos. El tema central es la investigación sobre causas fisiológicas y bioquímicas que pueden ayudar a eliminar el estigma que marca a estas enfermedades. Incluye guías para la presentación del programa y tablas con datos.

Adult Children of the Mentally Ill. 30 minutos. (NAMI, filial de Dallas, 1990.) Excelente descripción por seis personas que tienen un padre o madre con una enfermedad mental, de los sentimientos y experiencias que tienen al aprender a enfrentar su situación.

When the Music Stops ... The Reality of Serious Mental Illness. 20 minutos. (NAMI, 1987). Presenta entrevistas con familias y da información sobre la esquizofrenia basada en investigaciones.

Love Story: Living with Someone with Schizophrenia. 42 minutos, 1991; se puede obtener de *Wellness Reproductions*, llamando al (800) 669-9208. El Dr. Frese y su esposa describen los conocimientos y la sabiduría que han adquirido al vivir con las realidades diarias de la esquizofrenia. Un video informativo y que da esperanzas.

Negative Symptoms in Schizophrenia. 60 minutos. (*University of Iowa Hospitals and Clinics*, 1995). Una descripción en dos partes de estos síntomas y del pronóstico para su eliminación, por la investigadora Nancy Andreasen, M.D., Ph.D.

Full of Sound and Fury: Living with Schizophrenia. 50 minutos. T.V. Ontario 1985. Retrata de modo sumamente informativo y conmovedor cómo era la vida con esquizofrenia antes de 1985. Describe con empatía a dos personas que sufren de esquizofrenia y a la madre de un hombre a quien la enfermedad llevó al suicidio.

Dark Glasses / Kaleidoscopes: Living with Manic Depression. 33 minutos. (*National Depressive and Manic-Depressive Association* 1999.) Explora los síntomas y el tratamiento del trastorno bipolar mediante el testimonio franco y emocional de personas que viven con la enfermedad.

Learning to Live with Bipolar Disorder. 15 minutos. NAMI 2000. Presenta cinco personas que hablan abiertamente y con franqueza de lo que es vivir con un trastorno bipolar y luchar por recuperarse.

Breaking the Dark Horse: A Family Copes with Manic Depression. 33 minutos. *Writers' Group Productions*, 1994. La persona de que trata este documental lucha con un trastorno bipolar cíclico a breves intervalos, y sin embargo vive una vida al menos en parte productiva gracias al apoyo de su familia. Es útil a los familiares y también a los profesionales que trabajan en el campo de las enfermedades mentales.

Depression: Beyond the Blues. 60 minutos. "*Good Morning America*", serie de ABC, 1993.) En conversación con expertos y con personas que sufren la enfermedad, incluso Patty Duke, el Dr. Tim Johnson explora mitos y realidades sobre la depresión. Trata de sus causas, tratamiento, pronóstico, y del suicidio.

Depression: The Storm Within. 28 minutos. *American Psychiatric Association* 1991. Las historias de varios adultos y niños cuyas vidas se han alterado a causa de la depresión.

An Integrated Model for the Treatment of People with Co-Occurring Psychiatric and Substance Disorders. 2 horas. Se puede obtener del *Mental Illness Education Project* 2000.) Una conferencia del Dr. Kenneth Minkoff, un experto conocido en todo el país por su estilo dinámico. Muestra cómo se pueden tratar simultáneamente las enfermedades mentales y los trastornos de adicción, a pesar de las diferencias en las ideas tradicionales sobre tratamiento. Incluye una serie de volantes. Se dirige a profesionales de la salud mental y los problemas de adicción.

Violencia Doméstica y Abuso de sustancias, Altschul Group Corporation 1994.

Golpes y gritos: cómo evitarlos. Family Nurturing Center, Injoy Productions 1995

PELÍCULAS

A Beautiful Mind (2001) con Russell Crowe y Ed Harris, sobre la vida de John Forbes Nash Jr., un genio de la matemática capaz de resolver problemas que habían desafiado a los matemáticos más famosos. Describe cómo, después de sufrir esquizofrenia durante años, superó su enfermedad y llegó a recibir el Premio Nobel.

My Sister's Keeper (2003) con Kathy Bates, Elizabeth Perkins y Lynn Redgrave, dirigida por Ron Lagomarsino. Es un drama para la familia, de la colección Hallmark Hall of Fame, basado en una historia real. Kathy Bates tiene el papel de una mujer que sufre un desorden bipolar que la incapacita. (No se debe confundir con la película del mismo nombre, de 2009, con Abigail Breslin y Cameron Diaz)

The Soloist (2009). Jamie Foxx y Robert Downey Jr. representan un drama de la vida real. Steve López, que es periodista en Los Ángeles, se hace amigo de Nathaniel Ayers, un músico brillante que ha estudiado en Juilliard y sufre esquizofrenia. Ayers vive en la calle, ejecutando exquisita música clásica para sus compañeros del albergue.

ASOCIACIONES E INSTITUTOS

Algunas de las organizaciones en la lista que sigue pueden proporcionar, a pedido, folletos y otros materiales informativos, así como información sobre grupos de apoyo.

NAMI (National Alliance on Mental Illness)
2107 Wilson Boulevard, Suite 300
Arlington, VA 22201-3042
(703) 524-7600 o (800) 950-6264

National Institute of Mental Health (NIMH)
6001 Executive Boulevard, RM. 8184, MSC 9663
Bethesda, MD 20892-9663

Depression and Bipolar Support Alliance (DBSA)
730 North Franklin Street, Suite 501
Chicago, Il. 60610-7224
(800) 826-3632

Recovery, Inc.
802 N. Dearborn Street
Chicago, Il. 60610
(312) 337-5661

American Psychiatric Association
1000 Wilson Boulevard, Suite 1825
Arlington, VA 22209-3901
(800) 368-5777

National Mental Health Association
6001 N. Beauregard Street, 12th Fl.
Alexandria, VA 22311
(703) 684-7722

National Alliance for Research on Schizophrenia
   and Affective Disorders (NARSAD)
60 Cutter Mill Road, Suite 404
Great Neck, NY 11021
(516) 829-0091

The Mental Illness Education Project, Inc.
6001 N. Beauregard Street, 12th Fl.P.O. Box 470813
Brookline Village, MA 02447
(617) 562-1111

The Library Media Project
1807 W. Sunnyside, Suite 2A
Chicago, Il. 60640
(800) 847-3671

International Association of Psychosocial Rehabilitation
   Services (IAPRS)
601 N. Hammonds Ferry Road, Suite A
Linthicum, MD 21090 (410) 789-7054

SITIOS DEL INTERNET

Hay muchísima información que se puede obtener en el Internet. Algunos de los sitios más útiles se enumeran en la lista que sigue:

NAMI (National Alliance on Mental Illness): www.nami.org

National Empowerment Center: www.power2u.org

National Institute of Mental Health: www.nimh.nih.gov

National Mental Health Association: www.nmha.org

United States Department of Health and Human Services

    Substance Abuse and Mental Health Services Administration

    (SAMHSA): www.mentalhealth.org

American Psychiatric Association: www.psych.org

The Schizophrenia Society of Canada:www.schizophrenia.ca

National Alliance for Research on Schizophrenia and Depression

    (NARSAD): www.narsad.org

Mental Health Recovery (Mary Ellen Copeland):

    http://mentalhealthrecovery.com/

Índice de materias